U0014426

米歇爾・圖曼——著

MICHAEL THUMANN

譯——鄭若慧、楊婷湞

普丁的復仇

威脅全世界的俄羅斯政權是如何形成的

REVANCHE

WIE PUTIN DAS BEDROHLICHSTE REGIME DER WELT GESCHAFFEN HAT

專業推薦

很驚訝可以讀到如此真實的俄羅斯，以及俄烏戰爭的大背景，更感嘆作者的人道主義關懷並藉本書對戰爭提出最沉痛的抗議。當世人仍困惑於普丁為何要發動入侵烏克蘭的戰爭，本書作者從他多年派駐俄羅斯、東歐的經驗，透過實地觀察與深入訪談，回顧每個事件的發展過程，從各種面向剖析普丁的全球野心。作者毫不客氣地針砭西方政客的短視近利與姑息綏靖，助長了獨裁者的野心；扼腕俄羅斯九〇年代失敗的民主化；也對普丁的極權統治及車臣戰爭毫不客氣地揭發，更讓世人了解烏克蘭戰爭的帝國主義本質。本書的內容幾乎都是作者實地深入觀察及深度訪談的積累與成果，提供了詳實的第一手資料，對於國際政治相關研究人員及對俄羅斯議題有興趣的讀者，就像一座寶山，可以跟隨作者的敏銳觀察，探索更真實的俄羅斯與世界。

——淡江大學外交與國際關係學系副教授鄭欽模

目錄

1 進攻：俄羅斯意在復仇

在弗拉迪米爾・普丁（Vladimir Putin）下達動員令的那一天，我碰巧遇見了一位莫斯科的老朋友。我們去了基督救世主主教座堂附近的一家咖啡館，通常會有很多年輕人聚集在那裡，但在那一天，也就是二〇二二年九月二十一日那一天，店裡冷冷清清的，而且在少數有人的幾張桌旁坐著的都是女性客人。「大概是怕有憲兵來查，男人都躲在家裡了。」我的朋友是這樣推測的。就連他也覺得自己不安全。雖然已經快五十歲了，但他曾在軍隊服役，被禁止離開俄羅斯。這位朋友向我談起他的兒子：他的兒子三十一歲，在莫斯科有一份穩定的行政工作，還沒有結婚，也沒有小孩，是上戰場的最佳人選。「每隔幾個鐘頭我們就會通一次電話，我在逼他走。」他的兒子拒絕了，認為這些都和自己無關。無論是戰爭、徵兵、前線、死亡，或是做逃兵和自願投降後要去的勞改營，這些都與他的生活毫無關係。然而做父親的有不同的看法，我朋友相信，這都只是時間的問題，他的生活早晚會受影響。「只要他們需要更多兵力，就會找上我們所有人。」因此他精心策畫讓兒子出境。他不和其他人討論計畫，不寫下來，也不傳訊息。計畫就是讓他兒子買好機票，在出境時出示作為幌子的回程機票，逃到伊斯坦堡去。他執拗地說服兒子，懇求他，碎念他，吼他：「你快走啊！」我朋友的心都碎了。我們碰面的兩天之後，他打電話給我，告訴我他的兒子才剛出發，要飛到土耳其去。他說，不知道自己還能不能再看到他。

雖然我朋友為此很痛苦，但他做的是正確的決定。因為俄羅斯總統在二〇二二年九月將戰爭的影響從烏克蘭擴大到自己的國民身上了。九月底開始，像我朋友的兒子這樣的年輕人都被動員走了，街上看不到他們的身影。房屋管理員、披薩外送員、電表抄表員或警察會將動員令帶給你，徵兵巴士穿行於莫斯科市區，任何人都可以報名參軍。誰要是抗議反對戰爭，就會被銬上手銬送到前線。我日夜與朋友和熟人們討論、傳訊息，談的是邊境管制、孩子們、難民庇護申請以及西方世界的生活。俄羅斯在二〇二二年九月底就基本上對役齡國民關閉邊境了，很多我認識的人已經在這之前離開了。

戰爭早就開始了

二〇二二年，戰爭再度降臨歐洲，掀起了第二次世界大戰後最大的動盪，深深改變了歐洲人的生活。但這種程度還只是剛開始而已。普丁罪惡的侵略戰奪走數萬烏克蘭人的生命，摧毀數百萬人的家園，令他們成為了流離失所的難民。歐洲大陸陷入巨大的經濟危機，沒有人知道這場危機會在何時結束，又會帶來多大的影響。貨幣迅速貶值和物資短缺在許多國家掀起動盪，就連南半球也不例外，所有人都不得不共同承擔這場戰爭帶來的後果。這一切的起因並非地緣政治的大國競爭或資本主義的投機戰，都不是。罪魁禍首其實是普丁、普丁的政權，以及他的支持者。他們並沒有受到壓迫，毫無發動戰爭的必要，卻以帝國主義的姿態入侵鄰國，給全世界帶來可怕的後果。

我第一次採訪普丁是在一九九九年底，當時這位政府首腦面頰瘦削，表現有些靦腆。他顯得笨拙而僵硬，說俄語的時候經常用一些官腔的詞組，聽起來很冗長。普丁那時表現得像是希望和西方建立良好的關係，他談到民主和合作，共同打擊恐怖主義以及經濟合作。不過，我那時並未真正相信他。我認為他是一名具獨裁者氣質的情報員，畢竟這位總統甫一上任就血腥入侵車臣。儘管如此，我也從未想過在二十多年後，當時見過的這個人會在他的地堡向全世界發出核武威脅。

在這一點上，普丁讓所有人都大吃一驚。現在的重點只在於：有誰在何時察覺到這個人不能信任？之所以探討這個問題，是因為這個時間點具有高度的政治意義。正是由於西方的輕信、友好以及強烈的信任，普丁才得以坐大。美國前總統小布希於二〇〇一年表示：「我看著這個人的眼睛，看進他的靈魂，我發現他真誠、值得信賴。」這項錯誤的判斷還被許多人引用過。德國前總理施洛德（Gerhard Schröder）也曾為普丁背書，稱此人為「無可挑剔的民主派」。施洛德在多年後又多次重申這一點，但這位前總理在那時早就是幾家俄羅斯企業的寡頭了。就連和他同黨的很多社會民主黨的政治人物，也都拒絕看到這位克里姆林宮掌權人身上顯而易見的特質，即便在二〇一四年俄羅斯併吞克里米亞以後也是如此。不僅是社會民主黨，其他的德國政黨，像是自由民主黨、基督教民主聯盟，甚至綠黨，都有人樂意被普丁矇騙，更不用說公開支持俄羅斯和普丁的左翼黨和另類選擇黨了。德國人都在說這個人的好話，等到俄羅斯入侵烏克蘭，這些信任普丁的人才突然大吃一驚。德國政治人物、德國商人和德國某某組織的代表人都「深感震驚」和「失望」，這些人表示：「我們從來沒有想過會是這樣。」但是到底怎麼會沒想過？普丁入侵烏克蘭的這場戰爭，早在二〇一四年俄羅斯併吞克里米亞時就開始了。他們只要有認真觀察、認真傾聽過就會發現。

西方國家政治人物和商人們的幻覺助紂為虐，令普丁得以在今日以這種方式威脅全世界。德國直到二〇二一年都還死死限制國防預算，與此同時，卻越來越依賴俄羅斯進口的天然氣，占比由二〇一二年的百分之三十八上升至二〇二一年的百分之五十五，理由是俄羅斯的交貨狀況一直很穩定，雖然當時的狀況已經不是如此了。普丁之所以多年來在國際關係中如魚得水，就是因為有許多人相信他，有許多人低估他。這些人認為，只要他們積極與普丁對話並尊重他，任何合作他都會願意。對普丁特別有利的誤解有兩個：一是假定他其實是個好人，只是很容易被冒犯；二是擔心要是他不在了，俄羅斯的情況會變得更糟。但說真的，還能更糟嗎？

開戰的三個理由

俄羅斯軍隊在二月二十四日清晨襲擊烏克蘭，在莫斯科家中的我當時正在睡夢中。《線上時代週報》（*ZEIT-Online*）編輯部在早上五點半把我從床上叫醒，我還來不及喝早上的第一杯茶呢，就在寫頭條新聞了。我在那篇報導中警告，這場戰爭不是俄羅斯和烏克蘭之間的地方事務，而是對全歐洲的威脅。在短短幾個小時之後，我就收到了第一批的讀者回應。某位女性讀者抗議說，這根本就是兩個前蘇聯成員國之間的事情，質問我為何要嚇唬大家，聲稱「我們」也受到威脅？幾個星期後，有位忿忿不平的男性讀者寫信給我，他表示：普丁不會對我們開戰，他只是在反擊西方對俄羅斯的制裁。幾個月後，我在讀者回信中讀到：「普丁之所以威脅德國，只是為了反擊我們向烏克蘭提供武器」和「北約挑釁俄羅斯」之類的意見。這又是在為普丁開脫，假定他很無害，再次嚴重地低估他。

這也是為什麼我要寫這本書。在我寫下這些話的時候，發生激烈對戰的舞台仍然是烏克蘭，儘管如此，這場混合型大戰主要針對的對象卻是我們。普丁想要埋葬自由民主。他攻擊歐洲的生活方式、安全和經濟生活基礎，希望藉由禁運天然氣摧毀德國的工業基礎，他也想控制整個歐洲大陸。由於俄羅斯和歐洲密不可分，這種攻擊就顯得更加危險。俄羅斯前總統暨現任國家安全會議副主席德米特里．梅德維傑夫（Dmitrij Medvedev）對波羅的海國家的國民（最近也對全歐洲人民）喊話，也因此暴露出俄羅斯對歐洲文明的看法：「你們享有自由，但這不是你們的功績，而是我們的疏忽。」一個不受約束進行帝國主義擴張和武裝衝突的俄羅斯會是全歐洲，乃至全世界的威脅。這本書講述的是普丁這個人、他的政權以及這個歐洲大陸上最大的國家，是如何無人能阻擋地變得越來越激進的故事。

我的分析與報導背後有三個基本思想。第一點：普丁是在雪恨。就這位俄羅斯領導人看來，蘇聯的解體和這個俄羅斯民族的國家版圖縮小不是一種解放，而是一場災難。他發動戰爭也是在試圖讓時光倒流。他所領導的是對一九九〇年代的反抗運動，他反對自己的國家變得開放，反對多元意見的俄羅斯，反對和俄羅斯聯邦內的各共和國分享權力，也反對和西方簽訂的裁軍條約。俄羅斯對帝國主義的迷戀在最後一任蘇聯總統戈巴契夫（Mikhail Gorbachev）手中結束，普丁卻又將這種迷戀找了回來。義大利哲學家兼時事評論員安傑洛・波拉菲（Angelo Bolaffi）試圖為二〇二二年二月二十四日這個歷史轉捩點尋找背後的深層原因，他表示，烏俄戰爭是「俄羅斯以武力反擊柏林圍牆的倒塌」。但需要補充的是：以這場戰爭作為反擊的是那些民族主義者和蘇聯帝國主義者，他們認為一九九〇年時不該讓東德國民和非俄羅斯民族的東歐人民從蘇聯的無期徒刑中解放。普丁今日就率領著這些帝國主義者，對抗那些視帝國覆滅和一九九〇年代為解放的俄羅斯人。普丁是在向過去的三十年復仇。

錯估俄羅斯內部情勢

第二點：俄羅斯的所作所為不是在回應我們，而是源於其內部發展的動機。在西方，我們很喜歡問說，我們究竟是做錯了什麼才會惹來現今的局面。然而這對解讀俄羅斯問題毫無幫助。西方從伊拉克戰爭到阿富汗戰爭無疑都犯了錯，但這些幾乎對俄羅斯的政治發展毫無影響。儘管如此，部分德國民眾卻堅信，俄羅斯的情勢及普丁的所作所為都取決於西方的作為或不作為。就我這個駐地記者和半個莫斯科人看來，這樣的看法實在是傲慢得不得了。因為這種觀點是在假設，世界大國俄羅斯的內部發展是取決於西方，或是他們會根據西方的動向制定政策一樣。但是俄羅斯可不是什麼小國。這個橫跨了十一個時區的國家無論是進步了還是倒退了，通常都不是受到西方的影響，統治者做出的決策也同樣如此。普丁是自己在完全自主的情況下決定攻打烏克蘭，對西方發動混合戰的，因為他認為時機已經成熟，西方滅亡的時候到了。因此，我們應該停止貶低他，不要再認定他的所作所為只是在回應那些更強大、更重要的勢力。畢竟，他自己的分量就夠了。

同樣的，用西方國家的歷史視角來解讀俄羅斯也是行不通的。很多人，尤其是美國的歷史學者，努力以西方歷史來說明俄羅斯的所作所為。其中最常見的，就是將俄羅斯侵略烏克蘭類比為德國在東歐進行到一九四五年才停止的滅絕戰。從來沒在俄羅斯生活過的人才會有這種看法，他們對於從沙皇時代和蘇聯時代殘留至今的歷史遺留問題缺乏意識。這種恐怖的歷史問題從未被解決，深深影響了俄羅斯社會，尤其是統治階層的菁英。在烏克蘭所發生的事，包括一切暴行、犯罪、破壞、劫掠、混亂的作戰策略、空洞的意識形態與紀律渙散，都不是第三帝國的回歸；正好相反，這是俄羅斯歷史傳統的延續，帶著殖民主義、帝國主義和蘇維埃的特色，也是俄羅斯自己發展出來的，不穩定的歷史異常狀態。

激進新民族主義興起

第三點：在我們這個時代，激進的新民族主義正主導著很多國家，而普丁的崛起正是新民族主義引起的現象。新民族主義支配著土耳其、匈牙利和中國，在法國和巴西是最強大的反對派，二〇一六至二〇二〇在美國掌大權，而且可能會在二〇二四年捲土重來。普丁證明了一點：新民族主義會導致戰爭，不擇手段地追求國家安定會走向獨裁。獨裁的民族主義沒有溫和的劑量，如果不及時將民族主義者趕出政府，內部的獨裁暴力最終會轉向對外的暴力，對內的侵略也會轉變成對鄰國的侵略。因此，每個選民在投票日都必須知道自己在做什麼。選舉和某些德國另類選擇黨選民所想的不同，沒有什麼「抗議選舉」而故意亂投票，只有將自己的權力交付出去的選舉。為新民族主義解除束縛的那些人必須知道，新民族主義是沒有回頭路的。沒有什麼是一點點民族主義、一點點仇恨，民族主義是一個整體的計畫。俄羅斯為全世界做了恐怖的示範。一九九〇年代末期是從威權過渡到民主的混亂時代，多數已經疲憊不堪的俄羅斯人認為，讓國家穩定一點應該也不會有什麼壞處。他們用自由向普丁換取了短暫的繁榮，這是因為許多俄羅斯人不夠重視他們在獨裁的蘇聯解體後取得的民主成果。普丁在上台後立刻控制媒體，擴張情報機構，操縱選舉並造假選舉結果。即便如此，還是有數百萬人投票給他，而且一次又一次。無論是在二〇一二年普丁回鍋當總統，展開高壓統治後，在二〇一四年入侵烏克蘭後，還是在二〇一六年轟炸敘利亞阿勒坡以後，這些人都支持他。普丁的忠實選民賦予他合法的權力，他們是他的幫凶，使自己的國家淪為全面監控人民的獨裁國家，還發動了一場令俄羅斯人民慘遭反蝕的戰爭。

本書將回溯導致烏俄戰爭的幾個重要節點，並大膽預測之後的發展。首先，我會敘述德國對俄羅斯的幻想，以及這種幻想所帶來的後果。接著，我要談談俄羅斯在一九九〇年代的狀況，不然各位會無法理解普丁為何渴望雪恨。我會提到的有：那場由情報機關和帝國主義者發動但最後失敗的政變，俄羅斯努力想成為民主國家，以及車臣戰爭。然後我會深入分析普丁的統治，分析他從別人那裡借來的民族主義意識形態、政治宣傳軍、各地都有的勞改營及鎮壓的手段，還有分析俄羅斯是如何淪為一個獨裁國家的。最後，在這本書的第三部分，我要來談談這個戰爭中的國家。普丁是如何入侵烏克蘭，他用的理由又是什麼？他是如何將俄羅斯與全世界（以及現實世界）隔離，並動員他的人民參戰？他是如何發動這場對抗西方的聖戰，如何將核武當作威脅的手段？藉由這場戰爭，普丁開啟新的統治時期。

在普丁的統治下，俄羅斯這個歐洲大陸上最大的國家正在向歐洲道別。橫跨歐洲的鐵幕再次被拉下。我只要到這個國家，就會在機場被攔下來。海關人員會抓著我的護照，和他的上級打一通長長的電話。接著，會有一個穿黑西裝的人（大概是情報員）來接我，把我帶進一間地下室。那裡有一張辦公桌、一張老舊的彈簧床墊和幾把壞掉的椅子，角落都是灰塵。我必須回答他們的問題：你住在哪裡？你對軍事行動的看法是什麼？你計畫在俄羅斯做什麼？我回答得很簡短，一邊在心中自問：我以後還要來這個國家嗎？如果要來，我下次還能入境嗎？我還出得去嗎？

俄羅斯對全世界關閉了邊界。我的俄羅斯朋友和熟人目前大多都在海外生活，感受到動員令威脅的那些人都已經在二〇二二年九月離開了。這本書也是在告別，向那個曾經非常歡迎我，我先前也很喜歡在那裡生活的俄羅斯告別。在如今的政權下，那個俄羅斯已不復存在。

2 誤入歧途：德國政界如何助普丁一臂之力

二〇〇一年一月的東正教聖誕節，當時有很多駐莫斯科的德國記者對這幅景象感到不安：施洛德和普丁在莫斯科基督救世主主教座堂裡，兩人站得很靠近。德國總理和俄羅斯總統，曾經的青年社會主義者工作團團長[1]和前情報機關負責人，社會民主黨黨員和安全局官員。他們幾乎搭不在一起，至少乍看之下是如此。兩位政治人物穿著黑色大衣，釦子整整齊齊地扣著，一直向上扣到領結的高度。在東正教牧首的帶領下，他們穿過這座位於莫斯科河河岸的金碧輝煌的主教座堂。這座巨大的建築曾被史達林下令炸毀，又在一九九〇年代由一位野心勃勃的莫斯科市長藉助營造業的家族關係重建了。當牧首以德文祝福「聖誕快樂」，德國總理和俄羅斯總統點燃蠟燭，並互相在對方耳邊低語。第二天，這兩人協同夫人一起搭上一輛紅色雪橇，在莫斯科前沙皇官邸科羅緬斯克那個覆蓋著厚厚積雪的公園裡奔馳。這是

1. 青年社會主義者工作團為德國社會民主黨的青年組織。

一段醜惡友情的開始，施洛德在幾年後成為俄羅斯能源企業集團的董事，將德國導向依賴西伯利亞天然氣田的命運。

施洛德那次訪問時的積極態度令我當時吃了一驚。一九九八年十一月是他第一次拜訪俄羅斯，那時我也在場。我在凱賓斯基飯店的圖書室等了他好幾個鐘頭，因為當時他和代表團還在討論波昂的事。那一次出訪莫斯科，施洛德去哪裡都遲到，他所傳達出的態度根本就是：「我對這裡的所有事都不怎麼感興趣。最重要的是，我不想去三溫暖！」（他的前任柯爾經常會和俄羅斯總統葉爾欽一起洗三溫暖。）然而等到訪問對象變成普丁，施洛德就像換了一個人一樣。這個無神論者在基督救世主主教座堂改換信仰，他不僅著迷於普丁這個人，更著迷於一種對俄羅斯的理想化想像，從此以後，無論誰批評了什麼，他都堅決捍衛普丁政權。他後來也領養了兩個俄羅斯小孩。二十年過去，即使是在俄羅斯侵略烏克蘭以後，施洛德也並未和普丁決裂，而是和他的政黨——疏遠他的社會民主黨——分道揚鑣了。他支持俄羅斯，卻對德國不屑一顧。施洛德是一個特別鮮明的「普丁狂」的例子，然而他也只是眾多案例之一而已。

德國親近普丁的動機

我報導俄羅斯事務三十年，認識了很多在德國的普丁支持者。在他們眼裡，普丁是個能和他們做生意的實在人，是克里姆林宮裡的「德國人」，是態度友善的俄羅斯總統，也是一位年輕且清醒的政治家，完全不同於之前葉爾欽家族、布里茲涅夫家族和赫魯雪夫家族的那些人。德國政界、商界、媒體，就連我所在的報社《時代週報》都深深被這個男人吸引了。在我回漢堡總部期間，主編們鼓勵我，要我要是可以的話，也往好的方面看看。《時代週報》發行人兼前任西德總理施密特（Helmut Schmidt）沒說什麼，他向來都讓我寫我想寫的東西。不過，他在時代週報政治會議上抽著薄荷菸，吃著餅乾，也說：「普丁對世界的看法很務實。」他還說，我們必須和他合作，因為他是德國的機會。

許多德國人也是這麼認為的。二〇〇一年九月，普丁在德國國會發表演說，其中有部分內容他說的是德文，深深贏得了部分德國人的心。實業家們希望與普丁私下會面，以確認俄羅斯不會再出現一九九〇年代發生的事。莫斯科的政界、商界和基金會代表都被普丁征服了。弗里德里希・艾伯特基金會莫斯科分會的負責人彼得・舒爾茲（Peter W. Schulze）曾與我激烈辯論，企圖說服我相信普丁奉行的是一條「專制的民主之路」。德國菁英們非常能理解這位新任總統，不僅如此，他們還願意忽視普丁的黑暗面，或是固執地為其開脫，試圖把錯推給另一方，推到美國人、西方和北約頭上。他們幫普丁擴大在西方的影響力。我當時感覺到很多德國政治人物和商人都想和普丁合作，無論要付出什麼代價都可以。結果，最後要付出的代價超出了他們的想像。

德國之所以無論如何都想和俄羅斯建立良好關係，經常不是因為我們特別親近或了解俄羅斯，而是出於三個主要動機：首先，出發點常常是對美國澈底的批判態度。德國人對於美國占據主導地位感到不安，尤其是在美國發動戰爭和進行干預的時候，他們特別會感覺德國受到美國擺布。因此，對一些德國政治人物和他們的選民而言，俄羅斯就是在地緣政治上具有威嚇力的大國。他們將俄羅斯視為能夠對抗「美國的帝國主義」和「華爾街資本主義」，還有北約向東擴張和自由主義的抗衡力量。第二，某些德國人覺得俄羅斯很有吸引力，因為他們以為俄國人有內涵又真誠，有一種在浮躁的西方社會已經找不到的真實感。這種刻板印象的影響力很大。第三，早在二十世紀，德國實業家已經在俄羅斯發現了市場，他們也認為這個國家可以提供德國原物料，取代美國和英國提供的石油。從一九七〇年代開始，西德能源企業集團和俄羅斯國有壟斷企業之間就一直有合作。有些人就因而直接想像出一種地緣政治上的力量倍增，認為憑藉俄羅斯的原物料和德國的技術，俄羅斯和德國就可以讓世界秩序重新洗牌。

德蘇《拉帕洛條約》

這些都不是什麼新鮮事，早在施洛德以前就已經有人這麼做了，例如一九二二年德國中央黨政府中的約瑟夫．維爾特（Joseph Wirth），這位前總理下令簽署了《拉帕洛條約》。我們應該好好研究《拉帕洛條約》，因為該條約引發了戲劇性的變化，以至於我們與俄羅斯糾葛至今。雖然已經有《拉帕洛條約》這個前車之鑑，但幾乎沒有人在普丁上台後願意想起這個教訓。或者套一句馬克思的話來說：建造北溪二號管線就是在重演歷史鬧劇。《拉帕洛條約》和北溪計畫有同樣的錯誤前提，即德國和俄羅斯有更高層次的共同利益，而且對德國而言，這種利益比和中東歐及西方國家維持良好關係更重要。無論是一九二〇年代的《拉帕洛條約》，或是在眾多歐盟國家反對下仍然興建北溪天然氣管線，都讓德國政府經常被懷疑與專制政權狼狽為奸，多年來對德國的外交造成壓力。這就是為什麼我們要把這兩件事擺在一起看。

《拉帕洛條約》及其後續影響標誌出一個延續至今的德國傳統，這點我們在後文中也還會看到。該傳統源自普魯士和俄羅斯的同盟，導致波蘭在十八世紀被瓜分，並在十九世紀上半葉試圖遏止一七八九年法國大革命所引發的一連串後續影響。一九二二年的條約主要是為了軍事合作、石油供應，並夢想建立出一個超越西方國家框架的經濟聯盟。第一次世界大戰後，德意志國[2]在國際上被孤立，還背負著戰後賠款、通貨膨脹、國內政變和刺殺事件頻出的重擔，因此希望和同樣被孤立，而且慘遭革命和內戰蹂躪的俄羅斯合作，藉其之力重返世界舞台。

至於這個在一百多年前簽訂德蘇《拉帕洛條約》的矛盾又悲慘的人，就是實業家兼當時

2. 即後世歷史學家所稱的威瑪共和國。

的外交部長瓦爾特・拉特瑙（Walther Rathenau）。說這個人悲慘，是因為他明明想要阻止這項協議，最後卻在條約上簽下了自己的名字。德意志國的民族主義者譴責政府向布爾什維克主義的俄羅斯靠攏，國內的左派和保守派卻慶祝政府簽訂了《拉帕洛條約》，將之視為戰勝了西方自由資本主義。這個條約成為德國騎牆政策的象徵，被蘇聯宣傳頌揚，被英國譴責，被法國妖魔化，並由一位親西方的德國外交部長在上頭簽字。

現在回想起拉帕洛，最令我吃驚的就是：像拉特瑙這樣的自由派的外交部長，到底怎麼會簽下這項條約？

要解開這個疑問，我們必須追溯到距今一百年以前的義大利海港城市熱那亞。那裡在一九二二年四月的時候舉辦了一場會議，英國試圖在這次會上議定出一個新的經濟秩序，也希望修正在一九一九年簽訂、一九二〇年生效，為第一次世界大戰畫下句點的《凡爾賽條約》的部分內容。各國代表團就像君王一般住進這裡的宮殿式飯店：英國代表團入住山丘上的阿伯帝斯別墅，法國團住在薩沃伊飯店，德國團在較為簡樸的伊甸飯店訂了全包式住宿服務，俄羅斯的談判代表們則住在距離熱那亞三十公里遠的拉帕洛的帝國宮廷飯店，彷彿是在溫泉療養地享福的皇室。會議於四月十日起在熱那亞港邊的中古世紀建築風格的聖喬治宮舉行。哈利・凱斯勒伯爵（Harry Graf Kessler）後來回憶當時的情景：「戒備森嚴的路障，身著軍綠色制服的士兵軍列，巡邏的騎兵隊，在聖喬治宮周圍戴著白手套、紅穗飾的皇家衛兵，還有這座富麗堂皇的舊銀行宮殿內的植物盆栽，以及紅色的樓梯地毯。」在聖喬治宮文藝復興風格大廳的挑高天花板下，三十四個國家領袖坐在綠色的桌子旁，被立在黑色大理石地磚上的白色古董雕像環繞著。

英國首相勞合喬治（Lloyd George）是當時的領頭人物，他提倡自由貿易、裁減軍備和所謂的「世界和解」，希望透過國際金融聯合組織重新推動德國經濟發展，並同時建設蘇俄。然而法國外交部長堅持法國在《凡爾賽條約》中對德國要求的所有賠款。德國總理維爾特則再次爭取減輕賠款負擔。德國已經陷入長期危機，維爾特擔憂他們在熱那亞還會被要求更多的賠款，因為根據《凡爾賽條約》第一百一十六條，俄羅斯其實也可以向德國提出賠款要求，而且法國也鼓勵俄羅斯這麼做。

當時領導俄羅斯代表團的是聰明絕頂的格奧爾基・契切林（Georgy Chicherin），此人不僅懂法語，還說得一口完美的德語。他的目標非常明確，政府希望德國免除俄羅斯的戰前債務，放棄被他們收歸國有的德國企業和財產，並簽訂最惠國待遇的條款，以促進兩國貿易。然而最重要的是，他們希望將德國從所有反對蘇俄的資本主義聯盟切割出來，包括他們譴責為「帝國主義」的，由英國所籌畫的國際聯合組織。幾個月前，蘇維埃政府已經派出密使和德國商議相關協定。但是契切林的主意在熱那亞面臨失敗的危機：因為在一九二二年年初被任命為外交部長的，是自由派的實業家瓦爾特・拉特瑙。拉特瑙之於契切林，就像是二〇二一年德國外交部長安娜琳娜・貝爾伯克（Annalena Baerbock）及其「女性主義外交政策」，之於俄國外交部長謝爾蓋・拉夫羅夫（Sergey Lavrov）一樣地難以接受。

拉特瑙和西方國家關係良好，對勞合喬治也很熟悉。在熱那亞會議上，拉特瑙和維爾特都希望德國能減輕賠款並爭取貸款。然而拉特瑙不同於維爾特，並不贊成和俄羅斯單獨達成協議。他把和俄羅斯政府進行事前談判視為「不可原諒」，也不樂見兩國在軍事領域、軍備和原物料上的祕密合作進展良好，而且他還是在熱那亞會議前才知道這個消息。可以說他是孤軍作戰，因為國家防衛軍統帥漢斯・馮・塞克特（Hans von Seeckt）將軍、德國工業界以及和他們結為同盟的總理都在推動簽訂德蘇特別協定。這些人的意見也代表著德國對東政策的傳統：向俄羅斯尋求結盟，以忽視或瓜分中東歐國家的利益，或強迫中東歐國家保持中立。

在拉特瑙領導的外交部內，高級外交官亞苟・馬爾參男爵（Ago Freiherr von Maltzan）是這些人最親密的盟友，也是威瑪共和時期對東政策的幕後推手。和俄羅斯人保持聯絡，策略性地為兩國在政治上靠攏做準備的人是馬爾參，在勞合喬治和拉特瑙之間挑撥離間的人是馬爾參，和國家防衛軍及石油產業維持密切關係的人是馬爾參，想要和總理維爾特一起打破「凡爾賽小圈圈」的人也是馬爾參。他在四月最重要的任務就是不惜任何代價地阻止拉特瑙對德蘇互相靠攏喊停，同時避免讓社會民主黨籍的總統艾伯特干預這件事，因為艾伯特同樣不贊成德國與蘇聯走得太近。因此，馬爾參在熱那亞會議的頭幾天盡可能地將他的上司拉特瑙隔離，控制情報的傳遞。

酒已開瓶，不得不喝

會談的重點是《凡爾賽條約》第一百一十六條。不僅是維爾特，拉特瑙也擔憂英國和法國會說服俄羅斯向德國要求賠款。馬爾參巧妙地散播了消息：「契切林被人目擊出現在勞合喬治下榻的阿伯帝斯別墅前。」而某位德國政治人物說，拉特瑙就像一個「手下的野獸都不聽話的馴獸師」，在伊甸飯店前來來回回地踱步。但是我們對拉帕洛事件的了解大多來自馬爾參的說法，拉特瑙還來不及記錄下什麼就去世了，維爾特也沒留下多少資訊。

從馬爾參的角度來看，事情是這樣的：當時是復活節星期日，一九二二年四月十六日，馬爾參在凌晨快要兩點半的時候來找拉特瑙，告訴他俄羅斯人打電話來，準備要進行談判。「您是來判我死刑的嗎？」拉特瑙這麼問道。他嗅到了陰謀的味道，於是說自己想要和勞合喬治談談。但馬爾參回答：「不可能！」根據馬爾參的說法，這是因為他不準備「背叛契切林」。過沒多久，維爾特也闖進了拉特瑙住的那間套房。於是這位外交部長不得不穿著睡衣聽馬爾參和總理遊說自己。他們的主要論點是聽說契切林要和英國人進行談判了，這對於德意志國很不利。最後，拉特瑙在清晨時讓步了，他說了一句法文俗諺，用德文來說的話是：「酒已開瓶，我們不得不喝。」（Le vin est tiré, il faut le boire，現在已經沒有回頭路了。）

德國代表團在復活節星期一的上午出發前往拉帕洛，到帝國宮廷飯店去和俄羅斯人坐下來談談，最後他們在晚上快要七點的時候簽訂了條約。《拉帕洛條約》確立了兩國的外交關係，放棄賠款和過去的要求，以最惠國待遇為基礎進行貿易，並且進行大規模的經濟合作。

這項條約就像「投下了一顆炸彈」，維爾特後來在他的著作中如此描述，而這已經是很客氣的說法了。聽說勞合喬治當時「像瑞士烏里州的牛似地大吼大叫」，因為德國和俄羅斯確立外交關係令英國建立歐洲經濟新秩序的希望落空。更糟的是，這項條約還被西方國家視為德國不可靠、不忠誠的表現。蘇聯打碎熱那亞會議「資本主義思想」的計畫初步實現了。拉特瑙調整了條約內容，試圖阻止德國和俄羅斯進行軍事協定，但他的努力並未成功。因為在德蘇關係升溫的新前提之下，原本不在條約中的內容後來也被增添進來。在後來的幾年中，《拉帕洛條約》成了一連串祕密協議和合作的外交掩護。國家防衛軍統帥塞克特繞過《凡爾賽條約》的規定，與俄羅斯進行祕密軍事合作：德國飛行員在俄羅斯的利佩茨克訓練，德國戰車駕駛員在喀山訓練，德國化學家在窩瓦河實驗化學毒劑。德國的技術進入俄羅斯，俄羅斯的石油則流向德國作為回報。在當時，剛成立不久的蘇俄幫助國家防衛軍培養戰鬥力，德國則解救其被國際孤立的困境。

現實政治下的對東政策

希特勒曾反對《拉帕洛條約》，之後卻殘酷且充分地利用這項條約，在一九三九年和史達林一起瓜分了波蘭和中東歐；不過他在兩年後又入侵了蘇聯。希特勒和史達林簽訂《德蘇互不侵犯條約》符合德俄兩國對中東歐政策的傳統，《拉帕洛條約》就是德俄以損害第三方為前提進行長期合作的其中一個階段。但這一切拉特瑙都無法見證了，因為他在簽訂條約的短短幾週後就在柏林的格魯訥瓦爾德被右派極端人士槍殺了。

奇怪的是，德國人竟然沒從這段歷史中學到多少教訓。在德國對蘇聯的殲滅戰[3]失敗後，《拉帕洛條約》在東德被讚揚為社會主義手足情的先驅，西德的守舊派歷史學家也將其解釋為現實政治的表現，認為這是德國在一九二〇年代初期受法國施壓下的恰當作為。社會民主黨總理威利．勃蘭特（Willy Brandt）和施密特在一九七〇年代的對東政策也有強烈的現實主義特色，然而與《拉帕洛條約》不同，他們的政策被證明對歷史發展有正面價值，但這是因為兩者的條件並不相同。西德是西方聯盟堅實的一分子，其對東政策是接收到美國在一九六〇年代所釋出的緩和信號，在主要議題上和其他的西方盟國立場一致，而且西德的對東政策的基礎是承認一九四五年後歐洲的地緣政治事實。勃蘭特和俄羅斯、波蘭及東德高層簽訂條約，他對於「歷史上的必要性的認知」為一九七五年在赫爾辛基召開會議鋪了路。在赫爾辛基的會議上，西方國家實際承認了蘇聯的勢力範圍，並以此換取國際間的安全和對人權的保障。日後東歐的異議分子也得以援引這點作為依據，為改變蘇聯統治下的東歐境況提供了機會，波蘭、匈牙利和東德的示威者便是據此在一九八〇年代末推翻了共產政權。這時的

3. 此指巴巴羅薩作戰。

對東政策對消除歐洲分裂貢獻良多。

可惜的是，在後來所謂的「對東政策的第二階段」中，強迫蘇聯讓步的重要性被遺忘得一乾二淨了。儘管對東政策在一九七〇年代大獲成功，但主要策畫者埃貢・巴爾（Egon Bahr）和其他社會民主黨的政治人物後來卻越走越錯。一九八〇年代初，波蘭但澤造船廠的工人發動罷工對抗共產黨，德國社會民主黨的首要目標卻是拯救社會「安定」，他們認為波蘭發布戒嚴令儘管令人遺憾，卻的確有其必要性。在一九八〇年代與德國統一社會黨[4]的「圓桌會議」中，巴爾等德國社會民主黨人避而不談民主和獨裁的根本差異，他們選擇滿足共產主義執政黨對安定的需求，而不是揭發後者引起的爭議和對人權的侵犯。直到一九八〇年代末期，人民起義和民族運動衝擊到蘇聯統治下的東歐，憤怒的人民才揭發了這些問題。後來，德國為了與普丁統治下的俄羅斯密切合作，損害了與美國的關係，這項政策也受到老巴爾的大力支持。

兩德統一後，一九九〇年代的德國人難得地對東歐的民族運動和民主化訴求產生共鳴。德國政府在一九九〇年代支持東歐國家民主化，不只是基督教民主聯盟的柯爾執政時如此，一九九八年組成社會民主黨和綠黨聯合政府的施洛德也是如此。他們付出巨大的努力，將波蘭、匈牙利、捷克、斯洛伐克、波羅的海三國和其他中東歐國家納入歐盟和北約。與此同時，德國也成功促成北約－俄羅斯基本協議，讓俄羅斯與原先的七大工業國組織組成了八大工業國組織，並簽訂許多協議——至少沒有讓西方國家將俄羅斯排除在外。但是西方還是錯失良機，沒能趁著半民主的葉爾欽總統執政時，將俄羅斯與西方更牢固地綁在一起。

不光彩的北溪計畫

眾所皆知，施洛德曾嘗試這麼做過，只不過他在二〇〇一年一月和普丁那場激動人心的雪橇之旅中，不知怎地就迷失了自己的方向，變得沒辦法在「與中東歐盟友互相支持」和「與俄羅斯合作」之間維持平衡。最終，施洛德還是選擇了繼續犧牲中東歐利益的傳統德俄合作路線；這條災難之路從十八世紀瓜分波蘭到《拉帕洛條約》，一直延續至建造北溪天然氣管線。這條跨越波羅的海的天然氣管線是普丁向施洛德提出的想法，在施洛德任期的末尾付諸實現。作為德國總理，他強行令國有的赫爾瑪斯保險公司為第一條管線做信用擔保。管線的建造商和投資商則是俄羅斯天然氣工業股份公司和歐洲的企業集團，像是德國的巴斯夫集團（BASF）和施洛德政府新創辦的意昂集團（E.ON）。施洛德在這之前就以一些手段讓意昂取得足以壟斷市場的地位，一開始是在二〇〇〇年合併維巴（Veba）和菲亞格（Viag）兩家能源公司，接著新成立的子公司意昂能源股份公司又併購了魯爾天然氣股份公司——當時後者在德國天然氣市場上已有百分之六十的市占率。反壟斷局當然對此提出異議，但施洛德

4. 東德執政黨，由德國共產黨和德國社會民主黨兩黨在東德的組織合併而成，縮寫為SED。

政府冷酷地以部長許可強行推動了併購。於是一個即將與俄羅斯巨擘——俄羅斯天然氣工業股份公司——結盟的龐然大物就這麼誕生了。北溪計畫的主要投資者就是這兩個企業集團。二〇〇五年十二月，施洛德才解除總理職務不到兩週，就上任了新成立的北溪股份有限公司的監事會主席。從這裡，我們又看到了那種想法：只要結合德國的技術和俄羅斯的原物料就可以改變世界；俄羅斯和德國有足以擺脫西方影響的共同利益，不應該因為波蘭或波羅的海國家抗議就停止行動。

建造這兩條北溪天然氣管線是德國歷史的一個不光彩的章節，損害了德國和鄰國之間的關係，也使得德國的信用長期受損。德國的天然氣產業就如同一九二〇年代的某些德國產業，貪婪又盲目地和俄羅斯糾纏在一起。北溪計畫早在二〇〇五年建設第一條管線時就引發過中東歐國家政府的憤怒和抗議，因為這條穿越波羅的海的管線繞開了這些中東歐國家。儘管如此，俄羅斯、德國和其他歐洲國家的企業集團無動於衷，仍然將這條管線修建完工了。德國啟用這條管線令歐盟的國家和歐盟總部相當惱火。為了北溪一號，德國與這些盟友國家發生不愉快的爭執，還隨之喪失了信用，但令人極度費解的是，他們竟然還繼續興建第二條管線。因此，我要像先前說明拉帕洛事件一樣，在此仔細地檢視這個德國在與俄羅斯往來時所犯的錯誤。

在二〇一四年三月俄羅斯併吞克里米亞後不到六週，這場災難就開始了。當時施洛德正在聖彼得堡補過他的七十歲生日。普丁和俄羅斯天然氣工業股份公司的老闆阿列克謝・米勒（Alexei Miller）都參加了這場辦在尤蘇波夫宮裡的豪華宴會，由北溪股份有限公司為這場莫伊卡河岸華麗宮殿的派對買單。他們在生日宴上談論的是一條新的跨波羅的海的雙重管線，名為北溪二號。這是普丁的計畫，為了在侵入克里米亞和頓巴斯後進一步削弱烏克蘭的實力，並讓德國成為自己的幫凶。

二〇一五年九月四日，也就是在一年半之後，能源管理公司的高層和俄羅斯官員在海參崴的一間豪華飯店會面了，其中有俄羅斯天然氣工業股份公司的米勒，以及德國企業集團意昂和巴斯夫的代表。就在同一天，他們在這個經常刮風的太平洋岸城市談成了一筆世紀交易。米勒和德國、荷蘭及法國的公司就新天然氣管線的事達成一致，這條管線每年會從俄羅斯向德國運輸五百五十億立方公尺的天然氣，再加上北溪一號每年輸送的五百五十億立方公尺，這些應該足以達到原本經由烏克蘭輸入德國的總量。然而，這場交易卻成了德國政府的惡夢。北溪二號進一步加劇了德國和波蘭之間的緊張關係，令德國政府在歐盟被公開譴責，使得美國盛怒，替總理梅克爾惹來了大麻煩。德國政府試圖從這個困境脫身，於是長期都宣稱這個地緣政治的計畫純粹是出於經濟上的考量。

二〇一五年十月二十八日，也就是在海參崴會面的六週後，德國當時的副總理兼經濟部長莫西格瑪·嘉布瑞爾（Sigmar Gabriel）飛抵了莫斯科。普丁會面嘉布瑞爾所花的時間長得很不尋常，他們在新奧加廖沃官邸談了快要兩個鐘頭，米勒也同樣在場。嘉布瑞爾是德國政府在北溪計畫中的中心人物，他是現代的馬爾參，是受施洛德支持的「北溪拉帕洛」(Rohrpallo)執行者。在二〇一四年和二〇一五年，這位經濟部長不經審查就批准將德國最大的天然氣儲存槽和德國天然氣基礎設施出售給俄羅斯天然氣工業股份公司；他提倡由德國和非歐洲國家（即俄羅斯）的主管機關負責北溪二號的事務；他在布魯塞爾和歐洲各國首都進行遊說。這很重要，因為德國政府想要北溪二號，但是被歐洲執委會否決了。

那時候發生的爭論和北溪一號時類似，歐洲執委會和中東歐國家都在批評這條天然氣管線。只是二〇一五年的政治情勢已經有劇烈的變化，俄羅斯對烏克蘭東部的干預和併吞克里米亞震撼了歐洲。歐盟希望減少對俄羅斯天然氣供應的依賴。二〇一五年十一月三十日，波蘭、匈牙利、羅馬尼亞、拉脫維亞、愛沙尼亞、立陶宛和斯洛伐克的經濟部長聯合上書歐洲執委會，以三頁的篇幅抨擊北溪二號，表示：這條天然氣管線將奪走烏克蘭的過境費，提高歐盟對俄羅斯的依賴程度。兩週後，歐盟議會也加入對此的批評，歐洲執委會則暫時不表態。

天然氣引發外交危機

二〇一五年十二月十七日，梅克爾前往布魯塞爾出席歐盟高峰會時，這些事她全部都知道。在這次高峰會上，各國政府首腦討論的除了所謂的難民危機，就是關於北溪二號的事了。照理來說，梅克爾最遲就應該在這時表明立場，畢竟北溪二號股份有限公司已經開始申請許可了，聖彼得堡附近也推放著第一批建材。但梅克爾並沒有明確地表態。她的顧問們在總理府爭論不休，外交顧問克里斯多夫・霍伊斯根（Christoph Heusgen）持反對意見，經濟顧問拉爾斯—亨德里克・羅勒（Lars-Henrik Röller）則支持這個計畫。最重要的是，梅克爾總理不希望挑起與社會民主黨和副總理嘉布瑞爾的長期紛爭。於是她在布魯塞爾試圖搪塞：「重點是，這是一個出於經濟考量的計畫。」然而政治紛爭早已燒得猛烈。

梅克爾的迴避讓前任總理施洛德得以推進北溪二號的計畫。二〇一六年七月，他在瑞士楚格州的工商註冊錄上登記為北溪二號股份有限公司的董事會主席。二〇一七年二月，他在柏林將當時新上任經濟部長的社會民主黨籍的布麗吉特・齊普里斯（Brigitte Zypries）介紹給俄羅斯天然氣工業股份公司的老闆米勒。這時的嘉布瑞爾成了外交部長，他在新部門也同樣與俄羅斯保持密切聯繫。二〇一七年六月二日，普丁邀請這位外交部長到聖彼得堡進行一對一會談。會後，普丁在康斯坦丁宮，也就是他在聖彼得堡的官邸，舉行了私人晚宴。這時在場的又是一張熟面孔：施洛德。他們要讓反對北溪二號的聲音消失。「我們相信，俄羅斯在能源供應上會像以前的蘇聯一樣可靠，」蘇聯在冷戰時期曾經是可靠的供應商，嘉布瑞爾後來在二〇二二年五月回顧他的政策，如此解釋道：「我們將這種經驗直接套用在俄羅斯和普丁身上，這是錯誤的判斷。」

歐盟內部對這個問題僵持不下。位於東邊的那些歐盟國家反對最激烈，他們曾經最依賴俄羅斯的天然氣供應，現在則在沿海地區建設液化天然氣接收站，進口美國的液化天然氣。

這些國家試圖以歐盟法律阻擋俄羅斯天然氣工業股份公司建設天然氣管線，但他們失敗了，至少一開始是這樣。因為對北溪二號來說，最危險的對手不是波蘭或歐盟，而是美國政府。二〇一七年六月十三日，美國參議院決議對「美國的敵對國家」實施制裁，位於名單首位的就是俄羅斯。在二三二條款「制裁俄羅斯的管線」中，參議院向美國總統提供了懲罰管線建設商的措施。德國公司作為投資商和合作夥伴也可能受到牽連。歐洲對此意見分歧，波蘭政府大力鼓吹美國採取措施，德國外交部長則譴責美國參議院的禁運制裁。嘉布瑞爾指責美國的制裁違反國際法，批評他們這麼做只是為了追求本國的經濟利益。

然而在德國政府也出現了反對北溪二號的聲音。綠黨和環保團體批評這項計畫，德國自然保護聯盟也對此提出訴訟。於是德國當局加快了進度。二〇一八年一月三十一日，史特拉頌礦務局飛快批准了在德國領海建設和運營這條管線。緊接著瑞典和芬蘭也發出許可，因為管線會經過這兩國的領海。只有丹麥拒絕批准，但這也無法阻止北溪二號的建設。因為策畫者毫不猶豫地改變路線，繞過了丹麥的領海。

梅克爾面對日益增加的壓力，在二〇一八年四月主動出擊，進行了修復外交關係的任務。二〇一八年四月十日，烏克蘭總統彼得．波洛申科（Petro Poroshenko）到柏林拜訪梅克爾。在總理府一個挑高天花板的大廳內，梅克爾站在波洛申科旁邊，對他解釋，北溪二號可能的確不只是「出於經濟考量的計畫」。她承認：「也有政治因素需要考慮。」波洛申科露出了苦笑。隨後，梅克爾試圖逼迫俄羅斯保證，未來不僅會以波羅的海的管線，也會以烏克蘭的陸地管線運輸天然氣至西歐。她表示「如果不釐清天然氣過境烏克蘭的問題」，北溪二號就不可能繼續。梅克爾政府確實成功地在俄羅斯和烏克蘭之間斡旋，促成兩方簽訂了俄羅斯經由烏克蘭供應天然氣直到二〇二四年的協定。然而這一切都不足以平息反對的聲浪。

二〇一八年七月十一日，美國總統川普在布魯塞爾的北約總部與北約祕書長延斯・史托騰伯格（Jens Stoltenberg）進行早餐會。川普直接抨擊德國政府：「德國是俄羅斯的俘虜。」他表示德國有高達百分之七十的能源都來自俄羅斯，而且現在還要建天然氣管線。儘管川普的說法並不正確，但無論如何，當時德國的天然氣和石油的確有大概一半都進口自俄羅斯。於是北約高峰會上氣氛緊張。北溪二號有損北約和歐盟利益，在經過川普大聲宣揚之後更是如此。面對美國對歐洲能源公司預計實行的懲罰措施，歐盟各國幾乎不可能有一致的平穩反應。各方立場過於分歧，德國的大聯合政府和施洛德也令鄰國極度不信任。最後，梅克爾的忠誠盟友馬克宏也在二〇一九年變卦，投向批評北溪二號的陣營了。德國的對俄政策讓普丁和川普這兩位民粹風格的民族主義者輕而易舉地分裂了歐盟。儘管如此，修建北溪二號的工程仍然不受影響地繼續下去。

恐怕只有發動戰爭才能阻止北溪二號了。這條天然氣管線在大聯合政府執政時期就已完工，只差最後一道手續，也就是獲得德國聯邦網路管理局及歐盟當局的核准。二〇二一年的年底，在新總理奧拉夫・蕭茲（Olaf Scholz）上任的頭幾週，俄羅斯天然氣工業股份公司將管線充氣，準備向德國供氣。與此同時，普丁下令十萬軍士在烏克蘭邊境集結，為攻打這個鄰國做準備。由於外交壓力升級，天然氣管線計畫喊停了。不過蕭茲還是以社會民主黨的最佳風範捍衛了北溪二號。早在於梅克爾政府擔任財政部長時，他就承諾美國要在德國建立液化天然氣接收站，希望美國能因此放棄抵制北溪二號。二〇二二年二月十日，施洛德抓到機會向社會民主黨的外交政策專家就天然氣管線和俄羅斯的問題提出建議，而這時的蕭茲已經是總理了。數個星期以來，這位政府首腦一直堅持自己的方針，對北溪二號的去留態度曖昧，未曾恫嚇、警告或提出預測。這是因為德國在嘗試挽救這個不可能的計畫，這種在最後關頭的態度轉變被總理府稱為「戰略上的模稜兩可」。直到俄羅斯入侵烏克蘭的前兩天，蕭茲才終於突然喊停計畫，暫停管線的核准程序。但一切為時已晚。

受箝制的天然氣產業崩潰

德國早已喪失自己的主權和行動自由。以施洛德和普丁共乘雪橇為開端，這些年來德國一年比一年更依賴俄羅斯的能源，無論是石油、煤炭或天然氣皆如此。我逐年研究過經濟部公布的資料，發現從俄羅斯進口的天然氣數據從二〇一六年就不再公開，那時國內已有百分之四十的天然氣進口自俄羅斯。經濟部在我的追問下告訴我，當局出於「商業機密的原因」無法將資料繼續公開。換句話說，這是為了替俄羅斯天然氣工業股份公司，還有與其密切合作的德國能源企業集團保密。在這之後是六年的資料空缺，最後的結果是俄羅斯占德國天然氣進口總額的比例成長至百分之五十五。這就是為什麼德國政府會對俄羅斯入侵烏克蘭束手無策。政府可以順利放棄俄羅斯的煤炭，以後也不再從俄羅斯進口石油，但在天然氣方面卻沒有辦法這麼做，因為先前的政府和國內的天然氣產業已經在這上面投入太多了。若想擺脫俄羅斯，德國就必須付出巨大的代價，因為政府依賴俄羅斯天然氣工業股份公司輸送天然氣。還有更糟糕的：在這種關鍵時刻，先前無視忠告和俄羅斯密切合作的德國最大的天然氣企業集團，竟然破產了。

這事和繼承意昂任務的公司有關。施洛德在任職總理期間繞過了反壟斷局，將多家能源公司合併成這個企業集團。意昂後來將天然氣相關業務拆分出售，成立一家名為伍尼博（Uniper）的公司。伍尼博是德國最大的天然氣供應商，自俄羅斯天然氣工業股份公司於二〇二二年毀約後就岌岌可危。普丁先是指示這家俄羅斯國營企業集團調低供應量，後來更直接停止由北溪一號向德國輸送天然氣。二〇二二年九月，北溪管線的四條支線中有三條遭到破壞，管線中殘留的天然氣湧向波羅的海的海平面，最後逸散至大氣層。德國在過去二十年間盲目地與俄羅斯牽扯不清，現在就嘗到苦果了。由於俄羅斯天然氣工業股份公司不再供氣，伍尼博不得不在國際市場以最高價格補購天然氣，結果導致破產。為了拯救國內的天然氣供應，德國政府斥資數十億歐元的稅金，成為了伍尼博的股東。

事情走到這一步雖然無可避免，但也同樣令人憤怒。因為伍尼博（以及二〇一六年之前的前身意昂集團）就是害德國越來越依賴被普丁政治操控的俄羅斯天然氣的大間諜之一。這家企業集團特意而且系統化地將其天然氣業務與俄羅斯緊密地結合在一起（順道一提，巴斯夫也同樣如此），所以現在才會被先前的錯誤決策掐住了咽喉。

意昂集團，或者說伍尼博，其大部分的天然氣都來自俄羅斯，而且所占的比例還越來越大。他們不斷簽訂新的供氣合約，甚至最後參與開發西伯利亞天然氣田，於是這間德國最大的能源企業集團更加依賴俄羅斯。令情況進一步惡化的是，意昂在過去二十年間一直在忽視，或者簡直可以說是在阻撓德國尋找替代俄羅斯供氣的解決方案。該集團於二〇〇〇年代承諾會在威廉港建造一座德國自己的液化天然氣接收站，所有人都以為工程會進行，德國會有自己的接收站。意昂卻拖延數年，最後在二〇〇八年放棄了這個計畫。二〇二〇年，接任意昂的伍尼博再度拒絕建造接收站，理由是需求性太低，不值得建造。但要是伍尼博有液化天然氣接收站，再和卡達及美國簽署供應合約的話，應該就用不著政府在二〇二二年拯救他們。

而且這家集團也盡其所能地避開其他的方案。歐洲執委會在二〇〇〇年代推動納布科輸氣管的建設，計畫由裏海穿越土耳其向德國供氣，這條天然氣管線繞開了俄羅斯。對此，意昂兼魯爾天然氣的負責人布克哈德·貝格曼（Burckhard Bergmann）於二〇〇八年表示自己「在這項變動中發現嚴重的問題」，並質疑：這個計畫的天然氣要從哪裡來？天然氣公司的老闆們以諸如此類的批評摧毀了納布科計畫在德國的聲譽，但要是說到北溪天然氣管線，大家卻又很樂意把錢投進一個看不到底的坑裡。

但意昂也不是沒有被警告過，在二〇〇八年到二〇二二年的無數訪問中，意昂的管理階層都在安撫記者和專家，保證俄羅斯不會將天然氣當作對付德國的武器。意昂兼魯爾天然氣的負責人班納．羅特貝格（Bernard Reutersberg）曾於二〇〇八年稱俄羅斯天然氣工業股份公司為「極度可靠的供應商」。在二〇一四年普丁侵略烏克蘭以後，意昂的執行長約翰尼斯．泰森（Johannes Teyssen）仍表示，「俄羅斯沒有興趣」將天然氣當作武器，因為俄羅斯靠出口貿易生活。他還說：「俄羅斯人可以選擇不賺錢，但這種事很難發生。」一直到二〇二二年一月，伍尼博執行長克勞斯—迪特．毛巴赫（Klaus-Dieter Maubach）都還持類似的論調，認為俄羅斯出口天然氣「五十年以來都絕對可靠」。

但事實正好相反。早在二〇〇四年到二〇一四年之間，普丁在與親西方的烏克蘭政府領導人發生衝突的時候，就曾多次下令俄羅斯天然氣工業股份公司停止向烏克蘭供氣。這家公司曾以天價的天然氣勒索中東歐及東南歐的國家，更在二〇二一年抽空德國的天然氣儲存槽，令德國更容易受俄羅斯要挾。天然氣在俄羅斯不是商品，而是一種具政治作用的原物料。

巴斯夫旗下的溫特斯哈爾（Wintershall）是伍尼博在德國的競爭對手，這間公司也以類似的方式和俄羅斯天然氣工業股份公司合作，不過這並未減輕伍尼博（及其前身意昂）的罪責。溫特斯哈爾投資北溪一號及二號管線，也收購了西伯利亞的天然氣田。這家公司甚至在社會民主黨籍的經濟部長嘉布瑞爾的許可下，將手上的天然氣儲存槽全數賣給俄羅斯天然氣工業股份公司，而這還是二〇一五年發生的事，普丁在二〇一四年都已經侵略烏克蘭了！諸如此類反對和普丁進行天然氣交易的警告有非常多，但天然氣產業都不想聽。

對俄政策三大錯誤

隨著伍尼博的破產，既貪腐又受人誤導的德國能源策略也崩潰了；隨著普丁發動戰爭，修改過不知道多少遍的德國對東政策也宣告失敗了。二十年來的對俄羅斯的理解、協調和體諒證明了一件事：這一切都毫無作用。在這二十年間已經舉辦過無數次會議、高峰會和會談，德國政界卻還是搞不清楚狀況，被普丁要得團團轉，替自己的表現感到難堪。「我們搞錯了！」這是德國政界菁英們在普丁入侵烏克蘭後最常說的話。然而他們通常都不會反思、探詢為什麼這件事會發展成這個樣子。我們欠缺的是一個徹查這場徹頭徹尾的失敗，並且明白指出原因為何的調查委員會。德國在對俄政策上有三大錯誤：一、在經濟上依賴俄羅斯；二、對普丁統治下的俄羅斯判斷錯誤；三、自命不凡地站在道德制高點上。

打從一九九二年於《時代週報》服務以來，我就聽到施密特一而再、再而三地在編輯會議上說：「只要有在做生意，就不會想打仗。」這是一條德國外交政策的金科玉律，引領著前西德和兩德統一後的德國政治人物，而且長期以來都很難被推翻。在其他國家向外派遣軍隊和武器的時候，德國向全世界提供機械、豪華汽車和其他的高科技產品，雖然其中也有一些武器，但在外貿收支上所占的比例不過是九牛一毛而已。相應地，俄羅斯也以合理的價格向德國供應石油及天然氣。德國和俄羅斯合作，並寄望兩國相互依賴的局面能將所有導致衝突的可能性扼殺在搖籃裡，畢竟要是發生衝突，對雙方都會造成巨大的傷害。這樣的做法一直很成功，但自從普丁在二〇一二年重返總統寶座，就不再是如此了。德國的政治人物和天然氣產業的高層都以為，他們所來往的這個人會做出理智的決策，而且對他而言，經濟利益比民族主義的夢想更重要。畢竟，大家不都說普丁是個「準德國人」嗎？這是因為德國人沒注意到二〇一二年這個轉折點。普丁在這時成為了一個典型的獨裁統治者，當這樣的統治者向外擴張權力的時候，經濟對他而言並不重要。從二〇一二年，最晚也是二〇一四年就開始，普丁所做出的大部分決策都不利於國家的經濟利益，因為對他而言，國家安全才是最重要的！德俄之間的密切合作最後為德國帶來了災難，這是因為德國政界和天然氣產業都聽不進真相。畢竟，先前都進行得太順利了。

與獨裁者打交道的謬誤

基本上，與普丁進行對話並沒有錯。雖然今天遭受嚴厲的批評，但在德米特里・梅德維傑夫擔任總統的二〇〇八年到二〇一二年的短短四年之間，德國和俄羅斯結為「現代化夥伴關係」的想法至少是值得一試。歐盟內部充斥著虛偽做作。批評德國早期對東政策的那些中東歐國家，他們也曾經和俄羅斯糾纏不清。波蘭、保加利亞、拉脫維亞、芬蘭等國都曾經像德國一樣，允許俄羅斯在他們國家的天然氣進口總額中占這麼高的比例，有的甚至還要更高。波蘭的右翼民族主義政府就曾勾結維克多・奧班（Viktor Orbán）這個匈牙利民族主義者多年，反對歐盟並幫助奧班上位，於是後者便得以削弱歐盟對俄羅斯制裁的力道，或是阻撓歐盟對俄羅斯實施石油禁運。然而歐盟的制裁和明斯克停火協議正是為了阻止俄羅斯輾壓並完全占領當時幾乎毫無抵抗能力的烏克蘭。談判和斡旋並非罪過，儘管現在確實有些人是這麼暗示的。所謂的明斯克的「和平進程」是有利於俄羅斯的勝利者和平，儘管這對烏克蘭是痛苦和屈辱，但也確實為這個國家爭取了寶貴的七年，令其得以強大起來捍衛自己。德國政界努力過無數次和俄羅斯交流，這打破了那些在德國談話節目上出現的，聲稱我們和對方之間缺乏對話的謊言。除了土耳其總統艾爾多安，大概沒有誰比我們更常和普丁談話了。

嘗試和普丁對話並沒有錯，錯的是德國沒有全盤檢視自己的作為，沒有意識到在過了某個點以後，對話就沒有用了。不僅如此，德國也不願意去加強軍隊裝備、尋找其他的能源來源，好為談判破裂做準備。德國政界和商業領袖原本有二十年的時間來做這些事，但他們忽視了俄羅斯政權的真面目，忽略了俄羅斯內部的轉變和普丁在掌權後的蛻變。最重要的是，他們沒有注意到，普丁的俄羅斯不是先前那個成功且滿足的蘇聯，而是一個越來越復仇心切，渴望為一九九一年的事雪恨的國家。烏俄戰爭爆發後，對東政策的中心人物嘉布瑞爾在二〇二二年在一場訪談中承認：「我們從二〇〇七年就低估了俄羅斯總統的野心，或者說，我們對自己先前應對蘇聯及俄羅斯的經驗評價過高了。」

不過實際情況比他說的更糟：德國人以為自己最了解俄羅斯，這可能是他們最大的誤會。我在歐洲的會議上觀察到，德國與會者是怎麼樣站在道德的制高點上，和中東歐的會議代表解釋該如何和俄羅斯打交道。此外，德國人覺得自己沒有反俄情緒，並認為反俄情緒是波蘭、波羅的海國家、捷克和烏克蘭——尤其是烏克蘭——在蘇聯統治下的產物，經常忽略那些東歐國家脫離俄羅斯獨立的歷史。在某些德國人眼中，烏克蘭不過就是俄羅斯的一個奇特變體，而且無論如何都是一個被俄羅斯影響的國家。這一點在二〇一四年俄羅斯入侵克里米亞後變得很明顯。我當時的編輯施密特甚至否認烏克蘭具有自己的國家傳統。出於這種懷疑，即便是在二〇二二年普丁入侵烏克蘭以後，一些德國政治人物和知識分子仍然傾向於將大部分的烏克蘭領土讓給這位克里姆林宮的統治者，只要雙方能停火就好。很多德國人覺得自己特別懂這些，因為自己的國家才剛用超過半個世紀的時間，克服了過去那場史無前例的種族滅絕戰爭所帶來的後果。德國政治人物和外交官有時候會透露出，相較於其他的歐洲國家，他們就是更了解俄羅斯。嘉布瑞爾回顧過去，相當貼切地將之稱作「傲慢」。就是因為這種傲慢，才會誕生出有兩條管線的北溪計畫。因為這些德國人以為，普丁和蘇聯的做法截然不同，他絕對不會把天然氣當作武器，雖然此人從二〇〇〇年代就已經對鄰國這麼做了。但德國政府那些自以為是的人對此一無所知。

於是，德國的對東政策最後就在傲慢自大、幻覺，以及管線工程的貪污腐敗中失敗了。而這些都助長了普丁成為今天的這個樣子。

3 祖先肖像畫廊：一九九一年的政變者為何在今天贏了

我前往《時代週報》莫斯科辦公室的路上要經過一條隧道。在這個阿巴特區的地下通道，曾有三位手無寸鐵的示威者在一九九一年被一輛俄軍坦克輾死。這裡現在矗立著一塊刻著受害者姓名的小紀念碑，但由於其位在隧道口和車道之間的交通島上，行人根本注意不到它的存在。我曾經每天都騎著腳踏車經過這個交叉路口，但在這超過一年的時間中，我都完全沒有注意到這個被放逐到邊疆的小紀念碑。就連我那些莫斯科的朋友也都完全不知道這個紀念碑，直到我偶然在網路上讀到相關資訊才發現它的存在。相較之下，大家卻都知道阿巴特隧道邊有家很大的商店，櫥窗裡展示著坦克車海報、軍帽和軍裝，這是一家向觀光客提供俄軍服裝和紀念品的商店。

蘇維埃守舊派為了反對蘇聯最後一任總統戈巴契夫，發動了政變和坦克襲擊。然而這些在今日，在普丁執政下的俄羅斯，都被淡化了。很多國家會為政變及其犧牲者設立紀念日，每年還要為此召集國會會議或是舉行類似的紀念儀式。但在俄羅斯，社會對此保持沉默。普丁對八一九事件五味雜陳，因為這場政變是由他先前在情報機關的上級所煽動的。普丁下令讓社會集體遺忘這件事。和自己抱持相同想法的人反對了總統，這讓普丁感到太困惑也太痛苦了，因為這種行為在他看來根本就是叛國。那些政變者想要的俄羅斯，就和現在的俄羅斯很類似。政變失敗對於普丁所崛起的蘇維埃維安部門是一次沉重的打擊，這是蘇維埃國家機器的失敗，這次的失敗開啟了之後俄羅斯充滿自由與機會的十年。突然之間，一切都變成可能：到國外自由旅行、自由選舉和民主化，俄羅斯人民不再需要為了國家的擴張犧牲自己的生活了。此外，其他較小的蘇聯加盟共和國在政變失敗的刺激下宣布獨立，俄羅斯也開始覺醒了。俄羅斯當時從社會帝國主義蘇聯的枷鎖中解放出來，得到成為一個正常民族國家的機會。普丁後來向很多支持這種發展的人報復。他不想記得這場失敗的可悲政變。這就是為什麼我們應該回顧八一九事件，因為這場一九九一年的謀叛是一把讓我們了解普丁，了解他的國安機器的鑰匙。

八一九事件

一九九一年八月十七日，一群與戈巴契夫關係最密切的同事私下見面，戈巴契夫本人當時則還在克里米亞度假。這些人在下午兩點於莫斯科西南部的一棟灰色的花崗石建築聚首，這裡是蘇聯國家安全委員會（KGB）的圖書館，旁邊還附設三溫暖和游泳池。他們是蘇聯的總理、KGB 主席、國防部長、蘇聯國防會議副主席，都是戈巴契夫最傑出的部下。這些人抱怨帝國外圍發生了動亂，共產黨失去控制，軍力衰落。他們也抱怨蘇聯總統戈巴契夫，認為他不再可靠，變得只知道考慮自己。這些人還說，只要蘇聯簽了新聯盟條約，他們就會被開除。最後他們抱怨夠了，決定發動政變。

這群密謀者想用一九九一年八月的這場政變來拯救蘇聯和他們自己，對他們而言，這個帝國比社會主義和蘇維埃人民更重要，但他們最後卻摧毀了這個世界上最大的國家。這些人認為自己要對抗的是戈巴契夫，因為後者會把權力和帝國輸光。但實際上，他們自己反而將那些俄羅斯以外的蘇聯加盟共和國趕出了蘇聯，而且還在蘇維埃政權和俄羅斯聯邦中間留下了隱患。因為就在發生政變的這幾天裡，出現了一個比戈巴契夫危險得多的敵人，那就是葉爾欽。相對地，這群政變者中也有一位是這位未來的俄羅斯總統必須認真看待的對手，那就是弗拉基米爾・克留奇科夫（Vladimir Kryuchkov），也就是 KGB 這個強大的情報機關的主席，而這裡也培養過普丁。我們很難從那幾天的照片裡發現克留奇科夫，但是這場政變其實是他和葉爾欽的一對一決鬥。這兩人為俄羅斯前進的方向進行對決，直到今天才分出勝負，只不過是按照普丁的意思。

克留奇科夫是八月十七日那場 KGB 圖書館密談的東道主，他在這一天做了最好的準備。他說服副總統根納季・亞納耶夫（Gennady Yanayev）簽下多項緊急命令：解除戈巴契夫的職務，由亞納耶夫和國家緊急狀態委員會接管大權。國防部長德米特里・亞佐夫（Dmitry Yazov）的角色也同樣不可或缺，此人下令塔曼步兵師和坎捷米羅夫裝甲師於八月十九日凌晨四點向莫斯科進軍。克留奇科夫指示KGB的阿爾法部隊（KGB的特種部隊）前往阿爾漢格爾斯科耶村附近，那裡是葉爾欽的達恰[5]的所在地。KGB主席在這一夜闔眼沒超過一個鐘頭。他所認定的對手依舊是戈巴契夫，沒有將葉爾欽放在心上。他在八月十九日的黎明時分向KGB高層宣布，戈巴契夫那令人痛恨的經濟改革終於結束了。早上六點，廣播電台宣布了緊急命令，緊接著開始播放柴可夫斯基的《天鵝湖》，這是只有蘇聯領袖過世時才會播放的樂曲。戈巴契夫也在克里姆林宮聽到了這個組曲，用的是他那台手提收音機，這是他當時獲取外界資訊的唯一管道。

「爸爸，快醒醒，有政變！」葉爾欽一早就被他的女兒塔季揚娜叫醒，當時廣播裡正放著《天鵝湖》，塔季揚娜、大女兒耶蓮娜以及葉爾欽的妻子奈娜都站在他面前。他的保鑣在十分鐘後也衝進了房間。沒過多久，葉爾欽就和他的親信一起起草了一份《致俄羅斯公民呼籲書》。他在其中呼籲俄羅斯人反抗「不法的」國家緊急狀態委員會。兩個女兒努力敲擊打字機的按鍵，打下了所有的內容。他很訝異地發現，這群政變者竟然這麼不專業。電話和電報系統都正常運作，葉爾欽的人馬向各機構發出呼籲。但做完這些事以後，他又很快焦躁不安起來，想要到莫斯科去。但要怎麼去？葉爾欽在阿爾漢格爾斯科的達恰距離莫斯科市中心有二十五公里遠，途中還埋伏著KGB的武裝部隊。他根本不知道自己能不能平安穿越封鎖線，不被他們逮住。儘管如此，葉爾欽還是沒有被他們嚇到。他在早上九點登上了他那台柴卡牌轎車，保鑣坐在他旁邊，腿上放著一把衝鋒槍。但出乎意料的是，阿爾法小隊竟然放他們通過，因為葉爾欽現在還不是他們的敵人。

葉爾欽和克留奇科夫同屬於蘇聯的菁英階層，兩者皆被欽點為黨領導幹部。但兩人之間差異甚大：葉爾欽當時六十歲，克留奇科夫比他年長七歲；葉爾欽原本是土木工程師，克留奇科夫先前則是從事法律工作。葉爾欽的形象是有活力、有魅力的政治人物，是一名領袖人物；相反地，克留奇科夫的形象則是固執己見，在工作單位外幾乎不會被人注意到的官僚。他們倆一個是叛逆的政治人物，另一個是服從上級的特務。葉爾欽從共產黨黨部開始他的職業生涯，一開始是領導烏拉山脈那裡的斯維爾德洛夫斯克黨部，後來是莫斯科黨委書記，最後爬上了俄羅斯聯邦總統的位置；克留奇科夫一開始進入的是外交部門，後來加入KGB，中間歷經重重挑戰，最後得以領導這個情報機關。他追隨的是他的入門導師尤里・安德洛波夫（Yuri Andropov），後者是KGB的前主席，並且於一九八二年至一九八四年擔任蘇聯共產黨中央總書記。

安德洛波夫幾乎被西方所遺忘，那些還記得的人對他的印象是一位蘇聯領導層的老人，曾在一九八〇年代初短暫執掌大權，後來又將這份權力留給了下一個老人[6]。然而，在俄羅

5. 具有俄羅斯特色的鄉間小屋，經常被用於休閒度假。

斯的情報部門圈子裡，安德洛波夫卻是為人崇拜的對象。不只克留奇科夫欽佩他，同樣於KGB服務過的普丁也是如此。安德洛波夫在一九八〇年代初領導著一群幹部，希望謹慎地改革蘇聯，將蘇聯現代化，同時堅決捍衛蘇聯在世界上的地位。他們認為這個帝國無論如何都得留存下來，但也必須解決社會主義所帶來的經濟停滯問題。因此，戈巴契夫和葉爾欽這兩個安德洛波夫的繼任者所採取的大方向——向西方開放，多元政治，意見自由，以及各蘇聯加盟共和國日益獨立——讓這些幹部很反感。相較之下，俄羅斯現今的局勢應該會讓他們滿意許多：在普丁的領導下，俄羅斯和西方明確劃清界線，扼殺國內的政治競爭，對前蘇聯加盟共和國加重施壓的力道，而且試圖以侵略性戰爭逼迫烏克蘭重回帝國。到底是要選擇親西方和自由化，還是要選擇反西方的俄羅斯特殊路線和獨裁主義？一九九一年八月，俄羅斯要在這兩條現代俄羅斯的政治路線中做出抉擇。

坦克停在莫斯科白宮前

就在那一天，在快要十點的時候，葉爾欽抵達了莫斯科的中心地帶。他跳下柴卡轎車，立刻躲進他辦公的地方，也就是位於莫斯科河岸，離基輔車站不遠的白宮。他和親信們討論、打電話，焦慮地用指節敲著桌子。經過一個鐘頭的痛苦掙扎，他意識到自己這麼做沒有勝算。他在窗前看到民眾圍繞在一台坦克車旁，無懼於這台坦克和軍人們手裡的機關槍。葉爾欽在這一刻明白了，現在自己應該走上街頭，和人民站在一起。

「我爬上坦克，站了起來，」他後來在自己的回憶錄中寫道，「一切豁然開朗，我覺得自己和周圍的人完全融為一體了。」葉爾欽當時掏出那封女兒替他打的呼籲書，朗讀了出來，譴責「反動委員會」，號召群眾進行大罷工。他看到人們鼓掌喝采，他向這台坦克的指揮官致意，並直視軍人們的眼睛。在這一刻，葉爾欽贏了，而這一刻也成為反抗政變的永恆象徵。這個場景令人印象深刻，讓葉爾欽成為一名英雄，助他度過艱辛的一九九〇年代。毫無疑問，這位俄羅斯首任總統正是在面臨極端壓力的時刻做出了最佳表現。「你會突然感覺到一股推力，讓你知道遊戲開始了，該是你出擊的時候了。」他在回憶錄中如此寫道。

這種頑強的求生心理是克留奇科夫始料未及的。這下子，他後悔自己先前沒有立刻逮捕葉爾欽了。這位俄羅斯總統現在在白宮領導著反抗運動，甚至還大膽狂妄地打電話給他。葉爾欽問 KGB 主席：

「難道你真的不知道自己在做什麼嗎？大家都衝到坦克車前，隨時都可能有人犧牲。」

克留奇科夫回答：

「不，不會有人犧牲。這是不使用實彈的純和平行動。我們只是想要恢復秩序。」

葉爾欽想要反駁，但克留奇科夫打斷他：「所有的動盪都是你引起的，由你這位俄羅斯

---

6. 安德洛波夫於任內病故。

的領導者。根據我們的情報，民眾都很平靜，也都正常生活。」

為了適當地向人民傳達出一切都正常運作的消息，政變者在八月十九日下午下令關閉自由派的媒體和報紙，並接管了電視頻道。從現在開始，說話的就是國家緊急狀態委員會了，而且也只有他們才能說話。但這些說話的人是誰呢？克留奇科夫不願公開露面，所以我們很難在照片上看到他，但這位 KGB 主席讓他的同謀發言。記者會舉辦於文化公園地鐵站附近的蘇聯新聞社（俄羅斯新聞社的前身），有六位政變者出席。國家緊急狀態委員會的發言人亞納耶夫雙手顫抖地表示，戈巴契夫因為不幸病重而無法履行職責。然而這幾個人的狀況似乎也很糟：亞納耶夫一夜未眠又喝了酒，氣色差得像是剛脫離加護病房一樣。他的同伴們看起來也沒有比較好，所有人都穿著灰色西裝，一下這個鼻水，一下那個在咳嗽。某位外國記者發問，想知道委員會是否諮詢過領導一九七三年那場智利政變的皮諾契特將軍（Augusto Pinochet）[7]。此話一出，哄堂大笑。這場記者會對這些政變者而言就是一場災難。

與此同時，反抗運動的勢力不斷壯大。越來越多人聚集到白宮前，莫斯科人互相打電話，某家地方電台也呼籲大家走到這棟政府大廈前。隨著時間推移，葉爾欽變得越來越像是受人民愛戴的護民官，他守住白宮，破壞了政變者的計畫。很快就有十萬人聚集在白宮前。這些人舉著俄羅斯的三色旗，而不是蘇聯國旗。蘇聯幾乎已經成為了過去。狙擊手在屋頂上蓄勢待發，就在這個時候，葉爾欽竟然敢走出防彈玻璃，在陽台上對群眾喊話。莫斯科的名人們也支持他，警告人們「新獨裁」的危險。諾貝爾和平獎得主安德烈・沙卡洛夫（Andrei Sakharov）的夫人葉連娜・邦納（Yelena Bonner）、詩人葉甫根尼・葉夫圖申科（Yevgeny Yevtushenko），還有曾經擔任戈巴契夫的外交部長的愛德華・謝瓦納茲（Eduard Shevardnadze）。大提琴家姆斯蒂斯拉夫・羅斯卓波維奇（Mstislav Rostropovich）也演奏音樂來對抗政變，他的頭髮在風中飛揚。他們的反抗得到了公眾的支持，許多人都察覺到：在白宮這裡的他們正站在歷史中正確的那一方。

一些糟糕的回憶浮上了克留奇科夫的心頭。匈牙利在一九五六年起義反抗蘇維埃政權，他當時是蘇聯駐布達佩斯大使館裡的一名年輕的新聞專員。順道一提，他的上司兼蘇聯大使就是安德洛波夫。莫斯科高層當時用坦克車碾碎了這場匈牙利革命。他們也在一九六八年阻止了在捷克爆發的那場反對蘇維埃的革命（即布拉格之春）。這樣的做法難道不是鎮壓叛亂的真正榜樣嗎？

克留奇科夫和國防部長亞佐夫商量對策。他們在城裡有足夠的兵力應付白宮的動亂：到處都是坦克車，無論是紅場、高爾基大街或是普希金廣場，皆可見其蹤影。塔曼步兵師和來自圖拉的空降部隊都已經在白宮前就位。克留奇科夫和亞佐夫下達「雷霆作戰」的指令。他們的政變計畫如下：二十一日凌晨三點，傘兵和警方將包圍白宮並驅散群眾，接著 KGB 的

7. 前智利總統，曾發動流血政變推翻民選的左翼總統，建立右翼的獨裁軍政府。記者此言暗諷委員會是非法政變集團。

阿爾法部隊和一支陸軍部隊會衝進白宮，他們掃射開路，用迫擊砲炸開上鎖的門，將葉爾欽逮捕。這就是他們的計畫。

然而實際問題在於：國家緊急狀態委員會裡沒有一個人願意負責這場「雷霆作戰」。亞佐夫的副手葉夫根尼．沙波什尼科夫（Yevgeny Shaposhnikov）拒絕發動攻擊，一些指揮官同樣不執行國防部長的命令。他們違抗這個「俄羅斯人在莫斯科中心開槍打俄羅斯人」的主意。儘管如此，八一九事件還是出現了犧牲者。三名示威者試圖作為人肉屏障擋住坦克車，最後死在阿爾巴區的隧道入口。反抗運動出現了殉道烈士，於是白宮前聚集的群眾每個小時在增加，也有越來越多的軍人和政府官員拒絕服從命令。在那一夜的最後，國防部長亞佐夫做出了決定，他在八月二十一日早上八點下令軍隊全面撤出莫斯科。葉爾欽贏了這一局。

但這場決賽只在軍事上分出勝負，政治角鬥的結果尚未分曉。克留奇科夫忙著打電話，他從幾個主要加盟國的總統開始打起，但烏克蘭和哈薩克都拒絕提供任何協助。情況越來越絕望，亞納耶夫喝了個大醉，但也不只是他，國家緊急狀態委員會的幾個人都喝了不少。某位俄羅斯歷史學家在數年後談論到這一點：「這就是典型的蘇聯人，他們都對這種文化很熟悉，經常喝酒，而且很愛喝。誰要是不喝酒，那他一定有問題。」亞納耶夫就被人戲稱為「酒杯傑納」（傑納是根納季的暱稱）。自制的克留奇科夫喝酒喝得謹慎，但他要喝就是喝來自階級敵人酒廠的一流威士忌。他喜歡在講電話的時候啜飲這樣一杯威士忌。他打電話給葉爾欽，告訴他：「部隊將撤出莫斯科。」這位 KGB 主席後來甚至在回憶錄中聲稱，他自已從未謀劃過對莫斯科的突擊行動。克留奇科夫現在有個大麻煩：他得用其他方式對付葉爾欽，好將自己解救出來。但要怎麼做？

就在這時，克留奇科夫想起了，戈巴契夫和葉爾欽長期以來互相對立。葉爾欽現在是他的敵人，戈巴契夫突然就變得有可能是他的盟友了。於是他做出一個令很多人意外的決定。八月二十一日中午，克留奇科夫、亞佐夫和兩個同伴一起飛到克里米亞見戈巴契夫，身體不適的亞納耶夫則留在莫斯科。克留奇科夫在飛機上憤怒地得知，葉爾欽已經下令逮捕自己，而且也派人去找戈巴契夫了。他抵達克里米亞的時候，戈巴契夫正在和葉爾欽派來的使者細談，於是克留奇科夫只能等待。他在接待室的電視上看到示威者已經聚集到 KGB 大樓前了，他看到人們揮舞著俄羅斯旗，看到在其他俄羅斯城市也有示威活動，還看到晚間電視節目公開譴責政變者。情況很糟糕，而且戈巴契夫最後根本沒有見他。某位同事告訴克留奇科夫，戈巴契夫即將飛往莫斯科，和他的談話就留到回克里米亞的班機上再說。這麼一來，克留奇科夫就知道：「事情已經沒希望了。」

共和國紛紛宣布獨立

謀劃八一九事件的政變者曾大肆抱怨新政策會令蘇聯解體，然而令蘇聯更快解體的卻是這場政變。在莫斯科，葉爾欽下令禁止共產黨進行任何活動，並公然強迫共產黨最高領導人戈巴契夫也簽署此命令。共產黨一解散，令蘇聯團結為一體的重要紐帶也隨之斷裂。政變過後，大多數的加盟共和國都宣布從蘇聯獨立。這些國家的獨立順序要整體來看才更讓人印象深刻，我在這裡一一列出：

愛沙尼亞在政變期間就宣布獨立，當時是一九九一年八月二十日；

接下來是烏克蘭於八月二十四日；

白俄羅斯於八月二十七日；

摩爾多瓦於八月二十七日；

亞塞拜然於八月三十日；

烏茲別克於八月三十一日；

吉爾吉斯於八月三十一日；

塔吉克於九月九日；

土庫曼於九月二十三日；

哈薩克於十二月十六日。

立陶宛、拉脫維亞和喬治亞則早在一九九一年的春天就已宣布脫離蘇聯獨立。就連俄羅斯自己都退出蘇聯，莫斯科的俄羅斯政府向莫斯科的蘇聯政府道別。蘇聯並非如普丁及其黨羽如今所聲稱的，被外部力量所摧毀，而是由內部瓦解的。在這片帝國的廢墟上，俄羅斯民族的國家誕生了。在八月二十一日這一天，克留奇科夫和戈巴契夫搭乘同一架飛機在莫斯科降落，這時的他們其實已經被剝奪了權力。戈巴契夫在數週後更失去了他所統治的國家，克留奇科夫則失去了自由。

不過，克留奇科夫在監獄只待了很短的時間，到一九九三年便已獲釋。雖然葉爾欽一派的民主派在俄羅斯的勝利維持了幾年，但民主並未勝利。一九九九年，普丁一從葉爾欽手上接過大權，就對蘇聯的解體表示惋惜，從此將其定調為「地緣政治的災難」。甚至有報導聲稱，情報員普丁親自向克留奇科夫請教過。這位 KGB 前任首腦寧靜而自由地度過餘生，最後於二〇〇七年過世，他的對手葉爾欽也於同一年去世。情報機關以盛大隆重的喪禮向克留奇科夫表示敬意，相較之下，葉爾欽則遭受貶低，並且被他們盡可能地淡忘。

普丁對政變的立場

至於政變時普丁到底在哪裡，他的立場又是如何，這些問題也在俄羅斯引發過討論，尤其是他在過去幾年曾多次對蘇聯解體明確地表示遺憾。可惜的是，並沒有經得起查核的獨立消息來源能夠解答這些問題。不過，普丁自己曾在二〇一八年五月接受電視節目主持人柯塞妮亞・索布恰克（Ksenia Sobchak）訪問時表示，他在一九九一年八月二十日，也就是政變的第二天，已經從 KGB 辭職了。他說自己當時左右為難：「一方面我是在聖彼得堡市長阿納托利・索布恰克（Anatoly Sobchak）底下工作，他支持的是葉爾欽他們。」阿納托利・索布恰克是前總統葉爾欽的盟友，也是那個主持人的父親。普丁繼續道：「但另一邊，維安部門又和那些試圖發動政變的人站在一起。」普丁說，自己「沒辦法兩邊都站」。根據他的說法，他當時向最高上級克留奇科夫請求解除自己的職務。後來，普丁在接受美國導演奧利佛．史東（Oliver Stone）訪問時也重複了差不多的說法，後者還以此拍了一部共四集的影片。令俄羅斯大眾覺得有趣的是，普丁也說他在一九九一年那時，除了在聖彼得堡為索布恰克工作和執行 KGB 的偵察任務，也為了賺錢開過計程車。

儘管普丁在這幾場訪問中都沒有贊同過政變，但他也避免清楚、明確地譴責政變者和他們的想法。這也不意外，畢竟他後來為了掌權又重新加入了情報機構，而該機構正是這種「蘇聯帝國的結束不是解放，而是災難」的世界觀的最主要捍衛者。普丁也是這麼認為的。不過他知道，要是正式且官方地讚揚這些被視為酒鬼的政變者，即便是在今天的俄羅斯也不會歡迎這種行為。因此他壓抑著不去回想一九九一年八月所發生的不光彩的事件。儘管如此，他還是讓那些反抗俄羅斯開放、發動蘇聯起義的前輩們得到了尊重。例如，他下令為長年擔任 KGB 首腦的安德洛波夫建造醒目的紀念碑和紀念牌，在二〇一四年也親自為曾於政變期間指揮大局的國防部長亞佐夫頒發勳章，甚至授予一九九一年在阿巴特隧道故意輾過三位示威者的坦克指揮官最高榮譽。二〇二二年十月，普丁任命謝爾蓋．蘇羅維金（Sergei Surovikin）[8]為烏克蘭戰役的總司令；阿巴特區那個紀念一九九一年犧牲者的小紀念碑，則在二〇二二年的秋天隱沒於一個新建的停車場後面。此外，普丁也施加壓力，迫使《新報》（*Novaja Gazeta*）在俄羅斯停刊。《新報》早在一九九〇年代就是重要的自由派代言人，戈巴契夫為該報股東之一，其總編輯也於二〇二一年獲得了諾貝爾和平獎。但這些都沒能阻止普丁的官員採取行動，說不定還正是刺激他們動手的原因。

政變者在一九九一年輸了。在葉爾欽實施改革的混亂年代裡，與他們志同道合的人潛伏在國家機構裡冬眠，直到後來被普丁喚醒。他們和所屬的維安部門從未放棄過重建蘇聯的長期戰，這場戰爭首先在俄羅斯境內爆發，接著向鄰國擴散。當年的政變者留下一份遺產，普丁重新賦予了它生機，並不斷維護至今。二〇二二年八月，俄羅斯國家安全會議副主席暨前總統梅德維傑夫憤怒地回顧一九九一年那時，他恐嚇波羅的海國家說，他們現在的自由不是自己贏來的，只不過是蘇聯當年沒來得及阻止他們退出而已。普丁的行動是在雪恨，為了當年對戈巴契夫及葉爾欽起義失敗，也為了蘇維埃帝國的崩塌。現在，政變者的精神統治著俄羅斯。

8. 當年下令輾斃示威者的坦克指揮官。

4 民主的練習：一九九〇年代的希望

「葉爾欽的九〇年代……我們該用什麼角度去回顧？那是一個幸福的年代……瘋狂的十年……恐怖的年代……一個為民主痴狂的年代……糟透了的九〇年代……一個黃金年代……是充滿希望的時刻……糟糕而令人厭惡的年代……一個多采多姿的年代……野心勃勃……轟轟烈烈……那是屬於我的時代……那是不屬於我的時代！」

白俄羅斯作家斯維拉娜．亞歷塞維奇（Svetlana Aleksievich）曾獲諾貝爾文學獎，她在著作《二手時代》中對一九九〇年代做出以上的總結。在莫斯科，大家總是會在某個時候就談到這十年。這是因為它是今日生活的起點，是創造現代俄羅斯的宇宙大爆炸，也是被當今掌權者否定的另一種社會模式。大眾對這個年代的譴責被普丁當作自己正當性的基礎。俄羅斯社會分裂成兩派，為這個年代爭吵不休：自由崇拜者或國家崇拜者，親西方派或國家主義派，自由主義者或獨裁主義者。前者在今日的俄羅斯只占少數，真是悲劇，對他們和他們的國家而言皆是如此。因為一九九〇年代對俄羅斯而言是歷史上一見的一次機會，當時的俄羅斯人正建構出一個新的模式，一個自由的社會。他們開始裁減軍備，開始能夠領會到俄羅斯必須和世界上的其他國家一起合作。但在今日，這種可能性慘遭扼殺，其支持者不是被排擠，就是被迫害。我們只要回顧一九九〇年代就能知道這是為什麼。因為在那樣的社會模式中，俄羅斯的菁英階層和普丁都無法掌權。現在就讓我們回到那十年，看看俄羅斯錯過了什麼樣的機會。

一個很好的時代

「戈巴契夫和葉爾欽現在在電視上老是被說得一文不值，」艾絲雅・庫達芙澤娃（Assja Kudrjawzewa）醫師談起最後一任蘇聯共產黨總書記和俄羅斯第一任總統，她這麼說道：「每次我都會想，這到底是為什麼？對我而言，葉爾欽時代真的是一個很好的時代。那時候的我幸福又自由，不受任何限制。對我來說，這就是最重要的！」

我到位於莫斯科西南部的一個新開發區拜訪了艾絲雅・庫達芙澤娃，為了方便讀者閱讀，我在此簡稱她為艾絲雅。艾絲雅在一幢一九七〇年代的寬敞住宅中接待我，這裡的天花板比較低，窗戶是裝有隔熱玻璃的雙扇窗。客廳裡的現代家具風格樸實，從窗戶看出去就是種著樹的庭院。這位現年五十五歲的女士曾經是服務於莫斯科醫院的醫師，育有兩個女兒和一個兒子，他們在不久前才搬出家裡。艾絲雅不願談論她的丈夫。有關一九九〇年代的爭論也撕裂了她的家庭和朋友圈，但我們之後再談這些。在她的朋友和同事之間，艾絲雅以更支持戈巴契夫和葉爾欽，而不是現在的俄羅斯總統而聞名。我就是透過她的朋友才認識她的。

「葉爾欽到底好在哪裡？」我這麼問道。當時她為我倒了一杯紅茶，還擺出幾個盛著蜂蜜、果醬和堅果的小碟子。「我喜歡他，」她說，「他很堅定，有個人魅力，說話清楚、有說服力，而且非常大膽。」她還說，想要清除蘇聯遺留下來的共產黨獨裁統治問題，葉爾欽就是俄羅斯當時所需要的那個人。很可惜，葉爾欽並未完全解決這個問題，但這並不是俄羅斯人今天指責他的原因。被歸罪於葉爾欽的，是所謂的「混亂」和經濟危機。

對數百萬俄羅斯人而言，一九八〇年代末和一九九〇年代是一段痛苦的歲月。蘇聯過往所累積的所有缺失都在這十年間同時爆發，計畫經濟破產，貪污腐敗到極點，行政部門效率低下，基礎建設老舊不堪，工業被耗空。俄羅斯及鄰近的前蘇聯加盟國都陷入了長期的危機。一九九〇年代初的一切都發生得很戲劇化，我當時看過教授和老師們在街上把書放在紙箱上賣，工程師也轉行做計程車司機。連普丁都說過，為了增加自己的收入，他在一九九一年也開過計程車。當時的原油價格來到歷史低點，有時甚至每桶只值十美元，進一步惡化了俄羅斯的國家財政，導致一九九八年發生金融危機。艾絲雅和她的家庭當時也過得不輕鬆。「我那時還是助理醫師，幾乎賺不到什麼錢。」她回憶當時，「在一九九二那一年，我們基本上靠麵條過活。」她說那個時候人人都在談論政府發放給人民的「憑證」，那些可以換成國營工廠的股份，政府透過這種方式進行國營工廠私有化。「有些人特別機靈，只花一點錢就從別人那裡買到兌換券，再用這些憑證建立了私人的工業帝國。」是的，這一切都曾發生過。

但這只是一方面，艾絲雅這麼說。另一方面則是自由，那是經過七十年的蘇聯統治後送給每個人的禮物。國家不再管束人民了。「終於沒有人會控制我了，我想做什麼事都可以！」艾絲雅喊道，她回想起來還是很興奮。「我突然就可以去我想去的地方旅行，學我想要學的東西，做我想做的工作，住在我想住的地方。」這些在蘇聯都不可能發生。而且不要忘了：在葉爾欽的統治下，每個人都在一九九一年七月得到了政府贈送的住宅，也就是他們之前一直向國家租用的那套住屋。「那是一份鉅額的，自由生活的起始資金。」艾絲雅在一九九〇年代初才二十五歲左右，當時的她活力充沛，熱愛生活。她記得，葉爾欽時代就是一個「不斷改變的年代」。在蘇聯時代，女性還會為駕駛起重機的女性駕駛員感到驕傲，結果到了葉爾欽執政，她們突然就能自己開車了。那個時候大家都在整修房屋，扔掉了老舊的蘇聯壁櫥，將家裡改建成現代風格。「我們一開始把牆壁和房子漆成紅色，接著是黃色，藍色和紫羅蘭色。」只要不是蘇聯的棕色和灰色就好。「一切充滿生機！」

艾絲雅在那個時候並不是少數派，一整代人都有這樣的生活感受。當時多數人已經不再沉溺於俄羅斯的強大，不再一心想著西方自由主義制度必然滅亡，也不再醉心於和美國在陸海空三方競爭了。令俄羅斯人感興趣的，是他們自己的國家以及個人的自由。他們擺脫了蘇聯時代的極權控制、壓迫和迫害。人民的恐懼消失了，各個民族的恐懼也消失了。立陶宛、拉脫維亞和愛沙尼亞在一九九〇年代初認為是時候離開蘇聯了，艾絲雅對此完全可以接受。「經過半個世紀，這些波羅的海國家終於能夠找尋自我，自主發展了。這才不是什麼災難，而是我們所有人的福氣。」在波羅的海國家之後，烏克蘭、喬治亞和中亞國家，以及其他渴望自由的蘇聯加盟國也宣布獨立了。而葉爾欽確保這一切都能和平地進行，艾絲雅說：「這都是他的功勞。」

為蘇聯開立死亡證明

然而在現今的俄羅斯，這種想法變成了少數意見。大多數的俄羅斯國民和他們的領導意見相同，認為當初讓非俄羅斯的那些蘇聯加盟國和平離開是一個錯誤。普丁本人在二〇〇五年將蘇聯解體稱為「二十世紀最大的地緣政治災難」。他和許多俄羅斯人都將事件發生的日期定為一九九一年十二月八日，這一天在新俄羅斯歷史上是意見最為分歧的幾個日期之一。對於俄羅斯的自由派而言，這一天是現代俄羅斯創立的日期；但普丁治下的俄羅斯政府及統治階級菁英持相反意見，他們認為蘇聯在這一天遭到了背叛。當時，俄羅斯總統、烏克蘭總統及白俄羅斯的國家元首為了以一紙協議正式解散蘇聯，三人齊聚於別洛韋日森林的維斯庫理獵宮。前蘇聯最高蘇維埃（蘇聯的最高權力機關暨立法機關）副主席尤里・沃羅寧（Yury Voronin）稱之為「政變」，以及別洛韋日的「陰謀」。在莫斯科很容易發現一些書，標題寫著

《誰出賣了誰？》和《他們是怎麼殺害蘇聯的》，各種說法都暗指，三位總統在集體喝醉的情況下毫無必要地毀了一個帝國。一九九一年十二月八日這一天，被官方和親政府人士描述為蘇維埃世界帝國滅亡的不幸之日。

這些評論充滿怨恨，而且不只是怨恨，還有更多的政治算計。相較於歷史事實，對十二月八日的負面評價其實更多是為了證明現今俄羅斯政權的正當性。因為他們所批評的，是一九九〇年代俄羅斯對民主化的嘗試，是言論自由的時期，也是檔案開放以及萌芽中的政治競爭。以政府的立場來看，這段俄羅斯歷史上的多元時期必須盡可能地黯淡無光，被獨裁統治的今日才會被襯托得更耀眼。因此，俄羅斯擺脫垂死的蘇聯的控制的那一天，必須要是很糟糕的一天才行。

然而，維斯庫理獵宮的那場會面和今天許多政府官員所希望的並不相同。我訪問過還健在的（或在訪問時還健在的）當時的關鍵人物及見證者，因此我認為那些苛刻的評論都帶有政治色彩，而且就我看來，一九九一年十二月八日所帶來的影響比現在的菁英階級願意承認的要正面得多。這個日期對評斷一九九〇年代而言至關重要，讓我們回顧一下那一天的重點。

到蘇維埃西方邊境的別洛韋日森林去，這對於那些少數獲邀的特權人士是一次很特別的經歷。烏克蘭代表團一抵達，馬上開始狩獵野豬。在蘇聯時代，這幢有淺棕色房柱的單層白色別墅是黨內領導幹部最喜愛的狩獵屋。一九九一年十二月七日晚間，俄羅斯總統葉爾欽和一週前被選出的烏克蘭總統列昂尼德・克拉夫丘克（Leonid Kravchuk）就在這幅田園牧歌般的景色中相見了。他們是這場會面的主角，因為只要俄羅斯和烏克蘭談妥了，白俄羅斯也得跟著做。當時一同坐在那張桌前的，還有白俄羅斯的最高蘇維埃主席斯坦尼斯拉夫・舒什克維奇（Stanislav Shushkevich），以及兩位總統的副手，葉爾欽的知己根納季・博博利斯（Gennady Burbulis）和克拉夫丘克的副手維托爾德・福金（Vitold Fokin）。正是後面這兩位向我敘述了那一晚的一切細節。葉爾欽舉起酒杯，試圖說服舒什克維奇簽署一份新的蘇維埃共和國聯盟條約。這是由蘇聯總統戈巴契夫所提出的協議，目的在於取代蘇聯憲法，而且葉爾欽也希望藉此將蘇聯作為一個鬆散的聯盟保存下來。克拉夫丘克同樣也舉起玻璃杯，直接了當地說：「我拒絕。」

就在那一刻，葉爾欽和他的副手博博利斯發現，今天的會談可能會很艱難，而且說不定還會互相對峙，結果難以預料。「烏克蘭正在離我們而去，這是我們無論如何都想避免的局面。」在博博利斯的莫斯科辦公室，他對我回憶道。根據他的說法，葉爾欽感覺到落在自己肩膀上的壓力，畢竟烏克蘭已經和俄羅斯結盟超過三百年了，他可不想成為搞丟烏克蘭的那個人。在場的所有代表圍坐在國有達恰裡那張光可鑑人的木桌旁，他們都知道一件事：烏克蘭的談判態度之所以如此強硬，都是因為這個位於喀爾巴阡山脈和克里米亞半島之間的新國家的最近公投結果。然而葉爾欽不願相信烏克蘭東部的俄語區也想獨立，他問道：「什麼？連頓巴斯也同意了？」頓巴斯正是普丁在二〇一四年和二〇二二年曾派兵過去的俄語區。「沒錯，」克拉夫丘克果斷答道，「沒有一個地區的同意票低於百分之五十。」

一九九一年十二月一日，烏克蘭人以壓倒性的多數確立他們的獨立主張，並選出新總統克拉夫丘克。在眾多宣布獨立的蘇聯加盟共和國之中，烏克蘭是最後獨立的其中之一，但卻是最重要的那一個。波羅的海旁邊的幾個加盟國是最早獨立的那一批，接下來就是在南邊的那些高加索加盟國。俄羅斯將之稱為「主權宣言的隊列」，它們的退出，一磚一瓦地拆除了蘇維埃這棟龐大建築。然而最有代表性的並不是這些加盟國，而是那些宣稱要維護老蘇聯的人，也就是一九九一年八月十九日的那群政變者。正如我們在上一章看到的，政變後來失敗了。共產黨從一九八八年起越來越衰弱，幾乎已無力振作。各加盟國興起了反對共產黨和蘇聯政府的民族主義運動，從亞美尼亞開始，接著是波羅的海國家。隨著共產黨黨結構的崩解，從一九二〇年代開始的，將蘇聯凝聚在一起的重要紐帶也跟著斷裂。後來，因為一九九一年八月那場反對戈巴契夫的政變，蘇聯共產黨在蘇俄也不再具有影響力。

因此，在今天將一九九一年十二月八日稱為是滅亡的原因，實在是對歷史事實的極度扭曲。畢竟在葉爾欽和克拉夫丘克動身前往維斯庫理之時，蘇聯實際上已經不存在了。只是沒有人宣布蘇聯已經死亡而已，因為他們害怕宣布之後會發生的事。所有人都表現得像是這個國家的屍體還活著一樣。畢竟蘇聯是美國以外最強大的核武國家，其核武器分布在多個加盟國內，其中也包括烏克蘭。

別洛韋日協議

葉爾欽宣稱，如果克拉夫丘克不想要簽署新的聯盟條約，那他也不想要聯盟條約了。這下子克拉夫丘克終於豎起耳朵來聽了，「如果這裡大多數人都想要達成協議，那我們就不該毫無成果地散會。」他這麼說。葉爾欽建議，讓那些隨行的法律專家不要擬定讓蘇聯延續下去的文件，而是要起草一份三個獨立國家的新條約。他在這裡選用的字是Sodruschestwo，即共同體的意思，這個詞後來變得眾所皆知。[9]克拉夫丘克對此表示贊同。

葉爾欽派了年輕、優秀的法律顧問謝爾蓋．沙赫賴（Sergey Shakhray）和經濟學家葉戈爾．蓋達爾（Yegor Gaidar）進行夜晚的纏鬥。蓋達爾已經過世了，不過我有幸還能在沙赫賴於莫斯科國立大學的辦公室訪問他。沙赫賴說，他們是在蓋達爾的森林達恰中見面的。烏克蘭人沒有來，但這也不稀奇。當時三十五歲的沙赫賴意識到：「隨著各加盟國的退出，蘇聯已經結束了。」他們必須創造出什麼新東西以避免蘇聯崩解出現的血腥衝突才行。蓋達爾和沙赫賴很清楚，烏克蘭堅決反對「聯盟」這個詞。他們和白俄羅斯共同草擬出內文。蓋達爾把所有內容都手寫下來，因為沒有打字員隨行。俄羅斯、白俄羅斯和烏克蘭，這三個國家在一九二二年建立了蘇聯，但他們現在要成立一個「獨立國家國協」，提出這個想法的沙赫賴

9. 後來成立的獨立國家國協即為Sodruschestwo Nesawissimych Gossudarstw（SNG）。

說，他們同時也是「在蘇聯逝世後為其開立死亡證明」。這份協議的前言是這麼寫的：「蘇維埃社會主義共和國聯盟作為國際法主體及地緣政治事實已不復存在」。協議文本在十二月八日早上六點完成，稍後與蘇聯香檳和早餐一起送到了三位總統的面前。

一九九一年十二月八日上午，三位斯拉夫民族的共和國首腦齊聚於維斯庫理達恰的撞球室，三個新國家互相承認國界和領土完整。這個獨立國家國協開放其他前蘇聯加盟共和國加入，他們沒有將總部選在莫斯科（蘇聯帝國的中心），而是在明斯克，也就是白俄羅斯的首都。獨立國家國協會有一個共同的軍事理事會。此外，對於世界和平很重要的是，核武器會暫時受到共同的監管。如此一來，葉爾欽就確保了蘇聯解體不會像南斯拉夫一九九〇年開始解體那樣，因為爭奪核武庫而對全世界產生威脅。葉爾欽和與他後來的接班人普丁不同，他希望杜絕核危機，而不是引發核危機。

到了快要中午的時候，維斯庫理的幾位終於對協議上的每一點意見都達成一致。他們用一台老式傳真機印出最終版本。葉爾欽對十四條協議的每一條都舉杯致敬。接著桌子被搬出撞球室，移到了大廳，他們還懸掛了三國國旗和一些別洛韋日森林的樹枝作為裝飾。下午兩點，在寬敞的入口大廳，三位國家元首在那張桌面光滑如鏡的白色桌子旁坐定，在文件上簽下自己的名字。所有人如釋重負。舒什克維奇提議大家一起去打獵。這時就連克拉夫丘克也不再推託了：「當然好，我也要去！」

在十二月八日之後沒幾天，別洛韋日協議就獲得了白俄羅斯、俄羅斯及烏克蘭國會的批准。一九九一年十二月二十一日於阿拉木圖召開後續會議，剩下的十二個蘇聯加盟共和國中有十一國代表出席，簽署建立獨立國家國協的文件。一九九一年十二月二十五日，戈巴契夫辭職，將大權和內藏核武器發射按鈕的手提箱移交給葉爾欽。如此一來，這樣一個超級核武大國的解體就不會出現血腥而恐怖的場面。所以這才不是普丁所說的「二十世紀最大的地緣政治災難」，而是歷史上的幸運事件。我們從南斯拉夫的例子可以看到一個國家有可能陷入怎麼樣的戰爭，普丁在二〇一四年和二〇二二年侵略烏克蘭也讓我們知道，一九九一年當時有可能會有完全不同的發展。

活在泡泡裡的人

艾絲雅將蘇聯的終結視為解放，盡情享受了俄羅斯的開放。這位醫師和她的丈夫讀很多書，在電視上收看辯論節目，每天都讓新知衝擊自己的認知。艾絲雅還學了英文，她說：「不像在蘇聯時代那樣把英文當作已經滅絕的語言，而是真的有機會去運用。」這是因為在葉爾欽的執政下，她突然可以去旅行了！「全世界都向我們敞開大門！」她在蘇聯解體的第四年湊了好多錢飛出國。「我們到奧地利滑雪，整個假期都快樂似神仙。這是我們以前從來沒有想過的事。」兩年後又去了捷克，接著是法國、德國和義大利。她不斷到國外滑雪，這是她在那幾年中最癡迷的事。後來還到歐洲出差，參加醫學研討會，和歐洲人互相交流。

艾絲雅的鄰居無法理解她的「旅遊強迫症」。她回憶道，每當鄰居看到她帶著行李箱在家門外，等著搭計程車去機場，就總是要搖搖頭。「我們俄羅斯人就是喜歡自我隔離，就喜歡和別人不一樣。」她說，俄羅斯人只喜歡講俄語，對外面的世界都抱持不信任的態度。他們為房屋設置很多道鎖保護自己，為大門設下複雜的密碼，還要在門後放一根棍子。「對外界的恐懼是代代相傳的。」

但艾絲雅喜歡改變，她對未來感到好奇，她盡情享受了一九九〇年代所提供的各種可能性。不過艾絲雅也知道，有很多俄羅斯人因為這種多樣性和選擇權而感到痛苦。「在俄羅斯，大多數人只想要保持現狀。」他們不會為自由受限而反抗，不會為警察的專橫而抗議，他們只想要絕對的安全和足夠的食物。「這樣就夠了。」這是現今俄羅斯政權的統治基礎。大家對未來不感興趣，阻礙重重的國界對他們也不是問題，他們只生活在俄羅斯的泡泡裡，無所謂現狀有多糟。

艾絲雅是根據自己的家庭經驗說出這番話的。她的大女兒安娜絲塔西亞出生於一九八七年，後者在一九九〇年代有很多時光和外婆一起度過。「和我比起來，那個混亂的年代對我媽而言就比較難熬了。」艾絲雅說她的母親對那個年代諸多批評，安娜絲塔西亞也因此聽到了不少。大女兒學的是設計，她學這個主要是為了賺錢。對她而言，有安全感是很重要的事。「找個合適的丈夫，生幾個孩子，把房子弄得漂漂亮亮的，晚上一起看電視。」安娜絲塔西亞對人生的看法和父母並不相同。她在一九九〇年代還是個孩子，但受到外婆和電視節目的影響，那個年代在她印象中不是什麼美好的時代。安娜絲塔西亞現在在一家室內設計公司工作，對俄羅斯以外的世界不怎麼感興趣。她花很多心力在丈夫身上，會為他煮飯，在他到家的時候露出微笑。「她也是只活在泡泡裡，希望一切都維持原本的樣子。」

艾絲雅的二女兒就完全不一樣了，她和艾絲雅比較像。達雅在一九九六年，也就是一九〇年代的中期出生。她沒有經歷過經濟困難的時候，也不怎麼常坐在外婆腿上聽她說話。「達雅的目光朝向未來，她為了未來而活。她知道我們國家有多封閉，也知道我們正遠離世界，所以她想早早離開。」達雅十八歲就到美國讀書了，在加州大學洛杉磯分校讀經濟學。「這是她的選擇。」艾絲雅當然也盡可能地支持達雅，提供她建議和經濟資助。現在在美國的達雅很擔心在俄羅斯的家人。艾絲雅說：「我們幫不上她什麼忙了，她已經比我們還要成熟。她很想幫我們，但不知道該怎麼做才行得通。」

艾絲雅的第三個孩子是個男孩。伊利亞出生於二〇〇二年，他已經唸完高中，而且還想繼續唸書。根據艾絲雅的說法，整個大環境的有害氛圍嚴重影響了他，「對烏克蘭的著迷，對克里米亞的瘋狂，還有源源不絕的戰爭八卦。」不過，在兩個姐姐之中，伊利亞本能地感覺自己更想選擇達雅走過的路。他學習英語，替自己拿到走向世界的入場券。艾絲雅是最想讓他擺脫這一切的人，但她不知道自己能怎麼做，畢竟她自己都還陷在裡面。「自從二〇一四年克里米亞被併吞，我一年比一年清楚，他在我們的國家不會有未來。」普丁一年年地統治俄羅斯，俄羅斯人對葉爾欽時代的記憶就一年年地消散。

飽受批評的大實驗時代

如今，和葉爾欽時代相關的記憶被放逐到博物館裡，這裡值得我們離開莫斯科來看看。這位第一任俄羅斯總統的博物館坐落於他的故鄉葉卡捷琳堡，是一棟白色的現代建築，其建築結構十分複雜，在這座人口一百五十萬的烏拉山脈城市中非常醒目。「葉爾欽中心」開幕於二〇一五年，這裡既是博物館，也是會議廳、學習場所和交流中心。我在二〇一八年參觀過這裡，當我踏上建築前的宏偉台階抬頭仰望，就覺得這棟富有生命力的建築完美符合了葉爾欽的形象，因為這位總統在他的巔峰期總是精力無窮。一進博物館就會看到一些展示品，展覽就從這裡開始。葉爾欽的學校成績單、葉爾欽的課堂習作、葉爾欽的工作證、葉爾欽的西裝、葉爾欽的圍巾、葉爾欽的核武按鈕手提箱。他的元首專車是一輛配有裝甲的ZIL 41052，同樣展示於大廳內。我在幾公尺外的一個展示櫃看到了一件橘色的毛衣，那是葉爾欽的副總理鮑里斯．涅姆佐夫（Boris Nemtsov）在他過世前不久送給他的。我旁邊還有四個二十五歲上下的男性在那個展示櫃前，他們以近乎虔誠的態度唸出涅姆佐夫寫的賀卡：「親愛的鮑利斯．尼古拉耶維奇（葉爾欽的中間名），希望這件毛衣能帶給您溫暖。它的橘色提醒我們，俄羅斯今日極度缺乏的是什麼。一天比一天更敬愛、更尊敬您。」這四位年輕人來自烏拉山脈南端的車里雅賓斯克，穿著黑T恤和黑長褲。「謝謝。」他們說，接著又站了很久，就在那件和二〇〇四年烏克蘭橘色革命同一個顏色的毛衣前面。俄羅斯有不少葉爾欽的粉絲，只是都躲起來了。他們會到這裡朝聖。

在高樓層的一間辦公室裡，迪娜．索羅奇納（Dina Sorokina）接待了我。她從二〇一六年擔任葉爾欽中心的總監，直到二〇二一年由其他人接任。從她的辦公室可以縱觀葉卡捷琳堡。葉爾欽中心希望保存對這位總統以及對俄羅斯另一種可能性的記憶，索羅奇納這麼對我說。許多俄羅斯人不明白，一九九〇年代的經濟危機其實是「一九七〇年代和一九八〇年代的過程」（指計畫經濟）的後果，也就是說，經濟危機的源頭在蘇聯。這一點在今天被掩蓋了，就像「蘇聯不可能維持不變」的這個事實也被掩蓋了。蘇聯的結局不是因為幾個政治人物的任意決定，而是順應歷史的分崩離析。

索羅奇納說，展覽的目的有兩個。第一就是讓每個人都能體驗一九九〇年代的事件，如此一來就能將全體俄羅斯人的歷史和自己的生活經歷連結起來。「年輕人幾乎沒有辦法想像那個年代，」她笑著說，「他們嘲笑奇怪的一九九〇年代，也嘲笑我們在那個年代於政治、文化、經濟和社會上大膽嘗試的各種實驗。」藉由影片、展覽和討論，她希望將這個「大實驗的時代」帶回現在，而且她之所以這麼做，不只是為了讓人驚嘆而已。

她知道，一九九〇年代之所以備受爭議，原因不止於當時的貧困問題，葉爾欽的政治決策也有很多值得批評之處，就連自由派人士也同意這一點。葉爾欽所面臨的一直都是艱困的生存挑戰：一九九三年，他和共產黨及反動派的勢力發生政治衝突，下令砲轟了當時的議會所在地白宮[10]。他推動通過憲法，然而這部本該民主的新憲法卻留下很多專制的漏洞，後來被普丁充分利用。一九九五年，葉爾欽在與車臣共和國的衝突中派遣軍隊進入這個飽受摧殘的國家。一九九六年，他為了在總統大選勝出而和寡頭結盟，這些寡頭藉此無情地謀取自己的商業利益。一九九〇年代的很多實驗都失敗了，對此，索羅奇納表示：「葉爾欽中心應該是一個討論的空間，讓大家辯論到底什麼是對的，什麼又是錯的。」

順道一提，在一九九一年八月遴選普丁為俄羅斯總理和接班人的正是葉爾欽。當時普丁向葉爾欽保證，他和他的家人都不會受到迫害。也許這也說明了，為什麼葉爾欽中心竟然能在二〇一五年開幕，甚至還獲得政府預算的支持。「不過那只占一小部分而已。」索羅奇納說。中心的收入最主要來自基金會和企業的贊助，政府也准許他們出租大樓內的辦公室，替他們帶來了收入。至於中心還能存續多久，這就要看普丁的意思了，畢竟在這裡能看到的很多東西應該都沒辦法討他的歡心。

其中有個展廳播放著很感人的翻頁動畫，所有的參觀者都會被館內人員引導入內觀賞，那部動畫概述了俄羅斯的民主歷史。以動畫講述俄羅斯的民主史？這行得通嗎？確實可行，而且效果還非常好。我看到他們以動畫述說公民自由、公民參與、自主行動、行政中立、公民精神，以及隨時能夠反抗不適任統治者的心理準備。我們可以看到俄羅斯歷史的轉折點：例如，中古世紀晚期的自由的諾夫哥羅德大公國的公民議會就曾制定法律，選舉軍事統領及大主教；十九世紀初的改革家暨沙皇顧問米哈伊爾・斯佩蘭斯基（Michail Speranski）曾建議實行分權制並起草憲法；十二月黨人在一八二五年起義反抗反動的沙皇尼古拉一世，要求制定憲法、解放農民；沙皇亞歷山大二世是一位改革家，最後在一八六一年廢除了農奴制度；當然了，這部回顧民主史的動畫也不會錯過傳奇性的一九九〇年代。俄羅斯有輝煌的自由歷史，葉爾欽中心在此以令人印象深刻的方式將之呈現出來。藉此，中心駁斥了「唯有強硬手段才能統治國家」的陳舊偏見，以相反的觀點很有說服力地敘述了俄羅斯的歷史，和那些經過普丁批准的盛大展覽皆不相同。在那些展覽中，俄羅斯歷史是強硬、果決的領導者的成功故事，從恐怖伊凡到史達林，這個國家在他們的統治下變得統一、強大而令人畏懼。

誰才是凝聚俄羅斯的人？

在二十世紀，俄羅斯原本有過三次機會可以逃離這種由上而下的獨裁統治模式。首先是一九〇五年的俄國革命，議會在革命後有過一個短暫的發展期，但很快就被扼殺。再來是一

10. 指一九九三年的俄羅斯憲政危機，當時葉爾欽為推行改革，強行解散了俄羅斯聯邦議會，但議會拒絕解散並投票彈劾葉爾欽。反對葉爾欽的群眾走上街頭，爆發了流血衝突而且抗議規模不斷擴大，差點使俄羅斯陷入內戰。在安全部門和軍隊的支持下，葉爾欽下令包圍最高蘇維埃所在的白宮並砲擊大樓，幾乎摧毀了整個建築，終於成功驅趕最高蘇維埃的成員。

九一七年的二月革命，這個革命導致沙皇下台，但革命的成果又在同年的十月政變被列寧領導的布爾什維克奪取了。第三次就是一九九一年十二月的蘇聯解體，隨即在葉爾欽的領導下進行為期八年的民主自由實驗。這三次嘗試都伴隨著重大經濟危機，然而起因並不能歸咎於推行民主的改革者。一九〇五年經濟危機的原因是沙皇決策失當和對日戰爭的失敗，一九一七年是因為持續和德國交戰，一九九一年則是因為蘇聯幾十年來錯誤決策的後遺症，再加上原油價格跌到史上最低。相較之下，經濟繁榮卻老是給獨裁者帶來好處。

然而，所有這些歷史事實在今日的俄羅斯都被遺忘了。葉爾欽中心早就是那些普丁主義的「聖杯守護者」的眼中釘，也因此在二〇二二年承受越來越大的壓力。統治階層與菁英階層的代表們說出了普丁因為與葉爾欽家族的約定而無法說的話，電視主持人弗拉基米爾．索洛維約夫（Vladimir Soloyyov），也是普丁的新聞爪牙，他就指責葉爾欽中心鼓吹同性戀。他說，就在不久前，葉爾欽中心才頒獎給一所高中，但該校在二〇二二年曾因學生舞蹈表演有同性戀暗示而引發爭議。索洛維約夫諷刺道，這顯然是葉爾欽中心想推廣的「自由精神的風貌」。不久之後，忠於普丁的保守派電影導演尼基塔．米亥科夫（Nikita Mikhalkov）發話，要求將葉爾欽中心宣告為「外國代理人」，藉此禁止其獲得外部聯繫和資金。熱愛祖國的音樂家、歌手及演員們也馬上紛紛響應。米亥科夫呼籲要「以愛國角度看歷史」，並要求清除「對兒童的國家認同產生毀滅性影響」的來源。

這些菁英所關注的是對歷史及俄羅斯人的自我形象進行集權控制，這種控制包括由普丁自己虛構出來的一九九〇年代的形象。該形象由三個要素所組成：解體、混亂與犯罪，以及美國的遠程操縱。普丁不放過任何一個機會，盡其所能地將前任總統在位時期描繪成最黑暗的樣子。「其實，那個時候有一場內戰。」普丁在二〇二一年十二月時這麼說。根據他的說法，俄羅斯當時即將分崩離析，幸好他力挽狂瀾，統一了全國，並且將那些在莫斯科擔任顧問的美國間諜驅逐出境。普丁這種說法的重點就是：以強硬的手段將美國化、難以治理且混亂的俄羅斯重新統一。

然而，只要是了解歷史，並且在一九九〇年代在俄羅斯生活過的人（例如我本人）都知道，他說的就是謊話。那時候可沒有內戰，不僅如此，在一九九〇年代，葉爾欽其實才是在蘇聯解體後將俄羅斯凝聚在一起的那個人。畢竟他最害怕的就是，在替蘇聯簽發一張死亡證明後，還得為俄羅斯聯邦簽發第二張死亡證明，就像他之前在別洛韋日做過的那樣。這也可以解釋，他為什麼會在一九九五年極其強硬地發動車臣戰爭，而且在第二次車臣戰爭會放任普丁的做法。這些重大過失後來引發了戰爭期間的罪行。儘管如此，葉爾欽還是在談判桌上達成了整合聯邦內部的真正成就。他仰仗的手段是說服和平衡，還有對各地區的順帶補助。他在一九九四年與伏爾加的韃靼斯坦共和國簽訂第一個聯邦條約，界定俄羅斯聯邦下的中央與地方權限。因為是第一個簽約的共和國，韃靼斯坦獲得了最優惠的待遇，後來簽約的就沒有這麼好的待遇了。儘管如此，其他的地區和共和國還是紛紛仿效。即便在一九九八年爆發金融危機的時候也沒有對這種做法產生影響。早在普丁上任之前，葉爾欽就已經將俄羅斯聯邦凝聚在一起了。因此，普丁的行為並非是他本人所謂的團結俄羅斯聯邦的必要之舉，而是在建立一個獨裁的體制。現在的普丁政權以第二次車臣戰爭及摧毀聯邦主義拉開序幕。

所以，為了正當化普丁的統治，現在必須盡可能地抹黑一九九〇年代。普丁的宣傳人員每天都往這張畫布上倒黑色顏料。負責三家國營媒體的主編瑪格麗塔．西蒙尼揚（Margarita Simonyan）注意到，當時的國家公務員領的薪水不是錢，而是「注射器和羊肚菌之類的實物」。對此她表示：「我們不會這麼做。」億萬富翁鮑利斯．季托夫（Boris Titov）為了讓二〇一八年總統大選符合法律規定，曾假意參選總統。此人對普丁的評價很高，曾稱讚後者「在一九九〇年代的混亂後帶來了安定」。俄羅斯牧首基里爾（Kirill）則感謝神派來普丁，矯正了「誤入歧途的歷史」。俄羅斯在一九九〇年代曾經摸索、實驗著實現民主化，這些人說的話卻都是為了支持之後的獨裁統治。如果他們所言只代表俄羅斯菁英階層的意見也就罷了，事實卻並非如此，這種支持普丁的說法就連在德國都廣為流傳。最常聽到的就是施洛德——真是不意外。這位前總理兼天然氣寡頭早在二〇〇七年柏林阿德隆飯店的座談會上表示：一九九〇年代的特色是「掠奪、貪腐和混亂」，那個時候「已經沒有國家權力了」，是普丁帶著俄羅斯走上了安定、可靠的道路。不只是施洛德，一直到疫情期間都還有不少政治人物在與俄羅斯相關的會議上發表類似的言論，許多德國的商界代表也同樣如此。此外，左翼黨也堅定表示：葉爾欽代表著美國作風、混亂和貧窮，普丁則代表著安定和繁榮。這麼說的德國人都為俄羅斯的政權做出貢獻。施洛德和許許多多的德國人以此換來了俄羅斯政府給予的職位、榮譽勳章和為數不少的資金。

葉爾欽中心的總監索羅奇納在二〇二一年辭職了。我在二〇二二年的夏天寫信給她，她當時說，為了實現「她的個人計畫」，會無限期地待在紐約。新的中心總監在葉卡捷琳堡為生存掙扎。在俄羅斯於二月入侵烏克蘭後，中心表態稱這場戰爭「對於兩國及兩國人民都是無法想像的災難」，並呼籲立刻停止戰爭行為。然而這份聲明並未獲得好結果。中心在七月時試圖扭轉自己不愛國的形象，邀請了親政府人士來演講。於是，有位「俄羅斯英雄」在學生們面前講解他們在烏克蘭的「行動」，後來沒過多久又有兩位俄羅斯軍事統領來中心授課，談論他們在頓涅茨克人民共和國[11]的旅程以及在前線的經歷。後者警告聽眾小心新聞平台上「來自烏克蘭和西方的假新聞」，並表白自己對「俄羅斯的頓涅茨克」和頓巴斯的「愛」。

就艾絲雅看來，烏俄戰爭斷送了俄羅斯的長期發展。她認為統治者將整個國家的注意力和力氣都用在國外，用在瘋狂侵略克里米亞和頓巴斯上。「在國內什麼事都沒做。」她很生氣。國內一點成長也沒有，她所在的醫療領域就是一個例子。自一九九〇年代開放以來，俄

11. 二〇一四年烏克蘭危機爆發時，烏克蘭頓涅茨克州的親俄武裝分子占領州行政大樓後宣布成立，但未受國際廣泛承認。俄羅斯將其納為俄羅斯聯邦的一部分，烏克蘭則視其為暫時被俄羅斯占領的烏克蘭領土。

羅斯有很大的進步，但不知道從何時開始，這種成長就停滯了，現在又因為與西方疏遠，學術界、醫療界和教育界的國際交流完全被切斷，一九九〇年代的開放政策被逆轉了。現在的年輕人接受的是愛國主義教育。「他們正在剝奪這個國家還有我們家的未來。」艾絲雅如此評價道。

我在寫下這些字句前和艾絲雅最後一次通信，當時她正在準備一趟重要的旅程。她想去美國找達雅。伊利亞當時已經離開俄羅斯了。只有安娜絲塔西亞，也就是艾絲雅的大女兒，要留在俄羅斯。每當家裡談起俄羅斯的方向，安娜絲塔西亞通常就會退出談話，因為她不同意家人們的觀點。她會說：「我對這些的看法和你們不太一樣。」話題就此中斷。艾絲雅跟著達雅去美國，兒子伊利亞則去荷蘭唸書。「我們要走了，」艾絲雅說，「趁俄羅斯還沒有與外界隔離，我們還走得了的時候。」

5 流氓共和國：車臣模式

我已經認不出這個城市了。這是我在二〇〇〇年車臣戰爭以後第一次回到格羅茲尼（Grosny），並且突然短暫地為市中心的卡德羅夫廣場上的歡樂情景感到喜悅。小夥子們踩著喀喀作響的皮鞋跳舞，或前進或後退，或金雞獨立或用手倒立，穿著長裙的年輕女性則圍著他們旋轉起舞。我眼前的是漆黑的墨鏡、白色的蕾絲披巾、高得令人頭暈的高跟鞋和各式各樣的頭巾。樂團演奏著高加索地區的流行音樂，擴音喇叭讓低音傳遍這個位於大清真寺前的巨大柏油廣場。這是車臣首都格羅茲尼的民間慶典，人們如往年一樣慶祝「反恐行動」的結束；普丁在一九九九年發動了血腥的車臣戰爭，「反恐行動」是經過美化的說法。

距離上次造訪這裡已經十七年了，我這次沒有看到反對普丁的示威遊行，正好相反，我看到的是一群衣著鮮豔的婆婆媽媽揮舞著俄羅斯和車臣的國旗。有些人還努力高舉著印著政治人物的大海報，那是普丁和拉姆贊·卡德羅夫（Ramzan Kadyrov），也就是車臣共和國的現任首腦。在她們周圍的是穿著全黑制服、留著長鬍子且可怕的卡德羅夫保安隊。在格羅茲尼，慶祝活動未經過批准不得進行。

人群中突然傳出尖叫聲。一輛黑色賓士越野車駛上廣場，朝著正在跳舞的群眾開過來。後面跟著第二輛越野車，車上坐著保安人員。某個車臣人一邊挑眉，一邊壓低聲音對我說：「副總理來了！」確實，坐在越野車駕駛座的正是伊斯朗・卡德羅夫（Islam Kadyrov），蓄著紅色大鬍子，戴墨鏡，穿著黑色T恤，他是車臣統治者的弟弟。大家都認出他來了，紛紛向後退。他踩著剎車，慢慢從人群中駛過。音樂停了下來，大家都僵在原地。那個男人重新加速，像冠軍繞場一般在這個巨大的廣場上繞了一周，賓士車發出轟鳴。「慶祝啊！」警察們吼著。但這時候大家已經沒有這種心情了，只是沉默地收拾自己的東西。慶典已經結束了。

暴政實驗室

車臣對俄羅斯而言既是練兵場，也是實驗室。強權者在這個國家測試戰爭、破壞、官僚任意專斷及暴政的極限，也測試人民的容忍度極限。普丁藉由一九九九年的第二次車臣戰爭上台，這是他在俄羅斯打響名號的第一仗，也令他得以在二〇〇〇年的總統大選中勝出。普丁征服車臣，不僅是為了控制這個國家，也是為了同時將俄羅斯掌握在手中。然而他也因此喚醒了侵擾全國的怪獸：普丁發動的車臣戰爭令俄羅斯人民對戰爭和暴力習以為常，車臣這個高加索地區的共和國也預示著普丁治下的俄羅斯未來的模樣。

如果我沒有在一九九九年就走遍了這個可以說是最不幸的俄羅斯聯邦自治共和國，我可能很難理解剛才在市集廣場上的情景。因此，為了說明車臣在俄羅斯聯邦扮演什麼樣的重要角色，我在此簡短地帶各位回顧普丁剛開始執政的時候。

一九九九年，普丁想要證明自己有能力對付車臣這個不乖順的高加索小國。前任總統葉爾欽已經在一九九五年發動過血腥戰爭，所以普丁在一九九九年其實沒有什麼能夠發動大戰的合理動機，當然他在二〇二二年入侵烏克蘭時也是如此。一九九九年八月，有個名叫沙米爾・巴薩耶夫（Shamil Basayev）的車臣軍閥在俄羅斯聯邦的達吉斯坦共和國占領了幾個村莊。俄羅斯當時只需要針對此派出特種部隊就一定能解決問題，完全沒有理由破壞葉爾欽總統在一九九七年簽下的和平協議，普丁卻選擇不這麼做。

就如同在二〇二二年侵略烏克蘭，普丁也為第二次車臣戰爭編造了開戰的理由。他利用一連串的神祕攻擊事件：一九九九年九月，莫斯科、伏爾加頓斯克和布伊納克斯克三座城市都有民宅被不明人士炸毀，但在州首府梁贊的事件被房屋居民阻止了：俄羅斯情報局在民宅地下室放置爆裂物，但這些可疑的袋子被居民發現了。他們將自己的行動解釋為「進行演習」，但並未說明演習的目的。在梁贊民宅放爆裂物的是情報局，既然如此，莫斯科、伏爾加頓斯克和布伊納克斯克炸彈事件的幕後黑手會是誰呢？

一九九九年十一月，我在代表《時代週報》訪問普丁時也親自問了他這個問題。當時我還能拜訪他在莫斯科白宮的辦公室。「是車臣，」普丁握拳捶桌，「車臣已經是跨國組織犯罪和恐怖行動的世界中心了。」他接著談到誘拐、軍火交易、恐怖襲擊和劫掠。格羅茲尼的市集廣場，這個在一九九九年十月被俄羅斯軍隊屠殺平民超過一百人的地方，對於普丁而言只是一個「軍火市集廣場」而已。這些早期用過的藉口令我想到了俄羅斯後來在二〇二二年對烏克蘭平民發射飛彈時所用的政治宣傳手法。二〇二二年的春天，普丁聲稱自己要在烏克蘭對抗美國。一九九九年的秋天，他將車臣戰爭如此正當化：「這是國際恐怖主義對俄羅斯的侵略。」他也拒絕和作風溫和的車臣總統阿斯蘭・馬斯哈多夫（Aslan Maskhadov）會談，一切為進行政治斡旋所付出的努力都被俄羅斯情報部門破壞了。「歹徒將被消滅。」普丁當時如此承諾，就像他在二〇二二年承諾要消滅烏克蘭境內的所謂的「納粹」一樣。早就被趕下車臣總統寶座的馬斯哈多夫（普丁於二〇〇〇年宣布其為非法總統）向普丁提出簽訂停戰協議，在這之後，俄羅斯聯邦安全局（也就是繼承 KGB 的機構）在二〇〇五年的一場特殊行動中殺害了他。

與入侵烏克蘭的相似處

一九九九年，俄羅斯軍隊在車臣進行血腥且損失慘重的艱苦作戰。回顧俄羅斯在車臣的作戰，我們可以看到當時與俄羅斯在二〇二二年的烏克蘭侵略戰有很多相似之處：規劃不周，部隊缺乏協調性，損失慘重，摧毀居民區，以及作戰風格越來越殘酷。雙方於一九九九年十二月初在車臣首都格羅茲尼附近交戰，一天就有二百五十名俄羅斯士兵喪生。二〇〇〇年三月，來自俄羅斯普斯科夫的空降部隊遭遇埋伏，八十四名士兵陣亡，在他們位於普斯科夫的軍營前現在還豎立著一座兩層樓高的紀念碑，用以紀念這次的失利。由於俄軍缺乏協調性，當時出了很多差錯，例如在二〇〇〇年三月就有四十三名內政部的俄羅斯精銳士兵死於俄羅斯正規軍隊的炮火下。大多數喪生的俄軍都會被軍方沉默地掩蓋，和他們在二〇二二年烏克蘭戰爭的作法一樣。不過，一九九九年十一月，軍方發言人瓦萊利・馬尼洛夫（Valery Manilov）將軍倒是詳細說明了車臣軍的損失情況，但也因此暴露他自己多麼不了解戰況。馬尼洛夫原先聲稱叛軍人數約有八千人，但他在二〇〇〇年一月竟然宣布俄羅斯軍隊擊斃了一萬名叛軍，同年七月又將叛軍人數估計為兩萬五千人。顯然，俄羅斯所對付的敵人相當難以捉摸。

因此，空戰和重砲很快就變得更重要，這點和二〇二二年烏克蘭侵略戰時一樣。但是相較於二十多年後的烏克蘭，當時的車臣手上能用來反擊轟炸的防空武器要少得多，俄軍飛機得以不受阻礙地對城市和村莊大規模投擲炸彈。莫斯科的軍事專家譴責俄軍在轟炸中甚至使用遭國際唾棄的集束炸彈和真空彈。通過可怕的壓力效應，這兩種炸彈甚至可以殺害躲在防空洞裡的人。

我在二〇〇〇年二月中旬造訪格羅茲尼，親眼目睹了戰爭所造成的結果。想要去那裡並不容易，俄羅斯當時並不樂意看到外國記者在城市出沒。在接近印古什共和國邊境的某個貨車停車場，我成功說服了一位為俄羅斯軍隊服務的貨車司機讓我搭他的車，他要運送軍人的制服和換洗衣物到格羅茲尼。我們交換條件：我讓他用我的衛星電話打給在西伯利亞的女友及母親，他則帶我到格羅茲尼，一路上還幫助我增進對俄羅斯髒話「媽的」的了解。

現場的景象令人不寒而慄。格羅茲尼的市中心，這個我後來再次造訪的地方，在二〇〇〇年二月時還是車臣共和國的一座死城。很難想像在米努特卡廣場上還能有任何生命存在，畢竟俄軍和車臣叛軍曾以此為中心交戰長達數週。遍地皆是瓦礫、碎石、被燒到變色的金屬碎片、被摧毀的車輛、碎裂的玻璃和彈殼。所謂「進行精準打擊」的俄軍炸彈摧毀了房屋，留下幾公尺深的凹坑。樹木變成碎片，路燈也因為爆炸的高溫而扭曲變形。格羅茲尼的列寧大街成了一條廢墟大道，建築物骷髏一般立在坦克車開闢出的車道兩側。市中心沒有哪面牆是直立的，沒有哪扇窗戶還在原位，也沒有哪座房屋還能夠住人。少數幾個地下空間成了最後的避難所。這些半地下室的門上零星掛著白旗，還有字跡潦草的告示不斷出現：「這裡有人居住！」我有幸和一位從地下室爬出來，對著冬天的太陽眨眼的女士交談。「那些軍人兩天就來一次，檢查我們的文件。」她對我說。他們會要求她離開，「我們在這裡還想做什麼，」他們會這麼問，「但如果不在這裡，我們又該去哪裡？」

格羅茲尼的市中心被摧毀，俄羅斯軍人在斷垣殘壁間設置了檢查站。我因為沒有軍隊發放的特別許可證，在檢查時被攔了下來。軍人在盤問一番之後放我走，條件是要我盡快離開這個城市，離開車臣共和國。但是我當天還和人有個約，而且是在篩選營。直到今天，每當我看到有關被俄羅斯俘虜的烏克蘭軍人歸國的報導，我就還是會想起那一天的訪問，因為這些所謂的篩選營，就是他們被俘虜時所待的地方。

深入篩選營

營地位於切爾諾科索沃（Chernokozovo），那是一個距離格羅茲尼不遠的村莊。這個篩選營其實是一個拘留所，在俄羅斯控制下的車臣中，這裡是最大的篩選營。囚犯的父母、姊妹和朋友站在通往拘留所的路上．他們向我喊著：「問問艾哈邁迪的狀況！看看魯斯蘭過得好不好！」路的盡頭是鐵絲網和圍籬，門口的柵欄只向獲得許可的訪客開放。這個拘留所的負責人米凱爾．納薩金（Michail Nasarkin）少校微笑著接待了來參觀的我。我在那裡看到一個工廠，有生鏽的鐵軌、起重機和被轟炸過的大廳。「在蘇聯時代，這裡是暴力分子、酒鬼、鬧事者和遊手好閒者的教育區和勞動區，」納薩金少校解釋道，「後來車臣人在這裡建了一座勞改營，」他指了指一面滿是彈孔的牆給我看，「伊斯蘭教法法庭在這裡處決被判刑的人。」

我看到年輕男人們正在將通向監獄前庭的大門漆成綠色，並仔細地調整鐵絲網。我們從庭院朝牢房的方向前進，走廊的四周都用柵欄圍著。「我們目前關押了一百一十三個參與非法軍事部隊活動的犯人。」納薩金道。根據俄羅斯的法律，戰爭中的敵人不僅會被囚監，還會追究刑事責任。無論男女，只要幫助過敵軍，就是「恐怖分子」。衛兵替我打開一扇包著鐵皮的木門，接著費力地推開鐵柵門。一股濕冷的空氣從昏暗的牢房撲面襲來，從只有一張信紙大的骯髒窗戶透進了一點點亮光。裡面的四名囚犯被聲響驚得跳了起來，這些消瘦的男人看起來大概三十五、六歲，他們背對著窗戶低頭站著。我看到地板上有蟑螂，很多隻蟑螂。「怎麼了，沒把你們餵飽是不是？」納薩金向牢房裡喊道。沒有人回答他。「所有人在這裡都有寢具、醫療照顧和食物，」納薩金對我說，「如您所見，大家都很滿意。」他砰地一聲關上牢房的門。接下來我們前往女囚區。相較於男囚區，這裡並沒有比較明亮。我在其中一間牢房裡看到門旁的地上有個洞，裡面的糞便已經滿到溢出洞口了。「你們應該洗好澡了吧？」納薩金的聲音在牢房裡隆隆作響，得到了一聲怯怯的「是的」為回答。這些女士為什麼會在這裡？「我在格羅茲尼近郊被士兵從公車上帶走，」阿米娜說。這位三十八歲的女士有很深的黑眼圈，我被允許在監督下與她進行短暫的交談。「他們拿走我的證件，還說我犯了罪。」她對我說她從未參與過行動。「我唯一的罪就是，我是一個車臣人。」她已經在切爾諾科索沃被關了一個月又八天。納薩金在這時介入了。他關上門，示意談話到此為止。他對我說：「沒有人會在這裡待超過一週的。過了這個時間，我們不是把他們釋放，就是轉移到其他的監獄，這個要看調查人員的決定。」我問他，律師可以見到犯人嗎？納薩金嘲諷地對我笑笑，道：「您先在車臣找個律師給我看看。」在這一個多小時的參觀過程中，我當然沒有看到任何刑具，也沒有聽到任何人的叫聲。但是那些聚集在監獄外的人聲稱，他們在夜間聽到了慘叫。「俄羅斯人都不說到底有誰被關在篩選營裡，」一位五十歲的婦人情緒激動地道。她為了尋找下落不明的兒子，從隔壁村莊來到了這裡。「親朋好友就這樣失蹤了。那些軍人會用任何藉口逮捕我們。」

從車臣回來以後，我在毗鄰的印古什共和國和一位曾經待過切爾諾科索沃篩選營的囚犯見面。由於害怕被迫害，他不願意告訴我名字。他在二〇〇〇年一月被俄羅斯巡邏隊逮捕。「他們想要我招供，他們想要知道任何目前還在活動的作戰人員的情報。」他這麼對我說。為了達到目的，那些警察顯然認為用上什麼手段都可以。「他們把我銬住，用槌子敲擊我的手和我的腳，就因為我沒有說出什麼有用的話。」他告訴我。「他們有兩次要我舉著雙手站一整天，直到我崩潰為止。」每當天色暗下來，囚犯之間就瀰漫著恐懼。「因為獄卒會酗酒，接著繼續瘋狂打我們。他們後來已經不想要供詞了，他們想要錢和手錶。」他在二月初逃離監禁。他的朋友從某位被釋放的囚犯那裡得知他被關在切爾諾科索沃的消息，於是賄賂了一個軍官，他在半小時後就被釋放。

他的陳述和我後來在人權觀察組織（Human Rights Watch）對切爾諾科索沃的報導中所讀到的訪談很相似。根據這篇訪談，囚犯們會被逼迫從兩排獄卒中間跑過，一路上會遭受棍棒或其他武器的攻擊；獄卒會用橡膠短棍和鐵鎚毆打囚犯，搶走他們的金戒指、皮夾克和錢，把催淚瓦斯噴進牢房，還會強暴他們，無論是男囚還是女囚。這些報導和一九九五年、一九九六年的報導一致，當時俄軍已經用坦克車摧殘過車臣一次了。現在，從逃離俄羅斯囚禁的烏克蘭人的報導中，我們又看到了這個故事的後續。

車臣是俄羅斯的實驗場，他們在這裡實驗一種以殘酷和報復來彌補效率和執行力不足的作戰方式。為了取得勝利，使對手軍心動搖、放棄抵抗，俄軍在作戰時投入了不成比例的武力。他們以摧毀格羅茲尼為範本，在二〇一六年轟炸了阿勒坡，在二〇二二年殲滅了馬里烏波爾。俄羅斯在切爾諾科索沃和車臣境內其他犯罪現場的暴行都遵循著同樣的邏輯，在二〇二二年的烏克蘭布查大屠殺也延續了這一點。儘管經過了各種軍事改革，多次宣布進行革新，但普丁的作戰風格從車臣戰爭到現在都維持同樣的特徵。

卡德羅夫獻出忠誠

相較於這種貫徹始終的作戰風格，車臣的發展路線就很特殊了，在俄羅斯聯邦獨樹一幟。只要在市區散步就可以觀察到這一點。我兩次造訪格羅茲尼，中間隔了十七年。之所以完全認不出這個城市是有道理的，因為格羅茲尼在我缺席的這些年之間，變成了一個杜拜和伊斯坦堡的車臣版複製品。這個城市的統治者決定將市中心的廢墟清除乾淨，我在二〇〇〇年曾和從地下室出來的女士交談過的地方，現在矗立著高聳入雲的摩天大廈，玻璃帷幕和鍍金屋頂閃閃發亮。到了晚上，這些高樓的燈都亮了起來，秀出寫著可蘭經章節的條幅。在高樓大廈中間有個被稱作「格羅茲尼城」的公園，在那個公園前矗立著由土耳其人建造的巨大清真寺，那是蘇丹艾哈邁德，也就是伊斯坦堡老城區的藍色清真寺的複製品。與之相較，某座伊斯蘭學校由於其金色寶塔式的屋頂，看起來更像是東亞建築。原本是公園的地方現在是車臣政府的行政中心，我的飯店房間位於二十二樓，從飯店窗戶可以看到這棟代表國家權力的建築物：有著高大柱子、壁柱和綠色圓頂的白色宮殿，四周圍繞著拱門、柱廊、方尖碑和新栽植的花壇。看著這個所謂的議會，我想起的卻不是莫斯科那個外觀如灰盒子一般的國家杜馬（俄羅斯的下議院），而是華盛頓的美國國會大廈。車臣人現在已經不接受低於這種水準的了。我唯一還能隱約認出來的就是列寧大道，那裡有二十世紀中葉建造的古典主義風格的建築，它們興建於史達林時代，普丁統治期間被摧毀，現在又作為「歷史中心」被重建。順道一提，這條列寧大道現在叫做普丁大道。

可見現在的車臣統治者並未因為可怕的戰爭而怪罪普丁。拉姆贊・卡德羅夫，現年四十六歲的車臣共和國統治者，他和這位在二〇二二年將自己提拔為俄羅斯聯邦國家近衛軍的俄羅斯總統關係極為融洽。拉姆贊・卡德羅夫是前車臣穆夫提[12]艾哈邁德・卡德羅夫（Akhmad Kadyrov）之子。普丁曾於二〇〇三年讓艾哈邁德被選為總統，但此人在當選後不到一年就遭刺殺身亡——這在這裡並不罕見。他的兒子拉姆贊現在是這個高加索國家的絕對主宰者，

12. 即教法說明官，有權發布伊斯蘭教令。

臣民稱呼其為「帕迪沙」，鄂圖曼土耳其帝國的臣民一直到一九一八年都是這麼稱呼他們的蘇丹的。拉姆贊．卡德羅夫成功將部分俄羅斯部隊和監察員趕出國家，他以親衛隊和維安部門親自接管了鎮壓工作。將普丁與他和他的國家連結在一起的，不是憲法，不是條約，也不是聯邦模式，而是這兩位強權者之間的協議。這是一種私人化的，類似於封建制的領主附庸模式，繞開了所有的政府機關。普丁將車臣如同采邑一般地送出，只要卡德羅夫對他保持忠心，就可以在此為所欲為。高度的獨立性換來了絕對的個人忠誠。普丁假裝他在車臣也是無所不能的總統，卡德羅夫則假裝車臣就像其他地區一樣屬於俄羅斯聯邦。普丁為此付了很多錢，卡德羅夫用這些錢建造了自己的閃亮宮殿。車臣在二〇〇六年的財政預算就有百分之八十來自莫斯科，俄羅斯資助了這個在二〇〇〇年被摧毀的共和國，因為除了營造業和煉油業，這裡的經濟已經全部停擺，大部分的人都失業。不過，普丁和卡德羅夫之間的連結不止於此。

在普丁大道一座邊間房屋的牆上漆著一幅普丁和卡德羅夫的壁畫，他們被畫在同一個橢圓形的相框裡。卡德羅夫就像是普丁的翻版。他們嘴上說的都是家庭價值和保守派的價值觀，對傳統家庭關係的詮釋卻很隨意；他們都癡迷於權力，對任何人都不信任，信奉大男人主義和民族主義；普丁和卡德羅夫都壓迫同性戀者，據說卡德羅夫對其施以酷刑，俄羅斯總統則以法律迫害他們；兩人都熱愛武術運動，像是柔道和空手道；都喜歡與老虎和馬合影，還喜歡被拍下自己在武器前的畫面；都是民粹主義的領導者，以充斥粗話的發言和大撒幣政策來吸引民眾支持。當然了，這兩位也喜歡去做禮拜，並在鏡頭前祈禱。這是為了讓他們的老百姓看到：除了神，他們的領袖誰都不怕。

暴政下的車臣人

被卡德羅夫這樣的領導者統治，人民會過上怎麼樣的生活？我在二〇一七年造訪格羅茲尼時從阿尤布・蒂蒂耶夫（Oyub Titiev）那裡聽說了。蒂蒂耶夫是受人尊敬的人權組織「紀念」的負責人，該組織於二〇二一年被普丁所指派的法官下令「清算」。我在蒂蒂耶夫的辦公室裡拜訪他，他的辦公室當時還存在，但已經面臨關閉的危機。上一任負責人納塔利婭・埃斯蒂米洛娃（Natalya Estemirova）在格羅茲尼被謀殺。根據蒂蒂耶夫的看法，普丁和卡德羅夫是共生關係，兩人相互依賴。「卡德羅夫就像普丁的兒子，完全由他一手創造。」這位人權鬥士如此道。他說，很多俄羅斯想出來的主意都會在這裡做實驗。例如說？「到處都是維安部隊，格羅茲尼市場上老是在突擊搜查。」被搜查的人必須出示證件，給那些穿制服的人看自己的手機，他們會從聊天記錄和搜尋記錄尋找可疑的地方。莫斯科很晚才開始系統化地運用這種方法。蒂蒂耶夫說，只要有任何一點可疑之處，他們都會被逮捕。這就是為什麼只要看到維安部隊出現，大家就會嚇得後退。我馬上想起自己在卡德羅夫廣場上看過的情景。但還有比這個更糟的。

首先就是綁架問題。人民很容易就會失蹤，無論是要去購物，搭車去鄰近城市，還是從朋友家回來的時候都有可能發生。「他們突然就不見了，不接電話，手機也關機。」蒂蒂耶夫說。光是在首都，每個月就有很多人失蹤或被綁架。幕後黑手經常是幫派分子，但如果沒有維安部門的縱容，他們也無法對人構成威脅，更何況這些人受委託而進行綁架的情況並不罕見。被綁架的恐懼因此深入家家戶戶。

有些人為了政府的殘暴而向警察報復，因此有時荷槍實彈的車臣人和維安部隊之間會爆發激烈槍戰。就在我拜訪蒂蒂耶夫前不久，他們才剛經歷了一場激戰，造成十四人死亡，三十六人受傷，其中的十名死者來自於卡德羅夫的部隊。部隊的人用最殘酷的方式復仇：找出對手的親屬，驅車前往他們的住處，在房屋四周澆上汽油，放火點燃一切。「其他人只能眼睜睜看著，看自己的房子被推土機和卡馬牌卡車夷為平地。」當權者就是用這種方式報復那些反抗自己的人民。

對許多車臣人而言，被驅逐出境是他們的精神創傷，這也是政府鎮壓抵抗的一種方式，將他們逐出共和國，遠離家園和家人。這令人想起史達林時期的蘇聯曾在一九四四年第二次世界大戰期間，將近五十萬車臣人驅逐到中亞，直到史達林去世，他們才得以返回。有座關於這次流放事件的紀念碑在卡德羅夫的指示下被破壞了一部分，並移至他處。在格羅茲尼國家博物館中沒有任何關於一九四四年流放的記載。曾有人舉辦有關這場流放的討論會，最後主辦人被判處了四年徒刑。當局不樂意看到人民回憶起流放事件，卻直到今天都還在實行這種做法。

但是這種做法真的沒問題嗎？人民還要忍受自己被暴政束縛、壓迫多久才會起身反抗？「可能還需要時間。」蒂蒂耶夫說。因為卡德羅夫不是只會壓迫人民，他還會把俄羅斯國庫的錢用在社會福利上，並關心車臣人民的宗教信仰。伊斯蘭教是他的制勝王牌。卡德羅夫的父親艾哈邁德曾是車臣的穆夫提，這是他父親留給他的遺產，令他得以茁壯。伊斯蘭教是他的工具。從二〇一五年開始，卡德羅夫在市區舉行盛大的遊行。他在二〇一五年號召到五十萬人，抗議法國《查理週刊》刊登穆罕默德諷刺漫畫。在普丁的支持下，卡德羅夫搭上了這場伊斯蘭世界的全球性抗議運動——基本上就是獨裁統治者在煽動民眾對於伊斯蘭教被詆毀所產生的憤怒情緒。他們當然是帶著反對西方國家的尖銳態度，這次特別針對法國。而卡德羅夫就是一道橋，讓普丁能進入這個伊斯蘭世界。「卡德羅夫蓋清真寺和伊斯蘭學校，為大家去麥加朝聖的費用買單。」蒂蒂耶夫說。他建議我一定要去市中心的大清真寺看看。最後我和蒂蒂耶夫告別，當時我並不知道，這會是我們最後一次見面，至少在很長的一段時間內，我們都沒辦法見面了。因為他在那次見面的來年被逮捕，並判刑入獄。由於找不到其他證據，政府最後以毒品犯罪的罪名將蒂蒂耶夫判刑，這是他們經常用來限制人權運動家人身自由的手段。

透過宗教統治

因為和穆夫提有約，我來到了艾哈邁德．卡德羅夫清真寺，也就是那個伊斯坦堡藍色清真寺的巨型複製品。伊斯蘭大學就在附近，位於大學和清真寺之間的公園種著日本櫻花、金鍊花、木槿，還有顯然數量過多的鍛鐵路燈。這所大學的富麗堂皇不下於隔壁的清真寺，外面是一道道拱門，裡面是大理石造的牆壁與地磚。我等了很久，在那裡看到很多普丁和卡德羅夫的人像，有照片也有油畫，都裱著金色的框，還有小燈從上方打光。就在我出神的時候，薩拉赫．梅希耶夫（Salach Meschijew）突然出現在我面前。「請跟我來！」這位穆夫提說。我們來到他的辦公室，這裡塞滿了嶄新且厚實的木造家具。梅希耶夫突然以反對恐怖主義的主題開始訓話，他要我必須了解，車臣的恐怖分子、蓋達組織和伊斯蘭國全都是撒旦派來的，這些和伊斯蘭教都完全沒有關係。我還來不及提問，他又繼續說下去了。梅希耶夫聲稱車臣戰勝了恐怖主義，「因為艾哈邁德．卡德羅夫和他的兒子拉姆贊鋪平了道路。」他為此很感謝。接著他說，拉姆贊．卡德羅夫得到普丁完全的信任，「這種信任是我們得以在高加索地區團結、穩固的基礎。」他認為普丁是穆斯林最重要的基督宗教友人，「因為他不允許任何對伊斯蘭教的詆毀和諷刺漫畫出現。」

這句話讓我了解到兩件事。首先，由官方主導的車臣伊斯蘭教是俄羅斯反西方計畫的一部分；再者，不斷強調諷刺漫畫則令我想起在敘利亞和伊朗也有很相似的政治宣傳。透過車臣的伊斯蘭教，俄羅斯得以與中亞合作，這就是普丁的軟實力。正如中亞地區的很多國家，格羅茲尼的伊斯蘭教也是一個受政府控制的國有伊斯蘭教。宗教機構為國家服務，也只為國家服務，並且仰賴國家的資助。這個概念對俄羅斯而言並不陌生，畢竟彼得大帝在一七二一年就成立神聖會議[13]，藉此掌控了東正教會。相應於此，在俄羅斯的其他宗教也被政府所控制。順道一提，土耳其也有類似的宗教事務局「迪亞內特」，由土耳其總統管轄。作為回報，所有的費用都由國家買單。伊瑪目由政府所選拔、培訓、控制並支付薪水。在車臣也是如此。「清真寺由艾哈邁德．卡德羅夫的地區基金會贊助，在這裡，沒有哪個車臣人需要為做禮拜付費。」這位穆夫提如此道。據他所說，卡德羅夫本人也捐款給清真寺，也確實有理由這麼做。

因為在車臣，伊斯蘭教就是維安部隊以外最大的監控機構。就像荷槍實彈的卡德羅夫衛兵們，穆夫提和伊瑪目也在監控這個在多次戰爭中被破壞的國家。他們的講道活動要經過上級批准，不然隨便哪個伊瑪目都有可能會說些什麼。由於車臣在一九九〇年代被來自阿拉伯世界，尤其是波斯灣地區的激進傳教者滲透過，穆夫提對此就特別注意。

與穆夫提告別後，我和一位人權運動家約在普丁大道的小巷見面，她告訴我卡德羅夫是如何利用伊斯蘭教統治車臣的。「宗教支撐每個人熬過戰爭，」海妲．薩拉托瓦（Heda

13. 彼得大帝在當時的莫斯科牧首去世後即取消此職位，設置由沙皇任命的主教及世俗官員所組成的神聖會議。

Saratowa）解釋，「如果大家認為自己可以依靠真主，就比較能夠忍受打擊和壓迫。」這一點政府也很清楚，於是更強化了這種傾向。「宗教賦予政府正當性，這是他們只靠武力沒辦法得到的。」根據她的說法，卡德羅夫以激進的伊斯蘭政策提高自己的聲譽，像是有些游泳池規定異性之間必須分池游泳，或者女生只能在女生日，男生只能在男生日來游泳。現在也幾乎找不到酒了，店家只能把酒藏在櫃台下偷偷摸摸地出售。普丁一直對伊斯蘭化的趨勢提出警告，然而伊斯蘭化卻正是卡德羅夫的統治手段，至少表面上是如此。受宗教壓迫的對象主要是女性。

女孩們在學校從一年級就規定要戴頭巾，薩拉托瓦這麼說。所有政府單位也都規定要戴頭巾。女性應該要穿長裙，就連學齡女孩也不例外。這些女孩只要放學回家，就會聽到電視上說女生應該要忍耐又順從。做妻子的應該禱告，這樣她的丈夫才會上天堂；做妻子的應該在家做家務，丈夫則該外出工作。「但這行不通！」薩拉托瓦叫道。因為男人們賺得不夠多，很多女人也必須工作。在三月八日這一天，車臣總統送給薩拉托瓦一朵花，祝她婦女節快樂。但她的回答令人意外：

「我不是女人！」

「怎麼會？」

「我是第三種性別，既是女人也是男人。」

「我不明白。」

「我禱告，我採買，我打掃，我生小孩，不只這樣，我還在外面工作賺錢。我做這些，就為了在星期五聽一個白癡在電視上跟我說，我該怎麼做一個好女人。」

那總統當時做何反應？「他什麼話都沒說。」薩拉托瓦說。在車臣，所有的價值觀都被扭曲了，就為了讓做丈夫的盡可能地過得舒服。做妻子的根本毫無權利。如果雙方離婚，丈夫會得到房子、錢和孩子。在車臣，法官依循宗教邏輯（或者是他們覺得是宗教邏輯的標準）來判案。「就算婦女真的鼓起勇氣，為了爭取自己的權利上法庭，也沒辦法改變什麼。」薩拉托瓦說。

政府有組織、有系統地壓制女性。卡德羅夫身為十二個孩子的父親和兩個女人的丈夫，他炫耀自己這種傳統的家庭價值。無論在格羅茲尼或是莫斯科，宗教都是在為統治者服務。卡德羅夫將普丁吹捧為領袖人物，然而有很多措施是由卡德羅夫先在格羅茲尼試行，後來才推行到整個俄羅斯，例如：警察的恐怖統治、手機搜查、排擠公民或將公民驅逐出境。對於俄羅斯而言，車臣就是試驗場和可以拿來套用的模板。

不過，卡德羅夫對俄羅斯總統的最大貢獻還是在於提供武力，對內或對外皆是如此。車臣的殺手在俄羅斯殺害了眾多普丁的批評者，其中包含記者安娜．波利特科夫斯卡婭（Anna Politkovskaya）和政治人物鮑里斯．涅姆佐夫。這究竟是俄羅斯維安部門的哪個人所允許，甚至是指使的？這個問題從來沒有得到解答。最重要的是：普丁身上不允許有任何汙點出現。

但相較於剷除國內異己，卡德羅夫為普丁的眾多戰役效勞更為重要。據稱車臣的雇傭兵曾出戰敘利亞和利比亞，此外，他們更在普丁的烏克蘭入侵戰扮演重要角色，曾試圖以幾個營的兵力用極度殘暴的手段瓦解烏克蘭的抵抗力量。根據多方情報來源，他們也參與了布查大屠殺。卡德羅夫公開誇耀過這些在烏克蘭的車臣士兵。因為他知道，除了加入他的雇傭軍團，很多男人在車臣根本找不到工作。二〇二二年七月，「艾哈邁德」部隊的指揮官阿普蒂・阿勞迪諾夫（Apti Alaudinov）於俄羅斯電視節目上表示，他和部下在那裡展開了一場針對LGBTQ和「反基督教」的「聖戰」。這樣的說法令人想到第一次世界大戰時被歐洲殖民列強雇傭的穆斯林戰士。普丁以一百年前的歐洲強國殖民風格發動了烏克蘭戰爭，尤其是在戰爭初期，他還讓那些非俄羅斯民族的俄羅斯聯邦公民在烏克蘭替他做髒活。

然而，要是這位俄羅斯總統認為自己將車臣控制得很好，他可就錯了。儘管車臣經歷了一九九九年的血腥戰爭，經歷了長達數年的反恐行動，儘管卡德羅夫對普丁忠誠，儘管俄羅斯軍隊裡有忠心耿耿的車臣士兵，車臣還是沒有被俄羅斯同化，仍然是一個俄羅斯聯邦內的國中之國。不僅如此，情況還正好相反，俄羅斯在普丁的統治下已經車臣化了。

6 新民族主義者：普丁在世界上的盟友

「如果有人想摧毀俄羅斯，那我們就有權回應。這對人類和世界都會是一場災難。但是作為俄羅斯公民和俄羅斯的總統，我要問一句：我們為何需要一個沒有俄羅斯的世界？」自從聽到普丁說這些話，它就在我腦中揮之不去。

此話有如加農炮的巨響。普丁不僅聲稱俄羅斯比所有其他的國家都重要，俄羅斯人比其他人類更有價值，他還將俄羅斯捧為人類文明的起點和終點，是人類文明不可或缺的主成分。他說，如果一個世界沒有俄羅斯，那它根本就喪失了所有的意義和任何的存在權——而且還威脅要摧毀這個世界。這個人說話的方式就像是邪教領袖。邪教教主雖然糟糕，至少不會對世界安全造成威脅，但普丁可是手握有核按鈕手提箱的俄羅斯聯邦總統。

前面那段話出自普丁的電視訪談，是他在二〇一八年三月十八日再次參選總統前不久所說的。普丁的發言建立於民族主義意識形態最重要的兩個基礎：抬高自己的民族，認為其他任何民族的價值比不上他們，或者根本沒有價值。因此普丁與我們這個時代極度契合。

因為民族主義捲土重來了。這種意識型態在二十世紀將歐洲摧毀兩次，造成超過一百萬人死亡，卻在今天左右著國際關係。經歷過上個世紀的破壞和種族滅絕，民族主義本來應該永遠名譽掃地，但它的影響力卻比以往更為強大。如今，追隨民族主義的人聲稱，過去那些罪行不會再重演了。疫情、移民、貿易競爭和經濟衰退令人們感到備受威脅，民族主義者則向他們提供了一個似乎很有說服力的解決方法。縮進舒適的民族國家蝸牛殼裡，這些人讚揚這種尋求保護的行為。他們暗示有「好的民族主義」和「溫和的民族主義」存在。然而，「保護」和「安全」只不過是一種錯覺，是獨裁主義右派用來拉票的手段而已，普丁就是活生生血淋淋的例子。他的政治生涯就是民族主義者變得越來越激進的過程，對他而言，戰爭不過是一種正常狀態。

政治變色龍

不過因為我從一九九〇年代就開始觀察普丁，有時候還是近距離的觀察，因此我也清楚，他並不是一直都是這個樣子。儘管普丁是以一場戰爭開啟他的長期統治，但他在執政初期也警告過不要發展民族主義，也未曾以民族主義的標語宣傳自己。在探訪韃靼斯坦共和國和西伯利亞時，普丁也曾讚揚過多樣性和非俄羅斯民族的文化。然而今天的普丁是一個新樣貌的民族主義者，民族主義只是他披在身上的大衣。這也是我們這個年代的一種現象，因為像他這樣的新民族主義者也出現在土耳其和匈牙利，還有中國、塞爾維亞和美國。普丁正是他們所有人的偶像。

像普丁、土耳其總統艾爾多安和匈牙利總理奧班這樣的統治者，他們都是變色龍，可以迅速在許多角色之間切換，他們將權力緊緊握在手中，但並不拘泥於用什麼樣的方式獲得權力。在危機時刻，他們會化身成任何可能的角色。一開始支持經濟自由主義，後來鼓吹共同富裕，但到最後，他們都為了自己的政治生涯而成了民族主義者。然而這些人和二十世紀的古典民族主義者不同，他們並非在年少時，也就是在他們的政治生涯開始之前就決定了自己的方向。正好相反，他們是順著形勢變成民族主義者，為了自己的事業發展而抓住了這種意識形態。二十一世紀的新民族主義，其實是一種機會主義。

我第一次訪問普丁是在二十多年前，當時的他看起來比現在要老。他的面頰凹陷，膚色蒼白，肩膀內縮。他接待了我們，也就是《時代週報》的兩位編輯及我們的出版社總監，並和我們進行了一場談話。那是十一月的某一天，天寒地凍的，我們在一張打磨得很光滑，由貴重木材製成的木桌旁坐下，身下坐的皮椅還有雕刻成獅爪造型的椅腳。當時普丁的辦公室還在白宮，那裡是總理的辦公地點，有著一段動盪的歷史：一九九一年，上一任總統葉爾欽在這裡反擊 KGB 陰謀分子掀起政變；一九九三年，民族主義和共產主義的議員們占據了這裡，於是葉爾欽下令砲擊。當時俄軍正在普丁的命令下於車臣發動血腥戰爭，我們卻在這裡進行一場還算是和平的談話。我本來以為自己會見到一個強硬、冷淡的男人，然而普丁本人令我吃了一驚，那是我第一次因為他而感到驚訝。

我在那天認識的那個人有點害羞，他不張揚，也不會自我誇耀。與他在二〇〇〇年代的表現不同，當時的普丁還不習慣赤裸著上身騎馬或是乘著戰鬥機在北極圈上空呼嘯而過。他也沒有一副大男人主義者的樣子將雙腿岔開，不像他在二〇一〇年代試圖威嚇西方時的表現。這時的他相當克制，動作上幾乎可以說是有一點笨拙。他講俄語時很官腔官調，德文則說得像是一個不想犯錯的模範生。普丁身上的西裝還有尚未抖落的過往塵土，那是他出身於列寧格勒（今日的聖彼得堡）的貧窮後院，在情報機構拚死拚活工作，最後艱難地爬上克里姆林宮所留下的痕跡。他說話很謹慎，這令我們吃了一驚。普丁並未就北約發表什麼難聽的評論——北約在一九九九年科索沃戰爭中轟炸貝爾格勒，而且正將自己的版圖從波蘭向外擴展——也沒有對指揮這一切的美國說什麼壞話。他想要和美國及德國「合作」。根據普丁的說法，恐怖主義是共同的敵人，而且他認為自己要做的事就是在車臣對抗恐怖主義。他希望爭取西方國家的理解。他也不想和俄羅斯的民族主義者扯上關係。普丁在他的前兩個任期內應該一直都堅守這個路線。儘管北約在二〇〇四年向東擴張版圖，他也沒有對此發表批評，這和他後來的做法截然相反。

當我回想起這次一九九九年底的會面，我發現到，普丁今天這個俄羅斯獨裁君主的形象到底有多少是被創造出來的。政治公關、宣傳人員、裁縫師、骨科醫生、整形外科醫生和北方獵人共同為這個男人打造出硬漢形象，他對抗北約，迫害反對派，表現出自己是全國「最偉大的民族主義者」的模樣。

不過，在他身上還沒有這種轉變的時候，普丁也曾以其他方式吸引俄羅斯人追隨自己。他帶領他們走出雖然前途未卜、危機重重但也自由的後蘇聯時代，替俄羅斯人營造出國家安定的表象。石油價格不斷上漲，俄羅斯賺進大筆油元，普丁也因此獲益。數十年來，俄羅斯人第一次感覺到一點類似經濟奇蹟的東西。普丁將資金主要投入營造和基礎建設，好讓人民看到改變。與此同時，他也刻意打壓那些不願屈服於他的競爭對手和寡頭。民眾用自己的發言權換來了富足的生活，這就是普丁在尚未鼓吹民族主義的時候和俄羅斯人交換的條件。然而這樣的交換條件並不持久。

選擇民族主義的轉折點

普丁在二〇一二年為自己選擇了民族主義。關於此，西方國家流傳著兩個說法，但沒有一個經得起驗證。第一個說法：普丁在二〇〇七年於慕尼黑安全會議上猛力抨擊美國的時候，就已經走上了民族主義的道路。但事實上，普丁之所以放棄和西方合作對抗恐怖主義，是因為他變得越來越以批評眼光看美國。他已經試圖和西方劃清界線，並對鄰近地區進行軍事干預，然而當時民族主義還尚未成為左右政策的重要因素。第二個說法，也是普丁支持者多年來在德國脫口秀節目中堅持散布的說法：普丁的態度之所以轉變，都是因為西方的種種作為，他在反擊西方對自己的不尊重。但這是錯誤的認知，並且還輕視俄羅斯。俄羅斯的國土大得過分，國際舞台上的角色也立場獨立，不依賴其他的國家，其領導者不可能在基本政治決策方向上受外國影響。就像其他大國一樣，俄羅斯做決策的理由更多出於自身的考量。而普丁之所以選擇民族主義，就是因為二〇一一年年底爆發的一場危機對他構成了威脅。

當時的俄羅斯人已經習慣過小康生活了，但普丁吃驚的是，他們開始要求更多，想要拿回自己的參政權。在二〇一一年和二〇一二年的春天，俄羅斯人反對普丁從總理職位重返總統寶座，也抗議政府無恥操縱總統大選。示威群眾聚集在博洛特納亞廣場上，他們是律師、工程師和公司主管，也是過去十年間的既得利益者。這些人不再滿足於先前的「消費代替參政」的社會契約。不僅如此，在俄羅斯的鄉下，所有那些不曾從普丁執政早期的石油繁榮獲益的人，也都走上了街頭。

普丁的人望急遽下滑。他身穿軍裝和柔道服的硬漢模樣不再有吸引力，他的演講毫無迴響，普丁突然看起來太老。普丁遭受打擊。根據二〇一二年一月的問卷調查結果，只剩百分之四十二的受訪者還想要選他當總統，而且比例還在迅速下降中。不過，藉由操控媒體，借助所有安全部隊和監票人員的共同努力，他還是在三月的大選中獲勝。然而選後的支持率又繼續下滑，於是普丁開始緊張了。他放眼世界，看到的就是遊行抗爭活動。突尼西亞、埃及、巴林、敘利亞、葉門和利比亞的民眾紛紛走上街頭，而且在這之前，喬治亞、烏克蘭和吉爾吉斯的起義就已經令他神經緊繃。普丁推測，在這些被他稱之為「顏色革命」的大規模抗議運動後面的是美國政府，當然還有美國中央情報局。他還懷疑，有沒有可能，最後這一切都是在針對他個人？博洛特納亞廣場的抗議讓他知道，採取行動的時刻到了。他需要一種全新的敘事方式。這個啟發不是來自於西方，而是來自俄羅斯的抗議者。

在普丁尋找新的敘事方式之時，他在二〇一二年的《獨立報》上為此刊登了一篇宣示政策綱領的文章。在這篇文章中，他將俄羅斯描述為一個多民族共存的獨特空間，是一種必須由俄羅斯人以國家體制維護的特殊文明。「這個文明的核心和紐帶就是俄羅斯民族，俄羅斯文化。」他如此寫道。根據普丁的理解，俄羅斯聯邦是和西方「多元文化實驗」相反的模式，他將俄羅斯聯邦視為容器，在這個容器內，許多民族可以在俄羅斯文化的主導下共同生活。普丁宣傳的內容事實上就是歐亞俄羅斯中心主義，與極右思想哲學家亞歷山大・杜金（Aleksandr Dugin）之類的眾多民族主義者多年來所宣揚的理念無異。

儘管如此，在接下來的幾年時間，普丁卻靈活地遊走在不同的俄羅斯民族主義派別之間。他有時候在俄羅斯的鄰國推廣「俄羅斯世界」，這種思想以狹隘的族裔民族主義世界觀為基礎；在訪問其他非俄羅斯的自治共和國之時，他喜歡將俄羅斯描述成一個由俄羅斯民族領導的多民族帝國；面對烏克蘭時，他又回歸到作家亞歷山大・索忍尼辛（Aleksandr Solzhenitsyn）的觀點，認為俄羅斯、白俄羅斯和烏克蘭各為三位一體的斯拉夫總體的一部分。作為新民族主義者，普丁將各流派的民族主義玩弄於股掌之間，他所遵循的是一種「選擇性的民族主義」。二〇一二年，他將自己稱作「俄羅斯最偉大的民族主義者」。

他很快就發現自己找到了足以吸引更廣大群眾的基調。就他個人而言，普丁比較崇尚的是符合俄羅斯蘇維埃帝國傳統的多民族國家，而不是狹隘的俄羅斯民族主義。然而他越來越常談論的卻是俄羅斯種族以及這個種族所面對的威脅，這也在兩年後的烏克蘭戰爭中給族裔民族主義更大的發揮空間。在俄羅斯併吞克里米亞後，普丁的聲望達到前所未有的高度，然而他卻逮捕了那些在戰時表現過激的族裔民族主義分子，剝奪他們的權力，讓他們無法發表自己的意見。我在二〇一五年於聖彼得堡出席了一場只有少數人能參加的會議，普丁在會議上警告不得過度煽動民族主義。他將這種新民族主義收歸國有，令其為自己的統治服務。他在烏克蘭戰爭中不加以約束民族主義者，是為了轉移國內對戰爭動員和軍隊失利所產生的不滿。普丁乘著民族主義的浪潮掌控權力，戰爭和俄羅斯與西方國家的激烈競爭餵養著他，直到今天依然如此。

土耳其盟友艾爾多安

其他的獨裁政治人物也有和普丁類似的啟發經驗。我曾親眼見到現任土耳其總統本人三次，分別是在二〇〇二年、二〇一〇年和二〇一九年。第一次是在一間樸素的會議室裡見到他的，當時他還戴著一條有光澤的紅色領帶，上面別著一枚金色領針。他很親切，在冒著熱氣的茶杯裡加了兩塊方糖，悠閒地攪拌著，和今日的艾爾多安完全相反。他現在常常惱怒，老是對談話對象發火。當時的他的立場親西方，奉行新自由主義，追求「盎格魯薩克遜的世俗主義」（指政教分離），並提防民族主義興起。此外，他確實在勝選後改革了土耳其，並於二〇〇四年啟動土耳其加入歐盟的談判。在二〇〇〇年代初期還沒有出現任何指向民族主義，以及從二〇一五年起征戰敘利亞和伊拉克的跡象。二〇一〇年，我在安卡拉的正義與發展黨總部和艾爾多安見面，我們在香蕉形狀的紫色長沙發上進行訪談。他滔滔不絕，談到他對歐盟非常失望，對於歐盟實際上拒絕了土耳其的入盟申請非常失望，不過他接著又談到土耳其的民主化。後來經過多場戰爭，我在二〇一九年才又在伊斯坦堡的土耳其廣播電視公司的大禮堂見到艾爾多安。這個曾經健壯、高大的男人當時彎腰駝背，看起來就像是個老元帥。他對過去的戰役誇誇其談，談論著血腥的十字軍和了不起的蘇丹。

艾爾多安成了民族主義者，但他幾乎不是因為對這種思想的信念，而是為了掌權才這麼做的。正如同普丁，艾爾多安也和二十世紀的獨裁者並不相同，他們有很多人從年少時期就選擇了民族主義。艾爾多安則正好相反，他是新民族主義者。他一開始激烈地反對民族主義，現在則將這種意識型態當作自己的工具，相當懂得變通。艾爾多安從二〇一五年開始轉變為軍閥，當時他和親庫德人的政黨反目成仇，因為後者本應幫助他通過新的總統制憲法，最後卻沒有做到。艾爾多安直接在雙方決裂後輸掉了一次選舉，他因此選擇與民族主義行動黨結盟，這是一個由泛突厥主義者、族裔民族主義者和法西斯主義者組成的聯盟。艾爾多安和民族主義行動黨達成協議：他將自己的立場右傾，他們則要助他在議會拿下多數席位，如此一來，他就能推動修憲，將土耳其的政體改為獨裁總統制。作為交換條件，民族主義行動黨可以在政府、司法部門及軍隊的重要位置安插他們訓練有素並且具意識形態的幹部。艾爾多安從二〇一六年開始將民族主義當作他的主要工具，土耳其被他以此改造為一個他一個人說了算的國家。在新冠疫情期間，艾爾多安成了一個全方位的干預主義者：他挑釁希臘，造成了一次可能引發戰爭的危機；他將雇傭兵和巴伊拉克塔爾無人作戰機派至利比亞參與該國內戰，也派往納戈爾諾卡拉巴赫，助亞塞拜然對抗亞美尼亞。只有在俄羅斯襲擊烏克蘭時，這位土耳其總統才試圖居中斡旋，但艾爾多安家族的軍火公司卻在此期間向烏克蘭提供武器。過去幾年間，在土耳其附近發生的戰爭就沒有哪一場是沒有被艾爾多安插手過的。

新民族主義先驅奧班

二十一世紀催生出各式各樣的新民族主義者，他們在從政路上發現這種意識形態可以作為自己奪權的工具。安東尼斯・薩馬拉斯（Antonis Samaras）也是其中一員，這位希臘的政治人物是造成希臘和北馬其頓之間出現衝突的始作俑者。南斯拉夫解體後，北馬其頓這個新國家在一九九二年成立了，出身於希臘菁英家庭的薩馬拉斯當時擔任外交部長，他引發了一場有關該國國名問題[14]的紛爭。就在北希臘針對「史高比耶」（北馬其頓首都）的抗議遊行似乎毫無止盡的時候，薩馬拉斯脫離保守派的新民主黨，另外成立了民粹主義的政黨「政治之春」。他想藉此在雅典奪下大權，然而他的政黨選輸了，他最終還是回歸新民主黨的懷抱。二〇一二年，薩馬拉斯甚至在新民主黨勝選為議會第一大黨時成為了希臘總理，不過他當時並未提出任何民族主義的綱領。由此可見，他也不過是新民族主義者，這種意識形態只是被他臨時拿來利用罷了。與薩馬拉斯類似的還有很多人，例如鮑里斯・強森（Boris Johnson），這位從機會主義者轉為民族主義者的英國首相明明主導了英國脫離歐盟，但在幾年後又嚴厲譴責民族主義。因為懂得變通才能穩固權勢。其他的例子還有將中國打造成民族主義堡壘的習近平，以及同樣夢想在美國這麼做的川普。對於後者，我們稍後會再提。不過說到新民族主義者的先驅，還是要算一九九〇年代來自匈牙利的這一位。

匈牙利總理奧班在年輕時曾獲得喬治・索羅斯（George Soros）的獎學金，是自由派的寵兒。感謝這位有匈牙利背景的美國贊助人，出身貧困的年輕奧班才能到英國留學。他身為青年民主主義者聯盟（後簡稱青民盟）的年輕議員，留著鬍子和一頭長髮，穿牛仔褲而不是一身筆挺的西裝，他為了自由的匈牙利而奮鬥。身為議會黨團的主席，他是以伶牙俐齒和機智聞名的自由派人士。一九九二年二月，奧班在青民盟的黨代表大會上宣稱：「族裔民族思想這種民粹主義的政治，和自由主義完全相反。」聽聽奧班如今的言論，我們幾乎無法相信他

14. 北馬其頓成立之初的國名為「馬其頓共和國」，然而希臘強烈反對該國使用此名。爭議點在於希臘認為古馬其頓人屬於古希臘人的一支，而古馬其頓王國屬於希臘歷史；馬其頓共和國則自詡為馬其頓王國和馬其頓社會主義共和國的繼承者，堅持「馬其頓」作為國名。

當年曾經說過這樣的話。

他不到三十歲就被選為國際自由聯盟的副主席，在一九九三年於布達佩斯的會議接待了來自世界各國的自由派人士。青民盟的聲望直線上升，該黨被視為未來的執政黨，奧班也被寄予厚望。然而，之前只發生在各共產主義黨派之間的分歧與決裂，也在自由派內部爆發。奧班和黨內同僚鬧翻，眾人紛紛退黨。青民盟元氣大傷，一九九四年的大選並未如先前預想地獲勝，反而只拿到百分之七的席位，輸得一敗塗地。奧班的政治夢想隨之破滅。

奧班處於事業低谷，並認為自己在匈牙利沒辦法以「友善的自由派新星」形象繼續走下去。這種經歷和普丁在二〇一二年的博洛特納亞廣場起義之後，以及艾爾多安在二〇一五年選舉失利之後的經歷很相似。眼看著自己的政治生涯可能結束，奧班決定向右急轉，開啟新民族主義的道路。

作家保羅・倫德瓦（Paul Lendvai）曾為奧班寫傳記，他發現奧班的改變「並非出於對意識形態的深層心靈追求」，而是「清醒地算計奪權所需」。在選戰失利後的幾個月中，奧班開始談論匈牙利民族認同、祖國、民族利益、家庭、市民階級和道德。只有在右派，他才能看到擴展政治版圖的空間。奧班突然開始穿西裝打領帶，剪短了頭髮，皮鞋也擦得發亮。他怒斥歐盟，卻很樂意拿布魯塞爾（歐盟的首都）給的錢，因為如此一來，他就能以自己的名義將錢發給匈牙利人。就這樣，奧班在之後的選舉中都獲勝，只有一次意外敗北。匈牙利如今被他牢牢掌握於手中，他的統治沒有結束的跡象。

川普帶來美國民族主義

儘管如此，新民族主義者要在全球各地取得成功，還是要有世界經濟和軍事強權參與才行。於是，最重要的新民族主義者在二〇一六年登場了，這個人就是川普。此人先前支持自由主義的移民法和墮胎權，卻在當上總統後下令在美墨邊界建圍牆，並向基督教右派示好。川普之前並未遵循右派的政綱，他最多只是希望支持保護主義而已。因為早在一九八〇年代，他就深信一種淺薄的經濟觀念，那就是全世界都在占美國的便宜。

川普捐款給民主黨，又向共和黨自我推銷，就為了能夠從政。終於在二〇一六年，也就是他七十歲的這一年，他得到了機會。川普在顧問的幫助下將自己混亂的怨恨情緒轉化為民族主義的綱領，再用簡單易懂的話語表達出來。他改變了自己，也改變了這個世界。

他的總統任期成了民族主義的惡夢：關稅壁壘、貿易戰、制裁伊朗、俄羅斯和歐盟。對移民建立圍牆，對外國人和伊斯蘭教提出警告！美國公民無論任何出身都以自己的國家為傲，這是將美國凝聚在一起的美國愛國主義，川普卻將之扭曲成一種以種族劃分國家的白人美國民族主義。

川普因此成為國際上的民族主義代表人物。普丁、艾爾多安、奧班和川普形成了一個由男人組成的政治聯盟，儘管他們的國家在地緣戰略上具有某種程度上的競爭關係，他們之間還是相互支持。在彼此會面或通話時，他們會不顧正式的外交禮儀：川普在與艾爾多安進行私人談話時，允許這位土耳其總統的首席顧問用流利的英文將土耳其文翻譯為英文[15]；川普信任俄羅斯總統，他會躊躇滿志、長篇大論地向對方透露國家機密，說歐洲人的壞話。川普在位期間的外交政策令美國在近東、非洲和南亞的影響力減弱，普丁於是趁機填補了這個空缺。這也是在俄羅斯攻打烏克蘭以後，美國很難說服南邊的國家制裁俄羅斯的原因。

不僅普丁，還有艾爾多安，他是填補空缺的第二個人。要不是川普特意撤軍，這位土耳其統治者根本沒辦法發動戰爭。川普阻擋美國國會因土耳其收購俄羅斯防空飛彈而對其實施制裁，他還保護土耳其總統身邊可疑的黃金商和銀行家免受美國的刑事起訴。艾爾多安經常抨擊西方、歐盟，還有歐盟的「伊斯蘭恐懼症」，卻從來不曾抨擊真正恐懼伊斯蘭教的川普。普丁容忍艾爾多安在近東擴張，艾爾多安則投桃報李，部署俄羅斯的 S-400 防空飛彈來削弱北約的實力。當土耳其坐上談判桌，就沒有人知道北約到底還能剩下多少機密。普丁在二〇一六年和二〇二〇年的美國總統大選都表達了自己的偏好，直到二〇二〇年十一月的那場大選過了好幾週，他都還拒絕對喬・拜登（Joe Biden）祝賀當選。這個民族主義的國際聯盟並未隨著川普離開白宮而結束。

新國際聯盟正伺機以動

普丁、艾爾多安和奧班這樣的新民族主義者現在正在靜待機會，他們出於三個很好的理由。

第一個理由：他們進行的是長期戰。這些人認為自己處於漫長的消耗戰中，他們想在這場鬥爭中勝出，所以要節約資源。以俄羅斯為例，普丁就在新冠危機中存到了錢。從二〇二〇年開始，西方國家因為疫情而背上巨額債務，擠壓到他們之後應對能源危機的空間。相較之下，普丁就沒有這種壓力。雖然他在二〇二〇年的第一波新冠疫情確實給勞工們放了幾個星期的假，但他從未考慮過給予企業相應的補償。經歷疫情第一年的衝擊以後，普丁並未採取進一步的對應措施，而是默許眾多新冠病例死亡。他節省資源是為了長期發展，為了戰爭。為普丁寫作傳記的費歐娜・希爾（Fiona Hill）和克利福德・蓋迪（Cliff Gaddy）描述他是一名「生存主義者」，一直在建立關係網、軍火庫和主權財富基金[16]。只要看看在疫情期間積極升級軍備的匈牙利，或是以低廉的代價崛起，成為擴張型軍事強國的土耳其，我們就可以發現，普丁的做法是這些生存大師的模範。

自從克里米亞被俄羅斯占領，西方就一直聲稱普丁的資金已經耗盡，沒辦法再負擔長時間在烏克蘭、敘利亞及其他地方進行軍事擴張；即便是在俄羅斯攻打烏克蘭以後，他們還是認為西方國家的制裁會使俄羅斯的經濟迅速崩潰。然而這樣的期待在二〇二二年並未實

15. 在外交場合，雙方都要有自己的口譯員。正常來說，應該要由川普這邊的口譯員將土耳其文翻譯為英文。
16. 由主權國家所建立並擁有的，用於長期投資的基金，一般由政府專門的投資機構所管理。

現。俄羅斯之所以能夠支撐這麼久，都要歸功於普丁節約的戰爭策略。相較於小布希時期的美國，普丁長期以來投入於征戰的資金都要少得多。他利用代理軍隊、廉價雇傭兵、軍事顧問和空軍進行**低成本戰爭**，這種策略在敘利亞和非洲的戰場上已經被證明很有效。當然，對烏克蘭的戰爭和之前很不一樣，因為俄羅斯軍隊也參與其中。不過由於俄羅斯的軍事裝備是國產的，而且是以盧布計價，普丁因出售石油而預算寬裕，也就付得起這些錢。他還從國外購入伊朗的無人機，以這些無人機威脅恫嚇烏克蘭城鎮。北約曾為成本高昂的阿富汗重建工作及人道主義援助措施傷透了腦筋，但俄羅斯進行的是殲滅戰，這些根本不在他們的考量之內。不過長期下來，消耗戰、動員、制裁以及原物料出口減少，還是對普丁造成很多損失。

第二個理由：新民族主義者向西方學習，不僅在自己國內打造民族主義的堡壘，還懂得互相幫助。獨裁者的團結早就成為普丁在近東和中東擴大自己影響力的工具。在敘利亞人民威脅要推翻他們嗜殺成性的獨裁者巴夏爾．阿塞德（Baschar al-Assad）的時候，普丁插手並拯救了自己的朋友；在埃及統治者感覺自己被美國批評的時候，普丁就供應他武器，還貸款給他；在白俄羅斯人起義反抗壓迫他們的亞歷山大．盧卡申科（Alexander Lukaschenko）的時候，普丁就公開支持他；在哈薩克於二〇二二年一月發生動盪的時候，普丁派遣空降部隊，助統治者卡西姆若馬爾特．托卡葉夫（Kassym-Jomart Tokayev）穩定局勢。此外，俄羅斯也在二〇二二年九月與中國共同演練如何抵禦美國的攻擊。二〇二二年，普丁向匈牙利的奧班和塞爾維亞的亞歷山大．武契奇（Aleksandar Vučić）不間斷地提供天然氣，同時關閉了向其他方向送氣的天然氣管線。普丁期待他們投桃報李，以和俄羅斯團結一致作為回報。

普丁可以仰仗他的民族主義朋友們：塞爾維亞基本上把自己的天然氣產業都賣給了俄羅斯天然氣工業股份公司，奧班則熱心扮演普丁的駐歐盟大使的角色。在俄羅斯侵略烏克蘭後，奧班多次到莫斯科拜訪普丁。他阻止歐盟對俄羅斯發起全體性的石油制裁，並以談判的方式讓自己得以繼續進口俄羅斯的石油。奧班在布魯塞爾刻意阻撓那些有關設立國際標準，能夠讓歐盟影響全世界的法案，例如針對企業的全球最低稅負制。他也阻止歐盟對俄羅斯牧首基里爾實施制裁；後者曾經稱頌並支持俄羅斯對烏克蘭發動戰爭。此外，他也否決了歐盟對中國侵犯人權的行為發表批評性的聲明。只要抓到機會，奧班就要讓歐盟什麼都沒辦法做。

新民族主義者也削弱了西方對俄羅斯的制裁。二〇二二年，西方國家的廠商都已經明確表示不再對俄羅斯市場供貨，土耳其和其他國家卻依舊進口西方的商品，再出口到俄羅斯。俄羅斯在二〇二二年四月歡迎並允許這些平行輸入商品進入國內。中國刻意購買被美國和歐洲實施禁運的俄羅斯石油，不再輸往歐盟的俄羅斯天然氣未來將供應給中國，雖然兩國之間的運輸管線還需要很多年才能完工。民族主義兼民粹主義的印度總理納倫德拉．莫迪（Narendra Modi）不僅向俄羅斯購買武器，也大量購買俄羅斯石油，作為回報，普丁則以傾銷價出售這些化石燃料——但這種做法會對氣候產生負面影響。歐盟強迫企業遵守嚴格的氣候保護法規，然而俄羅斯、印度和中國的民族主義者卻為了在國際市場上獲得優勢，故意集體忽略國際氣候保護目標。民族主義聯盟正藉由化石燃料推翻自由主義的世界秩序。

第三個理由，也是最後一個令新民族主義者靜待時機到來的理由，和他們想要打敗的那個世界強權有關係。美國對於普丁及其同夥而言並非永遠的敵人，這些人在賭，賭美國總統拜登只會是個小插曲而已。這位民主黨的政治人物在二〇二〇年的大選中勝出，儘管如此，新民族主義者川普也拿下了七千三百萬張選票，這是共和黨候選人在總統大選中所拿過最高的票數。川普雖然下台了，但川普主義並未隨之消失。相較於傳統的團結一致的美國愛國主義，有幾千幾百萬美國人更中意這種撕裂族群，而且帶有種族主義思想的美國民族主義。這樣的美國民族主義尚未被完全擊敗，仍然持續發聲。川普的狂熱支持者講述著選舉舞弊和作票的故事，為重新劃定選區和控制選舉機關而努力。有很多人並不是為了讓國家進步，他們只是想看到拜登失敗而已。因此，在我們這個時代的全球危機中，沒有讓步，沒有握手言和，也沒有跨黨派的合作。川普之前很有策略地任命大法官，將最高法院打造成有利於他的樣子，結果就是美國最高法院對婦女墮胎做出反動且撕裂社會的判決。儘管共和黨輸了大選，他們在許多政府機關和法院仍然保有自己的勢力。下一位新民族主義者可以在二〇二四年的美國大選角逐總統寶座，而且勝出的機會應該還不小。普丁和民族主義國際聯盟會很高興，歡迎他以美國總統的身分加入他們的行列。

7 資訊戰：俄羅斯人是怎麼被煽動的

電視機前的觀眾迫不及待地轉到俄羅斯一台，像戰鬥機俯衝降落跑道似地火速湧入索洛維約夫的晚間談話節目——索洛維約夫正是最著名的普丁宣傳家之一。攝影機以俯角快速移動照進攝影棚，鏡頭不斷拉近，特寫棚內的兩個人：一位是節目主持人索洛維約夫，另一位則是政治宣傳工廠《今日俄羅斯》國際新聞通訊社的主編西蒙尼揚。他倆一起擾動了觀眾的情緒，令他們無法安然入睡。西蒙尼揚在節目上一直笑，但她的笑聲並無法寬慰任何人，因為她一邊笑一邊談論的是烏俄戰爭。

西蒙尼揚說：「要不是我們輸給烏克蘭，要不就是第三次世界大戰開打。」

索洛維約夫在鏡頭外回應道：「有可能。」

西蒙尼揚：「但我覺得比較有可能發生世界大戰，我太了解我們俄羅斯人和我們的總統普丁了。雖然很難想像『用核武結束一切』這種事會發生，但是我覺得越來越有可能了。」

她再度大笑。

西蒙尼揚：「雖然我很震驚，但我也知道事情就是這樣。」

索洛維約夫：「好吧，到時候就讓我們上天堂，他們下地獄吧。」

這段對話出自二〇二二年四月的節目，俄羅斯當時已經入侵烏克蘭兩個月。不僅如此，索洛維約夫還於六月初在他的節目上怒斥西方國家：「來啊，試試看啊！希望我們能活下來，但要是再繼續這樣搞下去，就只會剩下幾個基因突變的人在貝加爾湖那邊存活，其他人都會死於大規模的核武攻擊。無論兩邊想要的是什麼，只要繼續發展下去就會變成這個結果。到時候『砰』一下，什麼都沒有了！」

新聞淪為宣傳機器

俄羅斯電視節目在二〇二二年經常傳達渴望世界終結的訊息，他們對觀眾聲稱世界末日即將來臨，因此對於俄羅斯人而言，無論西方國家對俄羅斯實施了多少制裁手段，無論普丁還要發動多少戰爭，無論俄羅斯的國際形象有多差，這些根本都無所謂了。每天晚上都收看這種節目，有可能會導致人格扭曲，所以只要我想在俄羅斯享受一個美好的夜晚，就不會打開電視。儘管如此，為了工作，我不得不經常收看這些節目。

畢竟索洛維約夫和西蒙尼揚可不是隨便哪個阿貓阿狗。索洛維約夫是俄羅斯最知名也最惡名昭彰的談話性節目主持人，他一開始是一名冶金工程師，後來在莫斯科的世界經濟與國際關係研究所拿到博士學位。他曾於美國授課，後來成為了商人、廣播主持人和立場激進的電視名嘴。西蒙尼揚則受普丁資助，是政治宣傳機關《今日俄羅斯》和 RT 電視台的主編。因此雖然索洛維約夫說的話比她要多得多，但她才是更有權勢的那個人。西蒙尼揚在二十四歲時因為報導貝斯蘭的人質事件而成名，二十五歲時得勢，因為她成為了二〇〇五年新成立的媒體工廠「今日俄羅斯電視台」，也就是 RT 電視台的前身的主編，是令俄羅斯新聞界淪為可怕宣傳機器的推手之一。這兩位國營電視廣播公司的媒體人是普丁的熱心幫手，他們的目標是讓俄羅斯成為壓迫人民的祕密警察國家，令烏克蘭化為一片廢墟，在此同時，大多數俄羅斯人為此在電視機前的沙發上歡呼叫好。

幾年前會有人嘲笑西蒙尼揚，認為此人之所以被任命，成為全國最年輕的主編，只是因為她和政府高層有不可告人的關係。然而西蒙尼揚本人不容小覷，她作為記者的能力很好，博學多聞，而且很會說話。可惜外國記者很難從訪談中親自感受到這一點，因為西蒙尼揚已多年幾乎不接受西方國家記者的訪問了，就算有也只接受文字訪談。這也是為什麼我不得不向很熟悉她的同事和她以前的夥伴打聽這個人。出於安全的考量，這些人希望保持匿名，以下內容出自他們對西蒙尼揚的觀察。

西蒙尼揚經常把同事叫進她的辦公室開會，他們會在擠了太多人而且溫度太高的空間裡爭論不休。西蒙尼揚會滔滔不絕，只有在接電話的時候才會停下，會議被來電打斷是常有的事。西蒙尼揚在電視台展現出十足的自信，員工們都能感受到。她會在其他人發言時盯著大螢幕看，上面顯示的是其他國家大型電視台所報導的新聞；她不畏與人對立，想在充滿俄語髒話的討論中說服她改變立場幾乎是不可能的任務；她不認識「或許」或「我們還不確定」這樣的字眼，她也絕不妥協，只堅守自己的看法。總之，西蒙尼揚對員工一貫的態度就是：她這個老闆可沒有欠他們什麼，是全世界都欠她。

這或許和她的家庭背景有關。西蒙尼揚喜歡說自己出身於南俄羅斯一個貧窮家庭的故事。她的父親靠手藝吃飯，據說之前是修理冰箱的師傅。不過西蒙尼揚在同事面前說他是「地痞流氓」，因為他幾乎不在家，有時又會突然帶著不知道從哪弄來的一大筆錢出現。西蒙尼揚的母親來自一個亞美尼亞家庭，祖先曾在一九四四年因為史達林的命令而和其他亞美尼亞人、克里米亞韃靼人、希臘人及保加利亞人被逐出克里米亞。她的母親在俄羅斯黑海沿岸的溫泉勝地阿德勒開過餐館。西蒙尼揚擺脫這種家庭背景，以閃電般的速度迅速向上爬：在俄羅斯南部的克拉斯諾達爾讀新聞學系，到美國新罕布夏州當交換學生，成為俄羅斯電視台的記者，最後到莫斯科擔任 RT 電視台和今日俄羅斯的主編。她現在是很多新聞節目的負責人，相較於西方國家及德國的新聞，這些節目遵循的是完全不同的價值觀、標準和製作方式。

融入日常的政治宣傳

和這些新聞節目最接近的不是德國沉悶的《每日話題》，而是過度渲染、血腥暴力的網飛影集。讓我們一起看看其中的片段：

夜色深沉，夜幕裡突然亮起探照燈的光，一架直升機轟鳴著降落。士兵們手持卡拉什尼科夫步槍，腳下的黑靴在潮濕的沙土上留下鞋紋。幾輛裝甲豪華轎車開到指定地點，幾個人在夜色中急速奔跑，他們跳上車和那架直升機。豪華轎車繼續行駛。俄羅斯特種部隊要將某位政治人物及其家屬轉移到安全地點。輪胎發出刺耳的摩擦聲，他們上路了，全副武裝的特種部隊替政要保駕護航。他們的敵人是企圖對其下手的烏克蘭人——無論事實為何，反正普丁是這麼宣稱的。這位俄羅斯總統在紀錄片《重返克里米亞》中敘述自己如何搶先「嗜殺成性的烏克蘭民族主義者」一步，保護了「烏克蘭的民選總統」。普丁所指的是維克托・亞努科維奇（Viktor Yanukovych），他是貪污腐敗的烏克蘭統治者，也是普丁的朋友。亞努科維奇在二〇一四年的邁丹起義陷入困境，後來祕密逃出國，以不名譽的退場方式結束了自己的政治生涯。俄羅斯電視台以這部動作片來美化俄羅斯總統，歌頌普丁迅速果斷的行事風格，讚揚他先是從民族主義分子手中解救亞努科維奇，接著又拯救克里米亞，維護了世界和平。

這就是俄羅斯現在的政治宣傳手段。不同於蘇聯時代的黑白海報，上面印著小女孩向獨裁者史達林獻花；不同於在地方議會前豎立戴鋼帽的鑄鐵列寧雕像；也不同於以前的《真理報》（蘇聯共產黨的中央機關報），用容易掉色的黑色油墨印著模糊的列昂尼德・布里茲涅夫集體農場的照片。現今的俄羅斯政治宣傳很酷，很年輕而且非常跟得上潮流。RT電視台和其他俄羅斯頻道的新聞節目已經不像蘇聯時代的宣傳節目了，通常比西方國家的新聞節目更快、更潮、更熱鬧也更現代。「永遠不會再跟不上潮流。」普丁的前首席策略師兼政治技術專家弗拉季斯拉夫・蘇爾科夫（Vladislaw Surkov）曾這麼說。俄羅斯的宣傳工作以平板、智慧型手機、Telegram 和抖音進行。

這些都是混合戰的新武器。二十世紀的蘇聯擁有強大的軍備，那個時代重要的是哪支軍隊擁有比較多兵力和導彈。現在，在二十一世紀，哪一方的敘事占上風，誰的故事更能得到認同，其重要性不亞於軍隊的武力強弱。俄羅斯的總參謀長瓦列里・格拉西莫夫（Valery Gerasimov）於二〇一三年發表演講，演說內容後來也公開於《軍工傳聲報》上。由於他對戰爭的大膽論述，這篇文章也被稱為新的「軍事學說」。儘管其確切而言並非學說，但這篇文章依舊具有高度價值。根據格拉西莫夫的觀點，現代的戰爭和衝突的特色就是「令人猝不及防」，這一點烏克蘭在過去八年間已經兩次體會到了。他認為俄羅斯將來除了軍事手段，也必須用上「非軍事手段」，例如外交、經濟，還有媒體。

在俄羅斯，沒有人會說「政治宣傳」，因為他們認為國家正在和西方進行「混合戰」，也就是說，他們認為忠於國家的記者們正在打一場「資訊戰」。普丁為此制定了方針。當然了，唯有扭曲事實、倒打一耙，聲稱西方先對俄羅斯進行資訊戰，俄羅斯自己的政治宣傳策略才能不被揭穿。舉例而言，普丁在二〇一七年的祝詞中表示：「最近幾年來，歐洲的權威媒體已經變成了操縱輿論的武器。」他還寫道：「資訊戰變成了日常的現實。」這種說法和西方國家的真實情況沒什麼關係，不過倒是很俄羅斯。此外，這種措辭也是在暗示俄羅斯記者們現在該做什麼，那就是以同樣的手段反擊西方，而且總統辦公廳的公共關係組很樂意協助。俄羅斯的國家政治宣傳有三個原則：首先是犬儒主義，認定這個世界很爛，西方國家貪污腐敗、道德淪喪的程度起碼和俄羅斯差不多嚴重；再來是幸災樂禍，認為西方的一切都比俄羅斯要糟糕得多，因為他們至少還有普丁可以依靠！最後是世界末日論，認為西方想要摧毀、侵略俄羅斯，但是他們會抵抗到底，就連要發動核武攻擊也在所不惜！

踏入宣傳總部

我在莫斯科經常會經過他們的政治宣傳工廠，那裡和我在莫斯科的住處離得不遠，就在克里米亞大橋前的蘇博夫斯基大道上。那是一個方方正正，長寬超過五百公尺的灰色水泥大方塊，一座蘇聯粗獷主義風格的建築：這裡就是資訊戰的指揮中心，《今日俄羅斯》的總部和 RT 電視台的前總部。要進去那裡可不容易。總監德米特里・基謝廖夫（Dmitry Kiseljov）由於其煽動性的節目被歐盟禁止入境，而且他不接受採訪；西蒙尼揚也被歐盟制裁，同樣不接受訪問。就算和普通編輯有約，我們也沒辦法約在編輯大樓，只能在外面的咖啡廳見面。

我在二〇二二年五月九日的勝利日以外媒代表身分來到蘇博夫斯基大道，希望能獲准進入總部。那一天天寒地凍，北風刺骨，但是記者們還是不能進去，我們被要求在街上和中庭裡排隊等候前往紅場的巴士。大樓各個入口都有嚴格的盤查，訪客們被攔在門外，他們只允許進入中庭，而且會在中庭入口被仔細查驗護照、PCR 報告和許可證。安保措施嚴格得像要進軍營一樣，這說不定也是他們企圖在資訊戰期間營造出的氛圍。

儘管我在勝利日那天沒能成功入內，我還是得到機會，在他們還沒搬到另一棟較新的大樓的時候進去過一次。因為我認識裡面的員工，他的辦公室就在編輯部大樓的高層。為了保護當事人，我不會透露他的姓名，但我也不會忘記他幫我辦門禁卡的這份恩情，因為這張卡讓我毫無阻礙地迅速通過了一切檢查。這棟位於蘇博夫斯基大道的大樓從外面看來拒人於千里之外，內部設計倒是很透明開放，這裡的門採用的都是玻璃門。在我眼前的是一間巨大的新聞編輯室，白色的辦公桌之間擺放著蓬勃生長的盆栽，天花板下的跑馬燈捲動顯示著新聞，就像亞特蘭大的 CNN 總部一樣。牆面被粉刷成白色，這裡的玻璃門不需要碰觸，只要把門禁卡在讀卡機上感應，門就會自動打開。

總部七樓是一間健身房。「有時也得從烏克蘭的事喘口氣。」某個正準備使用健身器材的人開玩笑道。要是誰肚子餓了，可以在時髦的咖啡廳和餐廳找點東西吃。中午在義式餐廳有蕈菇燉飯和生鮪魚片可選擇，再也看不出來這裡供應過酸辣濃湯、乾麵包和油膩的俄羅斯餃子，那些是我在一九九〇年代吃過的菜色。外交部的媒體資訊處當時還設在這棟大樓裡。

總監基謝廖夫和主編西蒙尼揚管理這間政治宣傳工廠已經十多年了。這裡的前員工將西蒙尼揚的領導風格形容為「喜怒無常而且亂七八糟」，她經常不回覆下屬發的重要郵件、請求和休假申請，卻會為了上級的簡訊中斷她正在進行的任何談話。如果有人向她問起她忘記批覆的申請，她就會瞪大眼看著這位員工的臉，說：「我從來沒聽過這回事！」若無其事地睜眼說瞎話也是她的特色之一。只要是有利於她的事，她都可以馬上深信不疑；無論是處理電視台事務或是上電視節目，她都以天生的個人魅力為她堅信的荒謬瘋狂之事辯護。

西蒙尼揚這種伎倆之所以能如此成功，是因為她在工作單位安插了自己的親信和親戚。根據前員工的說法，她選擇安插誰有三個重要標準：第一，對方出身於情報機關，或者第二，和她屬於同一個年齡層，或者第三，和她一樣來自南俄羅斯的克拉斯諾達爾。她在編輯部安插了幾個以前的同學來當記者和製作人，他們的起薪高得令人忌妒。而且這些朋友會優先得到人人都渴望的出差旅行機會，在國內出差可以住豪華飯店，甚至能陪同總統出國訪問。「西蒙尼揚慷慨大方的對象，」某位前同僚表示，「也包括了她的家族成員。」西蒙尼揚的妹妹亞里莎比較不起眼，她被安排在西蒙尼揚的辦公室前廳工作，後來也成為了製作人。西蒙尼揚的丈夫二〇一八年在國庫的資助下拍攝了一部敘事電影，西蒙尼揚負責寫劇本，亞里莎也參與了製作。這些是反對派的阿列克謝・納瓦尼（Alexei Navalny）的調查團隊成員發現的情報，他們的上司已經被逮捕了。據前員工所言，早在RT電視台成立初期，拍攝紀錄片就已經是西蒙尼揚施惠的手段了，不僅在電視台內部，對外也是如此。製片人選的委託決定權掌握在她的手上，此外，相較於影片的主題和內容，她對於作者和製片公司的身分更有興趣。她經常以和廠商的關係如何來決定採購結果。西蒙尼揚的做法從未引起政府的關注，至少沒有出現過任何相關消息。

俄羅斯觀點的精髓

二〇一三年十二月，今日俄羅斯，也就是資訊戰的指揮中心，在普丁的命令下重新組建。現在的今日俄羅斯和RT電視台組織龐大，據其公布的資料，今日俄羅斯在二〇二二年有三千三百五十位員工，RT電視台在疫情爆發時也有兩千五百多名員工。這些國營媒體由國家預算資助，金額無上限。單論二〇二二年，俄羅斯政府直接撥款的金額就有將近十五億歐元，其中約有三分之一進入RT電視台的口袋。不過，今日俄羅斯和其他像是全俄國家電視廣播公司（WGTRK）、塔斯社（TASS）和第一頻道（Perwyj Kanal）等國營媒體也獲得了大量資金，在戰爭期間更是如此。獨立網路媒體fontanka.ru和《莫斯科時報》根據財政部的數據計算出，國營媒體獲得的資金光是在二〇二二年的一月到三月就增長為三倍，大多投入於電視節目製作。媒體得到的預算增幅遠大於軍事方面的預算增幅，這顯示出，對於普丁而言，政治宣傳機關在對內和對外戰爭中的重要性至少不亞於軍事機關。

大量資金的支持令今日俄羅斯得以成為一間極現代的新聞工廠，其於電視、廣播、新聞通訊社、網路及社交媒體傳播內容，進行問卷調查，並製作衛星電視節目。今日俄羅斯的旗下有《俄羅斯新聞社》（*RIA Nowosti*）和《衛星社》（*Sputnik News*）。《衛星社》是電視台也是廣播電台，以三十種語言製作其網站及影片，於三十四個國家營運。RT電視台也是如此，以外國頻道的方式在全球播映。

這些電視台應該按照他們的使命，將「俄羅斯觀點」傳播至全世界。然而，俄羅斯觀點到底是什麼？服務於莫斯科電視頻道的英國電視記者彼得．波莫蘭契夫（Peter Pomerantsev）曾就這個問題詢問過RT電視台的執行編輯。「永遠都會有一個俄羅斯觀點，」那位執行編輯如此回答他，並以香蕉為例子解釋道，「對某人來說，這是能吃的東西。對另一個人來說，這根香蕉是武器。對種族主義者而言，這是他們用來惹惱黑人的東西。」一切都有可能。對於香蕉到底是什麼東西，根本就沒有什麼客觀、明確的看法，這位上級這麼說。此外，正如香蕉是彎的，這些電視台也會歪曲事實。這就是「俄羅斯觀點」的精髓。

西方國家民眾第一次正確體認到這種觀點，是由於二〇一四年發生了一場衝擊性十足的事件。馬來西亞航空班機MH17在二〇一四年夏天墜毀於烏克蘭田野中，這起事件的成因只有一個，對此的臆測卻五花八門。歷經所費不貲的幾項國際調查後，真實的空難原因已經確定：從俄羅斯所控制的地區發射的布克導彈擊毀了馬航MH17。然而俄羅斯的國營頻道卻只專注於那些猜測上。第一時間的恐慌過去以後，總監基謝廖夫和克里姆林宮商量出了應對措施，後來衛星社和RT電視台就像喀秋莎多管火箭炮一樣，每一秒都傾洩出各式各樣的可能假設：像是這是烏克蘭人的陰謀啦，有其他飛機和馬航 MH17 的飛行路線交錯啦，烏克蘭的導彈擊中飛機了啦，說不定北約也在其中參了一腳，還是說這是外星人在搞鬼？總之什麼都有可能！其中只有顯而易見的事實——這架飛機被一顆俄羅斯布克導彈擊落——沒有出現在這場故事大會中。這就是新聞工廠新鮮出爐的「俄羅斯觀點」。

西蒙尼揚曾對《明鏡》闡述過這種現代犬儒主義的觀點：「客觀性並不存在，存在的只是各種近似真實的說法。」我們從二〇二二年的烏俄戰爭也可以看到最新的案例：俄羅斯在克拉馬托爾斯克的火車站攻擊烏克蘭平民，卻將事件扭曲為烏克蘭的自導自演；空襲的明明是克勒曼楚的購物中心，卻說是軍火庫；攻擊文尼察機場，卻謊稱自己襲擊的是軍事設施。以及根據他們的說法，摧毀烏克蘭大城馬里烏波爾的當然是烏克蘭的法西斯分子，俄軍可沒有參與。所謂的俄羅斯觀點就是在傳播謊言。

「講述不為人知的故事」是衛星社的座右銘。他們將胡亂猜測、假消息和陰謀論加工成新聞報導，致力於捏造多重事實：他們報導無中生有的消息，例如美軍在烏克蘭參戰，接著靜候西方媒體轉載這則假新聞，並不加以糾正——這種做法總有幾次會奏效。這樣的新聞報導會製造出一種現代犬儒主義的什麼都不信任的氛圍，覺得無論哪一方都是流氓和罪犯。要是這些報導有矛盾之處怎麼辦？那也沒關係！例如：烏克蘭全都是民族主義者——然而按照俄羅斯的說法烏克蘭並不是一個民族；俄羅斯在解放烏克蘭——然而烏克蘭人的激烈抵抗令俄羅斯大吃一驚，因為這些人不願被他們解放；俄羅斯反對法西斯主義——然而他們同時支持極右派的法國政治人物瑪琳．勒朋（Marine Le Pen）、德國另類選擇黨以及義大利副總理馬泰奧．薩爾維尼（Matteo Salvini）。一切都有可能。

對西方架設傳聲筒

自從二〇一四年併吞克里米亞，替俄羅斯打資訊戰的網軍在這些年來都以這種原則運用多種西方語言作戰。包含《新報》在內的一些俄羅斯媒體於二〇一五年披露，網軍工廠就位於聖彼得堡海濱區索烏什基納大街上的一棟辦公樓裡，年輕人在那裡為克里姆林宮進行網路工作。這棟白色的三層樓小房子位於郊區的街上，附近都是史達林時期留下來的住宅，我先前拜訪聖彼得堡的時候也去過那裡。不過，自從被俄羅斯獨立媒體爆料，那棟房子就鎖起來了，目前似乎無人居住。鄰居說他們已經搬走了。

《新報》訪問過一位曾長期服務於此的員工。琉德米菈．索舒克（Lyudmila Savchuk）說，她每天從早上九點工作到晚上九點，在網路論壇、社交媒體和網路媒體的留言區發言。她用英文寫的那些內容都是由上級決定。

在幾年前，西方國家還希冀於網路能弱化獨裁政府的控制力，替被壓迫的人民打開一扇通往世界的窗。但這真是大錯特錯！莫斯科的電視台在二〇〇〇年代招募了一大群西方國家的記者，以便在西方社會競爭播放時段和觀眾們的收看時間，前面提過的波莫蘭契夫只是其中之一。獨裁政府向西方學習網路和數位技術，再以此對付西方，迷惑、煽動並擾亂西方國家的民眾。

RT電視台斥資數千萬歐元設立了德國分部，就位於柏林的阿德列霍夫。不過這筆投資目前為止回報有限，其原定目標是能夠像德國廣播電視聯合會（ARD）和德國電視二台（ZDF）一樣在德國有線電視播出，卻在各邦都遭到當地新聞局拒絕。因為德國法律禁止媒體受外國政府資助，而RT電視台的資金來源明確來自於俄羅斯當局。俄羅斯在二〇二二年的年初驅逐了《德國之聲》，禁止其於俄羅斯境內播出，但這種舉措對RT電視台在德國的處境還是沒有幫助。歐盟禁止俄羅斯的政治宣傳機構，例如RT電視台衛星社，在歐盟境內傳播、發布內容。儘管如此，RT電視台為了吸引德國大眾，仍然不屈不撓地在網上散播內容。

他們在德國這邊也有幫手。託德國廣播電視聯合會和德國電視二台的福，這個俄羅斯的政治宣傳機關自二〇一四年開始在德國獲得了數千萬名觀眾。尤其是在這些公共電視台的談話節目上，伊凡・羅迪諾夫（Ivan Rodionov）、左翼政治人物莎拉・瓦根克內希特（Sahra Wagenknecht）、某位德國前將軍和一些前記者都是俄羅斯的宣傳員，多年來都不受阻礙地向德國人民傳遞「俄羅斯觀點」。他們的目標受眾是那些資訊不充足，希望「只要西方國家不再支持烏克蘭，戰爭、天然氣危機和普丁的侵略就會結束」的德國觀眾。他們在節目中引入了俄羅斯敘事的重要元素，例如像是：「提供烏克蘭重型武器對誰都沒好處」；「克里米亞本來就一直屬於俄羅斯」；「烏克蘭貪污腐敗，而且也不是一個真正的國家」；「都是因為北約擴張，俄羅斯才不得不這麼做」，以及「二〇一四年的廣場起義有美國人的金援」。

而且要是德國前政治人物的論點和俄羅斯的說法出奇相似，這對某些德國人就顯得特別有說服力。社會民主黨的前任德國總理施洛德和前任漢堡市市長克勞斯・馮・多南尼（Klaus von Dohnanyi）就是著名的例子；自由民主黨的沃爾夫岡・庫比奇（Wolfgang Kubicki）在烏克蘭被入侵後仍然力挺北溪二號；基民盟的前議員威利・魏謨（Willy Wimmer）或是之前去世的卡琳・斯特倫茨（Karin Strenz）也都經常以俄羅斯觀點發言；就連綠黨都有擁護俄羅斯觀點的前黨員。二〇一五年夏天，外交部的前任國務部長盧德格爾・福爾默（Ludger Volmer）就曾在德國廣播電台上將烏克蘭的廣場起義稱為「政變」，並指責西方國家在烏克蘭問題上的態度是「雙重道德標準」和「偽善」。這種說法在為普丁攻打烏克蘭辯護，並抹黑西方國家對俄羅斯行動的批評，意圖在於製造普遍的不確定性，這樣一來，任何的「真相」和說法都有可能成立。

以假新聞煽動民族仇恨

《今日俄羅斯》的總監基謝廖夫就是這方面的大師。他、西蒙尼揚和索洛維約夫是俄羅斯的媒體三巨頭，都喜歡以核武進行政治宣傳。六十六歲的基謝廖夫以核武威脅西方國家而聞名，他會在主持節目時說這些話，或者是以動畫演示在西方國家的上空投放核彈。二〇一四年俄羅斯併吞克里米亞，而西方對俄羅斯施予制裁後，基謝廖夫說：俄羅斯是唯一一個可以「令美國化為輻射塵」的國家。他說話時配的背景圖片是核彈的蕈狀雲在華盛頓上空升起。二〇二二年五月，他在俄羅斯入侵烏克蘭後表示，只需要一枚俄羅斯的「薩爾馬特」洲際彈道飛彈，他們就可以擊沉大不列顛群島，還以動畫演示一枚從聖彼得堡發射的飛彈擊中了英國中部。「於是就再也沒有英國了。一切都在計畫之中。」他總結道。基謝廖夫和西蒙尼揚、索洛維約夫一樣，他們替俄羅斯的宿命論提供養分，令民眾相信反正無論如何世界都要滅亡了。

基謝廖夫特別針對德國，他喜歡在週日晚上長達數小時的節目《本週新聞》上提到第二次世界大戰的歷史。他曾多次在播報烏克蘭相關新聞時秀出德國納粹親衛隊的黑白照片，意在證明烏克蘭的軍人是法西斯分子。就連教宗都躲不過被基謝廖夫拿來和納粹相提並論的命運：二〇二二年三月，教宗方濟各因為批評「北約在俄羅斯邊境狂吠」而受基謝廖夫稱讚，然而當方濟各在隔週接見了烏克蘭內政部亞速營士兵們的妻子，基謝廖夫就將教宗的照片與馬丁・鮑曼（Martin Bormann）和約瑟夫・門格勒（Josef Mengele）等納粹戰犯的照片並列。二〇二二年五月，基謝廖夫在報導德國政府的烏克蘭政策時，引用了希特勒的東方專員阿佛烈・羅森堡（Alfred Rosenberg）的大德意志殖民烏克蘭的言論作為開場白。

不僅是納粹德國，俄羅斯的電視節目在二〇二二年也詳細介紹現在的德國。俄羅斯電視台的記者在各個德國城鎮之間辛勤奔波，超市裡空蕩蕩的貨架、人滿為患的機場和動彈不得的火車都是他們鏡頭捕捉的對象。他們經常在市中心拍攝來自非洲和亞洲的移民，向觀眾宣稱這些人侵占了現今德國的大街小巷。二〇二二年夏天，記者們在他們預期會發生的天然氣危機真正來臨之前，就搶先渲染之後的情景了：俄羅斯停止供應天然氣，沒有暖氣可用的德國家庭就會受凍，德國工業也會停擺。這些記者最常給出的評論就是：「這是他們實施制裁的後果。」他們試圖傳遞出一個訊息：西方國家正陷於恐懼、混亂和衰敗之中。

俄羅斯的政治宣傳機關也經常對德國發出世界末日的威脅。德國在二〇二二年六月向烏克蘭提供重型武器，於是索洛維約夫就讓專家們在他的談話節目向觀眾表示，德國聯邦國防軍的資源已經被完全榨乾了，實力不比一個步兵連強，柏林實際上毫無防備之力了。接下來索洛維約夫就傲慢地站在攝影機前，對鏡頭道：「你給我聽著，蕭茲！」他說：戈巴契夫在一九九一年「允許德國再次統一，這是一個致命錯誤」，就像史達林在一九四五年「允許德國繼續存在」也犯了一個錯。索洛維約夫聲稱，俄羅斯可以更正這些錯誤，因為他們有能夠射到德國的導彈。

這可不是空話而已。俄羅斯的電視節目在為俄羅斯的政策做準備，他們會模擬各種敘事，測試民眾的反應，接著以這種實驗建構出新的「事實」。他們就是如此為烏克蘭戰爭準備了許多年。

舉例來說，俄羅斯的政治宣傳工廠就這樣成功扭轉了俄羅斯大眾對德國的看法。德國原本幾十年以來都是俄羅斯最喜歡的國家之一，但由於俄羅斯媒體不僅拍攝了眾多關於二戰的影片，還譴責梅克爾是「美國的魁儡」、蕭茲是「討人厭的飛蛾」，將德國報導成一個「法西斯主義」、腐敗且被難民摧毀的國家，這些都足以改變俄羅斯大眾對德國的印象。根據列瓦達中心的調查，在二〇一三年僅有不到百分之三的俄羅斯人認為德國是敵國，但在二〇二二年六月的調查卻顯示，已經有百分之三十七的俄羅斯人將德國視為敵國，僅有百分之三認為德國是友國。俄羅斯媒體就是如此煽動民族仇恨的。

新聞評論複製貼上

所有人都不該對這類報導是如何產出有所誤解。西蒙尼揚、索洛維約夫和基謝廖夫雖然很有權勢，但他們仍然是聽命行事的人。他們要說什麼話，要怎麼說，都是按照高層的指示。其中扮演核心角色的就是普丁總統辦公廳的第一副主任阿列克謝．格拉莫夫（Alexey Gromov）。格拉莫夫從普丁的首次總統任期就協助後者整頓俄羅斯的電視台，當時他還負責克里姆林宮記者團的工作。根據調查入口網站《計畫》[17]的研究，格拉莫夫每週都要召集大型電視台的總監和主編，替他們制定報導方針。《計畫》的記者解釋，這就是為什麼觀眾會聽到不同的國營電視台在最短的時間內，在即時議題上出現非常類似甚至部分重疊的評論和措辭。在這些評論中也會出現普丁說過的話，格拉莫夫強烈要求他們繼續傳播普丁的言論。

根據《今日俄羅斯》前員工所言，格拉莫夫會直接向他們的負責人下令，只要他打電話來，就連西蒙尼揚都要為他中斷任何會議。「是的，阿列克謝．格拉莫夫，」她會對電話那一頭的人柔聲細語，同時笑容滿面，揮揮手示意其他員工離開。俄羅斯的政治宣傳就誕生於他們的對話中。

莫斯科獨立調查機構列瓦達中心的民意調查專家列夫．古德科夫（Lev Gudkov）敘述得很貼切：「政治宣傳並不是在創造和引進新的思想或論據。」他說，政治宣傳只是在複製和揭開「極權主義政治文化所形成的各種集體意識」。這種手段可不是從國外抄襲回來的，而是重新發揚了蘇聯時代的傳統。

根據列瓦達中心在二〇二二年上半年得到的問卷調查結果，有百分之六十三到六十七的俄羅斯人口收看國營電視台，並且有高達百分之五十的俄羅斯人將國營電視台視為可靠的消息來源，遠遠超過排名第二的社交網路，況且國營電視台在社交網路上也很活躍。在普丁與烏克蘭和西方國家的戰爭中，宣傳人員就是他的支柱，也是他最重要的幫手。沒有他們的幫助，普丁多半早就下台了。要是沒有媒體的支持，他或許無法撐過在二〇一一年、二〇一二年、二〇一八年和二〇二一年多次出現的聲望下滑危機。然而普丁入侵烏克蘭的決定，以及他在戰爭初期的多次錯判形勢，卻也是國營媒體虛假報導所帶來的後果。普丁不擅長使用智

17. 俄羅斯的非營利獨立調查媒體組織和新聞網站，專門進行調查性的深度報導。

慧型手機和網路，最喜歡看電視吸收資訊，於是，顯而易見地，這位統治者掉進了自己所制定的政治宣傳陷阱。

8 普丁群島：俄羅斯的勞改營體系

「我們先從夜晚開始談起。他們為何選在夜裡摧毀靈魂？為何從一開始就決定在夜裡動手？這是因為要把囚犯從睡夢中驚醒……這時候的他們會比在清醒的白天容易屈服。」

以上這些話出自俄羅斯作家索忍尼辛的著作《古拉格群島》，此書於一九七三年出版，揭露了蘇聯勞改營制度的恐怖。然而，這幾行字不僅可以用來敘述當年的勞改營，也可以用來描述阿列克謝．納瓦尼目前的處境——他在俄羅斯勞改營裡，夜裡的每個鐘頭都被人從木板床上叫醒，理由是他「具高度的逃跑風險」。這位反對派的政治人物在二〇二一年一月落入了這個強大殘暴體制的魔爪。人們因為各種原因被送進「普丁群島」，我希望以納瓦尼為例揭發這種險惡的司法制度，因為很有可能仍然有無數俄羅斯政治人物、記者和學者被這樣關進普丁群島。

挑戰普丁的男人

截至二〇二二年年底，納瓦尼是最著名的被關在俄羅斯勞改營的政治犯。他是被俄羅斯特務以神經毒劑諾維喬克毒害，卻死裡逃生的男人；他是下令在網路上發布揭露國家高層貪腐的影片，獲得數百萬觀看次數的男人；他更是親自對普丁發起挑戰的男人。

這個男人在二〇二一年的表現似乎對普丁而言太有威脅性，以至於這位俄羅斯統治者甚至不願提起他的名字。納瓦尼從俄羅斯特務的毒殺中僥倖存活下來，在二〇二一年一月從德國返國，結果馬上在機場被直接逮捕。全國因此被激起了示威遊行活動和街頭混戰，從雅庫次克到加里寧格勒，從氣溫負五十一度到零度，跨越了十一個時區，憤怒和支持納瓦尼的俄羅斯人聚集在一起。很多是男性，女性較少一些，也有年輕人、大學生和社會新鮮人，其中很多人是第一次參加示威遊行。要求釋放納瓦尼的民眾遠遠超過十萬人，他們不顧當局的禁令，示威抗議警察暴力，反對警察任意處置和壓迫人民。根據獨立組織 OVD-Info 的說法有一萬人被逮捕，其中包括納瓦尼的同僚。許多人身陷被控告、出庭作秀式的公開審判以及被判處監禁的迷宮中，其中又以他們的偶像的情形最為嚴重。納瓦尼起初只是因為未出庭而被判刑，然而刑事司法系統後來又不斷編造新的罪名來剝奪他的自由。由於對他的指控參雜了很多政治因素，很難想像這些與普丁和普丁的手下完全沒有關係。

在此之前，普丁和納瓦尼之間曾有一番苦戰：總統對上政治運動者，特務對上律師，最高統治者對上政治上的劣勢者。他們手上的武器有天壤之別，普丁擁有國安部門、宣傳工廠、國家機器和懲教機構，納瓦尼只有自己的支持者、社群媒體，還有他的精力和勇氣。大家都知道納瓦尼輸了。不過，這場發生在二〇二一年的對決之所以這麼有戲劇性，是因為普丁和納瓦尼兩人使用了同樣的兩個策略：第一，他們都想表現得無所畏懼；第二，他們都試圖摧毀對方的公眾形象。普丁在此期間面臨壓力，於是把納瓦尼送進勞改營。讓我們稍微回顧一下事件是如何發展的。

納瓦尼在二〇二一年年初抓到了普丁的小辮子。一月十七日，就在納瓦尼於莫斯科機場降落後不久，納瓦尼的團隊將一部影片上傳至 YouTube。這部《普丁宮殿：史上最大的賄賂》獲得超過一億的點擊次數，絕大多數俄羅斯人都看過這部紀錄片。觀眾們看到的是一份詳盡的調查研究報告，以虛擬的方式遊覽這個由新的貪污腐敗方式、舊的人際關係網、權力濫用和奢華高檔的養生休閒天堂所組成的帝國。紀錄片為觀眾披露一座位於黑海沿岸的巨大宮殿，而普丁作為可能的業主，也是片中的焦點。此外，這部片也顯示出納瓦尼團隊在這項工作上進行得多深入，對此有多麼執著。對普丁而言，這種執著很危險。

納瓦尼調查團隊的成員當時告訴我，他們是從某個直接參與宮殿建造工作的人那裡拿到的設計圖和照片。據他們所言，那份資料他們「至少檢查了三十五次」。調查團隊前往德國德勒斯登和黑海。為了進行空拍和誤導情報部門，一名成員帶著兩位同事的手機和三張火車票前往南俄羅斯，那兩位同事則提早下車，買了一艘橡皮艇，以水路靠近那座守備森嚴的宮殿。他們有三架無人機因為無線電干擾而墜毀，第四架終於拍攝到這片七千公頃大的區域。「這個調查，」納瓦尼的團隊成員跟我說，「是在反擊他們上次對阿列克謝下毒。」

他們的行動目的是公開羞辱普丁。納瓦尼以饒富趣味又諷刺的方式呈現的內容，正是在抨擊多年來國營電視台所吹捧的普丁美德和優點。例子一：普丁是傳統保守家庭價值的捍衛者——於是納瓦尼帶領觀眾參觀宮殿中以紅色為背景，並配有鋼管的脫衣舞俱樂部；例子二：普丁生活節制——納瓦尼詳細介紹宮殿中的釀酒廠、酒吧和供應雞尾酒的「雞尾酒大廳」；例子三：普丁是強健質樸的俄羅斯硬漢，天寒地凍也要跳進冰洞浸冰浴——納瓦尼向觀眾公開宮殿中頹廢墮落的養生休閒天堂和價值七百美元的黃金馬桶刷，這個價格幾乎相當於俄羅斯平均退休年金的一半了。納瓦尼稱普丁是「躲在地堡裡的老爺爺」，說他害怕面對新冠病毒和真相。

但這部紀錄片不僅為了爆料而已，其目的在於摧毀普丁的公眾形象。納瓦尼仿效普丁早年的長處，將之轉化為自己的優勢。二〇〇〇年代時的普丁是作風強硬的清廉派，他反對寡頭亂象，反對一九九〇年代的腐敗政治，也反對以不正當手段挪用、侵占資源和財富；當時的納瓦尼還是民族主義分子，參加俄羅斯民族遊行，怒斥高加索地區的人。不過，到了紀錄片公開的時候，普丁已經變成一個民族主義者，為戰爭、核彈、他自己和他的同夥花費大量資金；相反的，納瓦尼倒是接過了無所畏懼的清廉派角色，揭發越來越擔心自己大權不保的普丁的腐敗真面目。納瓦尼和普丁正好相反，他堅強而勇敢。他一直說自己什麼都不怕，他喜歡和孩子們一起出現，甚至在被逮捕前在所有鏡頭前親吻妻子尤莉亞；與此同時，普丁的妻子和孩子們的情況則被保密。

這是普丁上台以來直接面臨過最嚴重的政治威脅，而且還正好遇上他聲望下滑的時候。併吞克里米亞和頓巴斯原本令他聲望大漲，但由於二〇一八年實施的年金改革大幅縮減了福利，政府也對新冠肺炎疫情應對失當，俄羅斯人民不再像以前那樣愛戴和信任普丁了。普丁原先就會操弄輿論，以無止盡的訴訟和剝奪從政資格等手段對付自己的對手，但這樣還不夠，他現在要報復納瓦尼。普丁的目標是摧毀納瓦尼，不僅是他的公眾形象，還有他這個人。

抹黑、指控、勞改

第一招：將納瓦尼抹黑成西方國家的代理人。國營電視台指控納瓦尼沒有在俄羅斯出庭，而是在德國情報局的保護下在德國黑森林度假。根據他們的說法，納瓦尼乘坐德國的豪華轎車，就像「搭上密封列車」似地回到俄羅斯——這邊影射的是列寧的典故，他在一九一七年被德國以一列密封火車悄悄送回俄羅斯[18]。第二招：指控納瓦尼是納粹分子。替普丁服務的談話節目主持人索洛維約夫最擅長搧風點火，他聲稱納瓦尼是「擁護納粹思想的賣國賊」。

18. 暗示納瓦尼和列寧一樣得到境外勢力支援。

第三招：將納瓦尼貶為罪犯。普丁冷酷地利用自己和對方之間的權力不對等，一邊是在監獄孤立無援的納瓦尼，另一邊則是在克里姆林宮裡，將壓迫人民的官僚體系全部掌握於手中的普丁。要對付納瓦尼這樣的異議人士，這位俄羅斯統治者有一種強而有力的工具可以使用。

俄羅斯人將這種工具稱為「區域」。那是國中之國，傳統悠久，具有自己的規則、自己的管理機構、自己的供應鏈，甚至說的是他們自己的語言。那就是俄羅斯的勞改營體制。其橫跨國內十一個時區，不過在這個地方，任何劃分時間的方法或曆法都變得無關緊要了。不允許和外界聯繫，這裡就是一個封閉的王國。這個體制的內部是什麼樣？現在就來一趟穿越普丁群島的旅程。

納瓦尼從德國返國後經歷了多場審判，被判處監禁數年。第一次被判刑是在二〇二一年，理由是納瓦尼在中毒期間未遵守緩刑規定向俄羅斯當局報到。他最終在二〇二二年五月被判處共九年徒刑。這些審判的結果都是事先已經決定好的，被告可以進行形式上的自我辯護，然而他們從一開始就被定罪。納瓦尼被關在弗拉迪米爾的 IK-3 勞改營超過一年，「在嚴格的管理下」被特別監控，接受格外嚴苛的紀律教育。這座勞改營在一九五〇年代就已經成立，位於莫斯科往東約一百公里之處。這裡從一九六四年開始設立醫務室，在醫生和朋友的強力勸說下，納瓦尼中止了自己在入獄初期進行的絕食抗議計畫。因為這就是原先俄羅斯特務對他下毒的目的，他不應該自己替他們完成任務。於是納瓦尼不得不在勞改營裡眼睜睜看著當局摧毀自己在各地的代表處，還有他所成立的反腐敗基金會。這些都被他們以「極端主義組織」的名義禁止了。二〇二二年六月，納瓦尼被轉移到梅萊喬沃的 IK-6 勞改區。這裡鄰近科夫羅夫市，在莫斯科往東北約兩百五十公里的地方。梅萊喬沃是一個更嚴格的勞改營，當局會在這裡繼續執行普丁在二〇二一年對法官和監管機關官員下達的軍令：報復。

「區域」內的真實情況

納瓦尼身處「區域」深處，他所在的是聯邦監獄管理局管轄的六百六十六個勞改營中的一個。二〇二二年在俄羅斯有五十萬人左右被監禁，大部分都關在這種勞改營或勞動營中。奧爾加・羅曼諾娃（Olga Romanova）是莫斯科的「鐵窗後的俄羅斯」組織的負責人，為囚犯提供司法和人道主義的協助。她的丈夫曾因前商業夥伴的迫害而入獄數年，他被不公的審判送進勞改營體制的魔爪。羅曼諾娃在二〇二一年某次詳細的訪問中告訴我，這些勞改營經常是蘇聯時期所留下的。低矮的營房中設有手工作坊和小型工廠，囚犯會在那裡為了非常微薄的酬勞工作，其他的營房則用來居住。他們住的不是一間一間的牢房，而是大家一起睡在超過一百人的大寢室裡。每個營房只有一間廁所和一個洗手台，出於安全上的考量，他們在監獄食堂會分到的餐具只有湯匙。這種彷彿黑暗蘇聯時代的生活條件，正是目前「區域」內的真實情況。

在二〇一九年的某次訪問中，聯邦監獄管理局的前副主任瓦列里・馬克西門科（Valery

Maximenko）拒絕被與蘇聯時代相提並論。「那個年代早就已經過去了。」他對國際文傳電訊社如此說道。聯邦監獄管理局在網路上的表現非常跟得上潮流，大家可以在網上找到營內接種新冠疫苗的最新消息，他們還有經營YouTube頻道，觀眾可以在上面追蹤滑雪比賽、營內烹飪課和兒童合唱團的更新影片。馬克西門科駁斥所有關於囚犯在營內被虐待的報導，他表示，如果有員工毆打囚犯，那不代表他們承襲了古拉格的傳統，而是那個員工無法控制自己，那是他個人的問題。「我們堅決反對這種行為。」

古拉格是史達林時代的勞改營體制，一開始隸屬於情報部門，後來歸內政部管轄。囚犯在那裡為自己錯誤的思想或錯誤的個人背景受懲罰，為社會主義修建下水道和建設城市，被人當作「害蟲和社會的敵人」消滅。根據索忍尼辛令人震撼的敘述，在一九三〇年至一九五三年的史達林時代，至少有一千八百萬人被囚禁於古拉格中。一九四〇年，也就是德國攻打蘇聯的前一年，至少有百分之十的蘇聯人民被關在這裡。這些勞改營位於永凍的西伯利亞、靠近北極的小島、遠東的白令海沿岸——基本上就是在與世隔絕的地方。將近三百萬人在勞改營中死去，有更多人在出獄時已經殘廢和受到精神創傷。這個體制僅在史達林死後稍微改革過一次，改由司法部管理。儘管社會主義和蘇聯在一九九一年結束了，這個體制也並未解散，只是換了一個名字。它自二〇〇四年起被稱為聯邦監獄管理局。

「古拉格是一條生吃活人的惡龍，」羅曼諾娃在二〇二一年這麼對我說，「現在這條惡龍老了，身上皺巴巴，噴不出火，胃口也沒那麼大了。但牠還是那條惡龍。」二〇一一年，當時還是總統的梅德維傑夫在一場演講中承認，俄羅斯的懲教體制「有百分之九十五來自於蘇聯時代」。

這句話在現實中意味著什麼？今天他們是如何摧折人民的？

二〇〇八年，伊凡・貝盧索夫（Iwan Beloussow）在二十一歲時因為一樁誣陷的爆炸案被關進勞改營六年，期間被當局在全國各地移監。他們稱其為「調動」，也就是轉移的意思。這是一種從沙皇時代就經常使用的懲罰方法，就連納瓦尼也在兩年內被多次移監，不過目前為止都還只是在俄羅斯中部短途遷移而已。有個著名的先例是企業家米哈伊爾・霍多爾科夫斯基（Mikhail Khodorkovsky），此人於二〇〇〇年代初期因失寵於普丁，和其他人一起被關在西伯利亞的勞改營。霍多爾科夫斯基一開始被送進莫斯科南方的營區，接著是西伯利亞、俄羅斯北部，後來又調到南部。「路上就是純粹的折磨，」他在二〇二一年對我說，「他們把我們十五個人塞進老舊的八人座火車包廂裡。」其他被移監過的人說，他們在上下車時都會被仔細搜身，必須將身上的衣服全都脫光，有時候還會被打。他們在狹窄的空間裡弱肉強食，搶奪對方的東西，所有人都很暴躁。貝盧索夫回想當時，車廂裡有人抽菸，有人吹口哨，有人把襪子脫下來通風，各種氣味令人永生難忘。前往西伯利亞的旅程長達數週，火車慢吞吞地前進。列車一停下來經常就是好幾個鐘頭，甚至幾天幾夜。做什麼事都有一套規矩和羞辱人的規定。在火車停駛時沒有人可以去廁所，警衛會嚴格監控。這種折磨令囚犯痛苦喊叫，真的受不了的人就會偷偷尿在瓶子裡。「他們用那些規定把我們變成動物。什麼都不思考，照做就是了。」貝盧索夫道。

貝盧索夫說，生病的時候是最糟糕的。那裡的治療就是換一種方式繼續懲罰。營內幾乎可以說完全沒有藥，就算有藥送來，也會立刻被拿走。醫生頂多只會給止痛藥。貝盧索夫有次得了肺炎還發著高燒，但還是得在零下二十度的戶外洗澡。「要不是有家人寄藥給我，我就活不下來了。」他說。

因政治仇恨定罪

貝盧索夫在服完刑後離開了俄羅斯，如今在德國過著自由的生活。但是反對派和異議分子在俄羅斯仍然遭受假案生產線的迫害，情況在二〇二一年以令人憂心的速度快速惡化。在烏俄戰爭之前，這些人還會因為確切或被栽贓的犯行受審，但在俄羅斯侵略烏克蘭以後，光是表達自己的意見就會讓人吃上苦頭，只要被法官認定他們的言論違犯了嚴格的審查規定。例如多次舉出「向戰爭說不」的標語，或是對俄羅斯軍隊在烏克蘭的軍事行動發表意見，都可能招致牢獄之災。

二〇二二年七月，律師兼莫斯科紅村區的市議員阿列克謝・戈里諾夫（Alexey Gorinov）被法院判處七年徒刑，罪名為違反刑法第二〇七條第三項。這是一條「噤口令」，根據該法規定，自二〇二二年三月起，任何有關烏克蘭戰爭的評論皆為違法行為。戈里諾夫在市議會的某場會議上公開表示烏克蘭有兒童因戰爭死亡，並主張俄羅斯應該停止戰爭、將所有軍隊撤出烏克蘭。戈里諾夫因為「蓄意散播錯誤訊息」被定罪，然而，法官認定的所謂的「錯誤」，就全世界所有人對普丁在烏克蘭開戰的理解，卻是完全正確的。

戈里諾夫是第一位因觸犯噤口令入獄的政治犯，不過，他在二〇二二年七月的審判過程已經預示了，接下來會有很多人遭受同樣的命運。霍多爾科夫斯基的前員工因為領導「不良組織」，在二〇二二年七月被判處監禁於勞改區四年，該組織即為霍多爾科夫斯基成立的非政府組織「開放俄羅斯」；記者伊萬．薩夫羅諾夫（Ivan Safronov）在二〇二二年九月因「叛國罪」被處以二十二年徒刑；反對派政治人物伊利亞．雅辛（Ilya Yashin）被司法機關控告違反第二〇七條第三項，立刻被收押並判處十年監禁；政治人物弗拉基米爾．卡拉穆爾扎（Vladimir Kara-Murza）也因為同樣的罪名被逮捕。只要有人對烏克蘭戰爭發表與官方立場相左的意見，就會受到司法機關懲罰。只要反對派政治人物說出任何人在網路上都能看到的內容，也就是俄羅斯軍隊對烏克蘭住宅區、醫院和學校進行轟炸，就會被解釋為他們「出於政治仇恨」發表「錯誤資訊」。根據檢察官的說法，這會「損害俄羅斯聯邦的利益」，於是這些政治人物就因為這種薄弱的根據遭到調查。

難道律師不能當庭駁斥這種指控嗎？代表雅辛等人的律師瑪麗亞．艾斯蒙特（Maria Eismont）表示，「政治仇恨」是一種比較新出現而且「令人難以理解」的罪狀。有民族主義仇恨、反宗教仇恨和種族主義仇恨，至於「政治仇恨」，真的有這種東西嗎？但這項罪名已經被廣泛用於指控諸多政治犯。艾斯蒙特在二〇二二年七月坦承自己身為律師，幾乎沒辦法阻擋審判和影響判決結果。不過，她也表示，「律師是囚犯和外界之間唯一的聯繫」的情況並不鮮見，因為當局經常不允許親屬探視犯人。「作為律師，我可以公開論證逮捕和迫害的非法性，也可以主張當局違反憲法和程序。」她這麼說。像艾斯蒙特這樣的律師會向公眾報告訴訟情況，「因為這對於我們的社會和歷史都很重要。」但也因為如此，某些審判會祕密進行，也就剝奪了律師公開談論訴訟過程的可能性。

被告只要站上法庭，就很難有機會不被判刑。羅曼諾娃說，法官幾乎都會判刑。然而這並非單純出於政治壓力，也不一定是因為司法腐敗。「法官的薪水很高，也享有很多福利，例如有免費住宅。」然而有關單位很想要以「良好的表現」獲得更多預算。於是相較於盡可能地處理更多案件，公平正義就比較沒那麼重要了。先前在莫斯科警局擔任調查員的亞歷山大．薩拉莫夫（Alexander Salamov）承認，很多調查員「癡迷於案件的數量」，大量起訴是「升遷或保住工作的唯一方法」。俄羅斯的審判淪為形式。他們不再查明真相，只是為了完成檢察官的工作而已。而工作的目的就是把人送進看守所或勞改營。囚犯在那裡受到的對待會讓他們再也無法對統治者和體制構成威脅。

鐵窗後的世界

輾壓反抗，令囚犯匍匐在地。他們是如何辦到的？弗拉基米爾・佩列維爾津（Vladimir Pereverzin）是一名商人，他拒絕按調查員的意思指證前上司霍多爾科夫斯基，於是被送進勞改營。佩列維爾津在裡面和其他人一起從事製造水泥的工作，他說，失去一切隱私令他當時痛苦不堪。「和我在同一個營房睡覺的人有一百個那麼多，木板床上都是人，廁所也都是人，我和五個人一起洗澡，人、人、人，到處都是人。」廁所都沒有門，囚犯們排排坐在挖了八個洞的水泥橫梁上如廁，獄警在一旁盯著。現在則是每個角落都有監視器。任意監視、毫無隱私，還有受屈辱。佩列維爾津說：「勞改營是比這個社會更誇張的翻版。」忌妒、仇恨、無法無天、任意妄為和折磨人的刻薄要求，這些都發生在勞改營。

獄警用瑣碎的規定來折磨囚犯。沒有把茶壺放好？在廁所抽菸？襯衫最上面的釦子沒有扣上？鞋帶沒繫好？「去關禁閉！」於是你被關進一個寒冷潮濕的地方，經常與害蟲們作伴。佩列維爾津原本以為寫信投訴是個好主意，但是他錯了。獄警煽動佩列維爾津的獄友對付他，告訴他們都是他的錯，他們才會不能在白天睡覺，也不能偷吃東西。

落入這樣的處境可能會很危險。毆打和折磨是家常便飯，囚犯有時候會被獄友懲罰性地強姦，甚至還會被獄警錄影。於是所有人都會知道這件事，被強姦的人不是被所有人孤立，就是淪為任何人都能任意欺凌的對象。

佩列維爾津就面臨這種危機。因為獄警的挑撥，所有人都看他不順眼。如果放任情況繼續發展，他擔心自己會被獄友殺害。他必須在事態進一步惡化前逃出營房。於是佩列維爾津從機床上偷來刀片，割開自己的腹部。他被送進了監獄醫院，雖然負傷，但並未被擊垮。

勞改營的擁擠環境也會危害囚犯們的性命，「鐵窗後的俄羅斯」的負責人羅曼諾娃表示。營內囚犯感染人類乳突病毒、肺炎或結核病的人數都高於平均值。「糟糕的伙食、不衛生的環境和缺乏日照，這些都讓囚犯很容易被傳染疾病。」加了很多糖的茶、加水稀釋的燕麥粥、淡得像水的湯、馬鈴薯、麵包，接著又是加了糖的茶；無論是誰，只要不得不長時間以這些東西維生都會生病。根據歐洲理事會的報告，二〇二一年俄羅斯用於囚犯的開銷是全歐洲最低的，每人每天不超過二．四歐元，歐洲平均則為六十八歐元。俄羅斯聯邦監獄管理局用於囚犯伙食的預算為每人每天一歐元。據羅曼諾娃所言，營內的醫療照護糟糕得如同地獄。「在營裡工作的軍醫遵照的不是希波克拉底誓言，而是上級的命令。」他們的目的不在治療，而是懲罰。這是貝盧索夫和佩列維爾津的親身體會。

雖說人命在俄羅斯的價值原本就比不上歐洲，但在勞改營，這種情況就更嚴重了。營內盛行犬儒主義，死亡被看作是生命的一部分，在與自己無關的人面臨死亡之時更是如此。在「區域」內，個人的生命沒有任何價值，除非是為了折磨他們，因為人得活著才能感覺到痛。

二〇二一年十月，人權組織 Gulagu.net 發布了一系列的錄影，都是在俄羅斯勞改區和監獄中受虐的實際案例。某位前囚犯提供了幾段發生於薩拉托夫的影片，因為監獄高層要他歸檔並分類監視器的錄影，他藉此拿到了檔案。這些影片全面記錄了俄羅斯懲教體制中的刻意虐待行為。

西伯利亞安加爾斯克的一所監獄在二〇二一年尤其惡名昭彰。從那裡出來的受刑人敘述某次囚犯發起抗議後所發生的事：「我們在半夜被帶出牢房，一直到早上九點為止都必須光著身子躺在水泥地上，誰都不能起來。」如果有人不得不上廁所，他只能躺著解手，然後繼續躺在自己的排泄物中。「我們被毆打，被嘲笑。」有囚犯這麼說，他在那一晚被打斷了幾根肋骨。

囚犯受虐的證據無可辯駁到普丁都不得不出面處理。他在二〇二一年的十一月和十二月開除了聯邦監獄管理局的局長和多位官員，接著在二〇二二年一月，也就是檢察部成立三百週年之際，呼籲「加強監督懲教機關的執法」，指示懲教機關應該「與政府機構和人權組織合作」。然而人權活動者們擔憂證據只會被他們掩蓋。因為事實上，這些對囚犯、遭受酷刑和虐待的人伸出援手的組織和協會，都已經被迫離開俄羅斯或停止營運。羅曼諾娃自二〇一七年長期住在柏林，Gulagu.net 的負責人弗拉基米爾・奧塞奇金從二〇一五年就住在法國，他在二〇二一年被俄羅斯檢察機關通緝至今。俄羅斯酷刑防治委員會為受虐待者奔走二十年，然而在被當局嚴厲批評為「外國代理人」後，也於二〇二二年六月解散了。

這種情況揭示了，二〇二一年時納瓦尼為什麼會在短短幾週之內就從法庭上的英雄，變成在病床上一副飽受摧殘的模樣。根據聯邦監獄管理局在網路上的說法，納瓦尼待到二〇二二年六月為止的那座勞改營有一千二百一十一位囚犯，其中包括一所能容納三百七十九位病患，專門治療多重抗藥性結核病的醫院；還有教堂和穆斯林祈禱室可供使用，囚犯在營內可以做砌牆、木作和五金加工的工作。然而就納瓦尼的支持者們聽來，事情完全不是這麼一回事。據他們所言，比起第一個關押他的勞改區，新營地的條件要惡劣得多。「那是一個酷刑集中營，裡面沒有醫院。」納瓦尼的幕僚長列昂尼德．沃爾科夫（Leonid Volkov）如此道，他在納瓦尼於二〇二一年被逮捕後離開了俄羅斯。這種說法很難核實真偽，但無論如何，根據先前關押於此的囚犯在網路平台「開放媒體」上的敘述，病患在營內醫院會被毆打，其他人可以看到他們身上有「被施暴的痕跡」，染上結核病的人在冬天會被鎖在門外。梅萊喬沃的那個勞改營也有「酷刑營」之名，俄羅斯的獨立媒體平台「媒體區」在二〇二一年公開了一封令人震撼的信，作者是囚犯伊凡．佛明（Iwan Fomin）。這位烏茲別克出身的囚犯在信中描述了酷刑儀式、計畫性強姦和謀殺獄友的行為，這些都是他親眼目睹甚至親身經歷過的。納瓦尼從二〇二二年夏天開始親身體會這座勞改營的情形。

在那時，這位反對派政治人物才剛開始他在「區域」的漫長旅程，眼前至少還有九年的時間等著他。佩列維爾津在我們訪問他時住在柏林。他在勞改營裡關了七年兩個月才得以出獄，雖然已經重獲自由，「區域」在德國依然糾纏著他。那段時間在他身上留下了烙印。「我每個月都會做幾次惡夢，夢到我又被關起來了。」佩列維爾津說。五點半起床，做操，吃早餐，集合點名，勞動。「我在夢裡告訴獄警，我已經服完刑了。」但沒有人聽他的話。接著他就驚醒過來，一身冷汗。

9 無從選擇的選舉：墜入獨裁深淵

俄羅斯入侵烏克蘭的幾天後，在聖巴西爾大教堂前，我佇立在一列綿延的隊伍之中。上千名莫斯科居民不分男女紛湧而至，手裡握著一朵玫瑰，不慌不忙地等候著警察放行。警察拉開嗓門高喊：「請打開手提袋，裡面沒有海報、宣傳單和武器吧？」「沒有？好，您可以走了！」我緩慢地跟著人群上橋，從橋上就能看見附近克里姆林宮的圍牆。這些人不是為了克里姆林宮而來，而是為了悼念七年前在橋上被射殺身亡的前俄羅斯副總理鮑里斯．涅姆佐夫。玫瑰花被擺放在這位已故副總理的照片以及一份俄羅斯《新報》的四周，報紙上斗大的標題寫著：「俄羅斯轟炸烏克蘭」。眾人雖然對戰爭噤口，卻無法不想著戰爭。他們知道，如果涅姆佐夫還在世的話，一定會強烈反對政府出兵烏克蘭，所以他們才會齊聚於此。

二〇一五年二月，涅姆佐夫在緊鄰克里姆林宮的莫斯科河橋上遭射殺，這是普丁執政時期裡的重大案件之一。在普丁任內，政治謀殺事件時有所聞，但這次遭暗殺的目標是普丁擔任總理時的一位前輩。涅姆佐夫於一九九七年被任命為副總理，他在一九九〇年代對政治改革充滿熱誠。我熟悉涅姆佐夫，有好幾次採訪過他。當我提出尖銳的問題時，他不像其他莫斯科政治人物一樣會感到被冒犯；相反的，他樂在其中，對答如流且擅於發表個人見解。他戲稱時任總統葉爾欽為「沙皇」，還當著他的面告訴他：「你頻頻犯錯。」有話直說、反應機靈、態度明確、堅決果斷，這就是涅姆佐夫。普丁執政以來，涅姆佐夫是極力批評他的政治人物之一，批評得無所畏懼。因此，他才會在數十台監視器鏡頭以及警力眾目睽睽之下，在莫斯科戒備最森嚴的克里姆林宮前遭到暗殺。凶手據悉是一名車臣人。誰有能耐讓凶手在克里姆林宮門口暢行無阻地開槍，就和其他政治謀殺事件一樣，向來都無法查明，幕後的主使者疑似就藏在國家機關內部。許多人因此在烏克蘭遭入侵後隨即來到莫斯科河的橋上，抗議政府一開始在國內，後來拓及至國外的暴行，謀殺和戰爭就是這股國家勢力詭譎多端的面具。

在普丁執政之初，有些事早就眾人皆知：在車臣戰爭的行動和暗殺特定的記者。不過，每起謀殺都伴隨著一種誤解：這是單一事件、殺掉一個人並不會影響其他人、用暴力消滅一個抵死反抗的聲音，就能讓其他人繼續活在和平裡並暢所欲言。在普丁執政的期間，謀殺事件時有所聞卻往往沒有查明，遭判刑的都是代罪羔羊。沒有法官敢追查俄羅斯安全部門在全球的行動和車臣的國家黑手黨。普丁主張的「法律專政」懲罰的不是暴力犯罪者，而是異議分子。

儘管如此，普丁花了很長一段時間才一路從清除寡頭到打壓異己，再到肆無忌憚的威權統治。二十二年來，普丁打造出的政治假象出沒在西方世界。起初，西方的政治人物相信普丁只是想要「穩定國家」的說辭。二〇〇一年九月，普丁在德國聯邦議會上發表演說替自己助攻，他將「保障民主權利」列為其內政的「主要目標」。其實這是一場騙局。不久之後，貌似溫和派的臨時總統梅德維傑夫轉而成為眾人希望的寄託；於是，許多人紛紛安慰自己，俄羅斯民間不會容忍這種情況。可是希望落空了。普丁讓全世界留下深刻印象：任何人試圖改變法律，授權安全部門和鎮壓的人，都不是走在正軌之上。被剝奪的自由、遭恐嚇的居民、對公開言論的恐懼、貪腐的司法制度、扭曲的法律都是一個國家無可救藥的傷口。你不能稍加違法、做出一絲恐嚇或壓迫的行為。普丁擔任大位初期只有少數人遭殃，如今所有的俄羅斯人和鄰國都無一倖免。隨著二〇〇〇年初法治標準的退步，俄羅斯開始慢慢崩壞，最終走向獨裁統治。事情究竟如何走到這一步？

普丁主義的發展三階段

「普丁主義」經歷過許多個發展階段，分別為：二〇〇〇年初的混合時期、二〇一二年起的獨裁時期、二〇二一年起摧毀民間社會。尤其是在第一執政時期，普丁不只獲得俄羅斯境內，還獲得西方國家的大力支持；同時，普丁擺脫了近十年來試圖複製的西方民主制度，過往的模範形象僅是向西方國家展示的門面。普丁的統治架構成於二〇〇〇年初期，是介於民主和獨裁灰色地帶的混合穩定治理模式。

第一時期主要鏟除反對總統制中央集權的聲浪。普丁首先把矛頭指向俄羅斯聯邦議會（又稱國家杜馬，下議院）。他靠著扶植少了意識形態的偽蘇聯共產黨，重整了頑強的國家杜馬。這個統一的黨派隨後更名為「統一俄羅斯黨」，經由媒體大肆宣傳和壓倒性的票數一舉進入國家杜馬，與順勢而上的對手黨派一起形成議會裡的權力陣營，讓杜馬從此聽命於他們。即使真正的反對派偶爾提出質疑，卻再也無法對普丁的執政發揮一丁點作用。

普丁的第二時期是整頓一九九〇年聯邦制度裡，猶如國王般施政的部會及各邦首長。這群人形成實實在在對抗中央的勢力，成為普丁擔任情報局長時難以忍受的夢魘，普丁剝奪了他們在聯邦層級的豁免權和影響力。從前至高無上的俄羅斯上議院聯邦委員會，淪為供人差遣的官僚機構組織。自此，各地方官員得以在無用武之地的「國家議會」假裝仍有影響力，其實許多議會只剩一個用途：協助總統行使權力。

最關鍵的莫過於普丁執政的第三時期：清查媒體，將全國電視頻道的私人業主財產全數沒收。他口中的「向寡頭宣戰」，實際上是國家接管具舉足輕重的電視媒體。法官、情報局特務及政府官員集體向寡頭提出無從協商的條件：放棄電視台，帶著部分個人的財產離開俄羅斯。

有別於西方的制度，普丁的「法律專政」乃以政治至上為前提。俄羅斯聯邦偵查委員會與司法機構淪落為克里姆林宮的法律部門。普丁的政治操盤手[19]在歐洲價值和歐亞傳統之間的空白地帶打造出空洞的民主制度。當時，在沒有穩固根基和警察恐嚇的助力之下，普丁仍游刃有餘。在殘餘的多元主義仍活躍蓬勃發展之際，諸多事物早受監控的混合體制內，普丁持續運作他的勢力。莫斯科一些少量發行、批評時政的報紙被用來滿足自由主義及知識分子的需求，只要群眾堅定地把票投給普丁，記者就可以批評普丁；莫斯科自詡為渴望自由的城市，只要政黨不乏政治化，就能獲得上位者的支持。普丁反對死刑，但俄羅斯士兵謀殺車臣平民卻沒有受到制裁；他一邊擁護「自由」，另一邊情報單位卻編織起監控網。一件事正反都說得通，每個人都可以在普丁身上看見他們喜歡的那一面。他塑造出一套混合的體制，讓西方國家和俄羅斯百姓都被牽著鼻子走。隨著石油和天然氣營收逐漸成長，他和二〇〇八年至二〇一二年出任總統的梅德維傑夫可以替俄羅斯人民帶來微薄的福利。這就是社會契約：用放棄公民參與權換取福利。發發牢騷還是可以，至少目前是這樣。

這樣的協議持續了將近十年，直到普丁計畫於二〇一二年重返總統寶座為止。當時，人民對二〇一一年底杜馬選舉的舞弊行為，以及普丁通過修憲表達第三度參選總統的意願表示抗議。示威者隊伍來到至莫斯科市中心，幾乎接近克里姆林宮的圍牆邊，綿延至莫斯科河另一端的博洛特納亞廣場才看到隊伍的盡頭。二〇一一年十一月至二〇一二年五月的抗議行動和針對抗議者的審理案件均以這座廣場來命名。二〇一二年，普丁重返克里姆林宮即展開了

19. 源於俄文 Polittechnologija，意指政治家利用說服技巧、操弄同情心和精心安排的橋段贏得人民的好感。

第二階段的獨裁時期，政府有計畫的對付俄羅斯的多元文化主義，原先只打壓少數寡頭，變成無差別的全面性鎮壓。

最舒適國裡的人質

導致這個局面的關鍵性因素就是俗稱的「代理人法」，即是擴大修改非政府組織法條。從那時起，活躍於社會或政治方面，且由非俄方資助的團體，必須被標記為「外國代理人」，這是一張除不掉的標籤。於是，政府就能密切監控這些團體，違反任何官方規定就祭出嚴厲懲罰。

當時的記者，優秀的報導者也是孜孜不倦的研究員瑪麗亞．艾斯蒙特描述這個過程時說：「事情的走向清清楚楚」，「無論發生什麼事，普丁都希望能留任。」艾斯蒙特身材嬌小，言辭有力，而且毅力驚人。我在一場頒獎典禮上認識她，那時她因工作而獲獎，然而這份工作卻在普丁執政下變得更為棘手。越是報導政治自由限縮的新聞，艾斯蒙特就越擺脫不了法院的官司。「所以，我決定成為律師。」我們後來碰面時，她驕傲對我說。在額外的司法培訓結業後，她站上法庭，不為了自己，而是為其他人辯護。研讀修正的法規是常態，代理人法律規定變得更嚴格，針對「不良組織」的法規也已通過。「要做的事情永遠都不嫌多。」

艾斯蒙特回憶起一段矛盾的生活狀態。普丁在上層統治，下層則開始大規模地尋找生存之道。國家有計畫地限制每個人的人身和政治自由，卻又允許個人享有更舒適的生活。在莫斯科和幾個大城市裡，餐廳、酒館、私人醫院、咖啡店、休閒公園、動保組織和夜店如雨後春筍般出現；人民有了工作，收入優渥甚至到達富裕程度的也大有人在，他們有能力到歐洲、杜拜或峇里島度假。「我們在最舒適的國度裡成了人質，」艾斯蒙回憶著表示：「只要不涉及政治，大家都能過上好日子。」

不過，前提是要與政治保持距離。這幾年裡，俄羅斯徹頭徹尾地轉變了。二〇一四年，普丁下令入侵烏克蘭，併吞了克里米亞並占領烏克蘭頓巴斯部分地區。民族主義者齊聲歡呼，批評者卻憂心忡忡。前副總理涅姆佐夫在克里姆林宮附近的橋上被暗殺，就能看出政治氛圍有多麼白熱化。涅姆佐夫曾不客氣地抨擊二〇一四年俄軍入侵烏克蘭的行動。暗殺事件後不久，我在事發橋邊附近和涅姆佐夫的好友，自由派政治人物弗拉基米爾・雷日科夫（Vladimir Ryzhkov）碰面，他不滿國家電視台談論暗殺的內容。普丁的頭號媒體宣傳基謝廖夫聲稱涅姆佐夫其實無足輕重，默默無聞，根本就不是什麼重要的人物；基謝廖夫毫不留情地談論著涅姆佐夫的死：「他不對任何人構成威脅。」這位名嘴想要否認克里姆林宮對涅姆佐夫的死訊有絲毫的關注，雷日科夫則堅信政府曾涉入此案。他告訴我，普丁談及俄羅斯的「內部敵人」，藉此開始盯上反對派人士。二〇一四年十二月，涅姆佐夫被暗殺前幾個星期，普丁曾警告：「很難說反對陣營會在哪裡止步，第五縱隊又會在哪裡出沒。」這種說法在電視台和杜馬裡持續流傳。當地傳聞美國反俄勢力收受賄賂，並用這些錢密謀反對普丁，就是所謂的外國代理人。雷日科夫認為，比起蘇聯晚期，普丁執政下的反對派人士面臨更大的危險；在前後任蘇聯共產黨中央委員會總書記布里茲涅夫和安德洛波夫的領導下，只有國家和所屬機關使用暴力，這種控制和鎮壓乃由上而下，異議者因自身理念入獄或是被驅逐出境。雷日科夫表示：「如今，反對人士面臨來自四面八方的暴力威脅。」如果雇用殺手追查這些人，很快就會傳來死亡的消息。在俄羅斯，僅有自由派的人士對涅姆佐夫之死表示強烈抗議，其他俄羅斯人民還陷在國家併吞克里米亞的混亂之中。

絕大多數人同意獨裁

為什麼普丁能在蘇聯解體後不到二十年的時間，建立一個全新的獨裁政權？我們來看看其中的一個原因。因為絕大多數的俄羅斯人都心甘情願地支持普丁。尤其是自由受到嚴格限制的時期，普丁的聲望卻達到令人目眩的高度。根據獨立研究機構列瓦達中心發布的數據，涅姆佐夫遇刺身亡時，普丁的支持率達百分之八十六。大多數人為了表面的穩定、有限的繁榮和克里米亞節慶刻意放棄公民權利和自由選舉。選票當然早就被做了手腳，還直接就在投票箱裡作票；然而問卷卻顯示，為數不少的人支持普丁。這群人顯然不認為選舉是用選票改變國家的途徑，他們滿腔怒火的回顧著混亂卻自由的九〇年代，他們同意每項憲法修正案，一步步穩固自己擁有的利益，並且還為壓迫他們的人歡呼。

在俄羅斯，絕大多數的人民都同意獨裁，直到二〇二二年九月下達動員令時，一直都是如此。在莫斯科就能找到典型的普丁支持者，不過在當地的人數不多。他們經歷過蘇聯時期，是心懷怨恨的「蘇維埃人」[20]，這種人普遍生活在俄羅斯某地區裡的中型城市，在行政部門或是類似由官僚主導的公司工作。他們喜歡看電視，非國家電視台不看；他們坐在沙發上，盯著眼前的螢幕，憤恨不平且意猶未盡地看著少數人士如何被警方踩在腳下。

二〇二一年，普丁和俄羅斯反對派領導人納瓦尼的對決預示著國家走向獨裁的第三時期：摧毀俄羅斯的公民社會。起初，祕密情報人員在這位反對派政治人物前往托木斯克的途中對他下毒。多虧有德國柏林夏里特醫院醫生們的治療，他才活下來，他之後在二〇二一年一月返回俄羅斯，隨即以薄弱的罪證被逮捕。反對納瓦尼被捕的抗議活動應該是俄羅斯最後的自由示威行動。大規模的拘捕浪潮席捲全國各地，各級的學生和活動發起人士在被起訴前就集體遭逮捕和審問，四個月內就超過了一萬三千人。納瓦尼被判到流放地監禁數年，由於對他的指控是虛構出來的，不排除仍有其他的罪名。這麼做的目的就是要讓受歡迎的納瓦尼無法在俄羅斯政壇發揮影響力。普丁親手報復了納瓦尼對他的挑戰。

從二〇二一年九月的杜馬選舉中就看得出事情的演變。選舉前的調查指出，普丁所屬的「統一俄羅斯」支持率明顯低於百分之三十。反對黨也僅有少數候選人能參選。向自由主義

20. 蘇聯時期在政府監控下生活的人。

靠攏的俄羅斯統一民主黨的一名參選人在喀山民主地公開宣布其政黨有意執政時，俄羅斯聯邦檢察單位即出手干預。該名候選人被指控有「政治激進」傾向，因涉嫌境外融資被調查，他就這樣失去了參選資格，被牽連的還有和他來自同黨的十幾名候選人。選舉時，有不少自由派選民為表示抗議，投票支持俄羅斯聯邦共產黨，一個民族愛國主義至上，擁護特定體制的黨派。實際上，該黨候選人贏得了許多選區，然而，開票當晚計票被打斷，監票人員無法入場，又重新計票。隔日，「統一俄羅斯」取得超過三分之二的席次。前蘇聯領導人史達林曾提過一項原則：「你們投一票，我們算一票。」

大選過後不久，普丁授意俄羅斯聯邦偵查委員會對獲頒二〇二二年諾貝爾和平獎的知名歷史協會「紀念」與「紀念國際」提告。艾斯蒙特就坐在莫斯科高等法院的辯護律師席上，法庭另一端的檢察官朗讀訴狀，內容滿是與事實不符的主張和非法的指控。曾任記者的艾斯蒙特提出激烈的抗辯，駁斥起訴書中的每一項罪名。她看著庭上不動如山的神情，小小的眼睛和抿成一條線的嘴巴。經過數日的庭審之後，「紀念」和「紀念國際」兩個組織在俄羅斯遭禁。根據俄羅斯官方的說法，由諾貝爾和平獎得主沙卡諾夫共同創辦的「紀念」被「解散」。普丁摧毀了俄羅斯的歷史記憶，用他個人的歷史傳說取而代之，這形同是為了對外戰爭所發起的內部動員。

二月二十四日俄羅斯出兵烏克蘭，幾天之後，一支私人攝影團隊在紅場訪問莫斯科民眾的看法。一名女性表示不支持戰爭，她還來不及解釋原因，警察就將她拖進了一輛警用車。

在她之後，第二名女性站在鏡頭前表明絕對無條件支持普丁。同樣地，她也被警方拖離現場。

意見根本不重要。自戰爭爆發以來，在未經詢問、授權或當權者允許的情況下任意發言，恐危及人身安全。俄羅斯的公共空間已經變得危險重重，在這期間，任何舉著空白告示的人都會被逮捕，這等同於禁止言論自由。艾斯蒙特說，「這麼做可能被判處高額的罰款」，而「累犯者可能會吃上牢飯」。

入侵烏克蘭的同時，俄羅斯政府也啟動消滅公民社會的計畫。僅存的自由媒體莫斯科回聲電台（Echo of Moscow）、獨立媒體雨電視（Doschd），以及諾貝爾和平獎得主德米特里．穆拉托夫（Dmitry Muratov）領導的《新報》不得不停止運作。新一波的逮捕行動在全國各地蔓延開來，無論持有證件與否、出聲或沉默抗議戰爭的人都一一被逮捕。二〇二二年以來，除了普丁的發言以外，俄羅斯境內再也聽不見任何公眾的聲音。

如今，又該怎麼稱呼普丁的政權呢？法西斯主義？兩者之間有著驚人的共同點，但卻又不同。沒有反猶太主義、針對「異族」的滅絕營、紅棕色社會主義言論、反教會機構的鬥爭以及街頭突擊隊的恐怖行動。國家社會主義也是一種激進的革命運動，而普丁迴避一切形式的革命。如果試圖將普丁的制度套入熟知的西歐模式內，根本完全無法理解他的做法。普丁的做法建立在俄羅斯和蘇聯從未消弭的暴力和欠缺法制的傳統之上。普丁走的是一種蘇聯路線，卻沒有社會主義的精神；依循一種偽舊式傳統的道德規範，實則是一個對內鎮壓、對外侵略且充滿毒性的警察國家。然而，這對普丁來說也不算是什麼創新的體制。普丁離過婚，和一名女性運動員有一段瘋狂的婚姻，他把保守家庭描繪成社會的理想圖像。國家宣傳機器致力於控制民眾的思想，他們打造出嚴密的「俄羅斯資訊網」，塑造出傳統堅強的男性理想樣貌，保衛自己的妻子和孩子，在城外耕地種田並且為祖國而戰，還動員群眾建立起國家防護網並且攻擊鄰近國家。民眾可以為了戰爭、併吞他國和替普丁歡呼，也可以互相告發對方。社會被分裂，幾乎沒有任何組織單位，只剩國家由上而下直接掌控。政治觀察家安德烈．科列斯尼科夫（Andrei Kolesnikov）稱之為「混合式極權主義」。

如今，在普丁執政底下說出這些話十分冒險。許多人面臨著後果，知識分子出走，外國人士也不例外；年輕人、藝術家、記者、工程師、思想自由的科學家，他們都離開了俄羅斯。與此同時，絕大多數俄羅斯人獲得他們在選舉和公投時一再支持的政府：越來越極權的俄羅斯獨裁政權，專屬普丁的新制度。

順帶一提，以被謀殺的涅姆佐夫之名在莫斯科河橋上舉行的反戰遊行，最終在警方設下的圈套中落幕。眾人才剛放下手上的玫瑰，向涅姆佐夫的照片行禮，警察就將一群男女推入封鎖區內的狹窄通道，穿著佩戴「媒體證」外套的情報人員拍下每一個人的臉孔，警察查驗身分證明文件；封鎖區的另一端停靠著藍色的警車，警方開始對人群進行分類：他們挑出某些人關進警車裡。其他人垂頭喪氣地走下橋，深吸了一口氣，我也在其中。

10 編造歷史的人：被普丁濫用的歷史

在世界歷史中，這種宣戰方式應該絕無僅有。二〇二二年二月二十一日晚上，在一場電視談話中，普丁一邊強烈地表達不滿，一邊講解歷史，解釋俄方占領的烏克蘭頓巴斯境內兩個分離主義共和國的認同問題，藉此宣告入侵烏克蘭的行動開始。坐在木製牆壁的房間內，身旁擺放著盆栽和有線電話。長達一小時的時間裡，普丁高分貝談論著俄羅斯自始自終都沒有正視過的二十世紀歷史。他上氣不接下氣地批評兩位前任總統的錯誤作為，咒罵著掠奪一切的西方國家，他想導正令人痛恨的世界，自蘇聯解體以來，它一直走在錯誤的道路上。這是他復仇的歷史性時刻，普丁受到歷史驅動、沉醉其中，甚至被催眠了。隨著入侵烏克蘭，他將歷史推向一個截然不同的發展方向。二〇二二年二月，他看見自己早就與建立俄羅斯帝國的沙皇彼得大帝，以及打敗希特勒、征服歐洲直至易北河的史達林結為同盟。現在，他想在他們偉大的過往事蹟裡再添上一筆他的功勞：強行讓烏克蘭回歸俄羅斯的統治。然後——讓我們等待結果揭曉。

受西方國家欺騙、種族滅絕的威脅以及遭到烏克蘭背叛等——普丁利用一長串俄羅斯遭受屈辱的漫長故事為突襲烏克蘭辯解。這個說法伴隨著入侵烏克蘭，以及用核武威脅對西方國家施加壓力；這個說法更彰顯了濫用或曲解歷史也會引發戰爭或成為戰爭的理由，即使在二十一世紀也不例外。普丁聲稱享有至高的道德權利，試圖用自己罕見的歷史詮釋方式顛覆歐洲的秩序，將俄羅斯不斷向西擴張合理化；他形容西方國家背棄承諾，擾亂烏克蘭，分裂歐洲及德國公眾社會。接著，用他闡述的冤屈和背叛故事荼毒自己的國家。

以歷史為由發動戰爭

如前所述，一九九九年普丁出任總統時，稱不上天生的思想家，而是新一代的民族主義者。對他而言，權力的接管、維持和擴張始終都是他最在意的事，俄羅斯在其歷史上遭到欺騙和蔑視的故事，只是普丁對內及對外擴張權力戰略的一部分。對內，提及國家苦難和屈辱的故事，解釋了他不得不發動戰爭的理由；對外，特別是面對亞洲和非洲國家，他勢必要說明，為什麼俄羅斯為了捍衛自己的權利向西方國家宣戰。這個策略果真奏效了。看看二〇二二年普丁在俄羅斯的國內支持率，再看印度、南非、奈及利亞或印尼等國家拒絕對莫斯科施行制裁。然而，他也希望給西方國家留下深刻印象，尤其是像德國或義大利這種容易受影響的國家。歷史對普丁來說就像一種思想的麻醉劑，同時也是一種權力的手段。

無限上綱地解讀歷史讓普丁變得越來越激進，也挑起了俄羅斯公眾的情緒。二〇二二年，普丁所到之處不免都要大肆宣揚這些故事。二〇二二年六月九日，在莫斯科一處展覽場，他會見了年輕的企業家和研究人員，面對這群人自戰爭以來對未來的擔憂，他沒有太多的回應，反倒滔滔不絕談論俄羅斯的偉大過往。他提到彼得大帝以及和瑞典之間的北方戰爭，這場仗費盡千辛萬苦打了「二十一年之久」；他還提到了曾經是俄羅斯的領土，歐洲卻蓄意認定屬於瑞典。

普丁憤恨不平地表示：「那裡曾是斯拉夫人的居住地。」反俄羅斯情結和歷史的不公不義在當時就已經存在。沒有人在普丁身邊悄悄灌輸他這樣的想法，他替換或解雇了幾近所有的顧問和政治公關。掌權二十二年以後，誰還能對他說什麼呢？只有普丁說了算。為了編造他的歷史故事，他讀了具政治色彩的民族愛國文學。對他而言，記憶是延續戰爭的另一種管道，他藉著宣揚歷史挑起戰爭，又提出三項主張解釋襲擊烏克蘭的原因：

第一、烏克蘭不是國家，而是另一個俄羅斯；就算它是一個國家，那也是蘇聯發明出來的。

第二、俄羅斯人和說俄語的人在烏克蘭東部遭到種族滅絕，新納粹分子在其中運作。

第三、一九九〇年德國統一時，西方國家欺騙了俄羅斯，北大西洋公約組織（後稱北約組織）違反所有承諾並持續擴張勢力。

這三項主張在西方國家引發廣大的迴響，尤其是在德國。政治人物、將軍和記者在政論節目上、文章和採訪中熱烈地重複這些內容。不過，哪些是真話，哪些是謊言呢？

主張一：烏克蘭不是國家

普丁對烏克蘭發動的戰爭是針對獨立國家本身的存在，針對現存的烏克蘭語、烏克蘭國家意識以及不屬於俄羅斯的烏克蘭文化。他一再表明他的信念，包括在二〇二二年二月二十一日的出兵宣言時也不忘再次強調。普丁表示：「在俄羅斯人的眼裡，烏克蘭不僅僅是一個鄰國；它是我們歷史、文化和精神層次中不可分割的一部分。」二〇二一年七月十二日，克里姆林宮在官方網站上發表一篇文章，普丁在內容中稱「橫亙在俄羅斯和烏克蘭之間的高牆猶如一場悲劇」。他口中的「高牆」就是烏克蘭的獨立，普丁眼中的烏克蘭邊界只不過是蘇聯時期的行政區分界線。他在蘇聯解體三十年後仍聲稱俄羅斯和烏克蘭是「一個民族」。早在二〇二一年，這種兄弟一家親的態度就被看作是企圖抹殺烏克蘭的獨立。烏克蘭「澈澈底底是蘇聯時期的產物」，在很大程度上，犧牲了俄羅斯歷史做為代價才建國的。普丁寫道：「實際上是俄羅斯被搶劫了。」他這番話是暗指前蘇聯領導人列寧的民族政策。一九二〇年代，列寧取消了偉大俄羅斯的中央集權制度，給予蘇聯共和國一定程度的自治權，讓各地得以培養他們的語言和文化。相較於殘暴掠奪的方式，列寧此舉是遏止非俄羅斯民族獨立願望的一種手段。因為烏克蘭不是唯一一個在第一次世界大戰和俄羅斯帝國瓦解後獨立的國家。

在普丁扭曲的觀點裡，烏克蘭獨立的每個時期都是西方國家的陰謀，是「反俄計畫」的一部分。他把這種乖誕的主張套用在近代和第一次世界大戰，甚至是一九九九年烏克蘭宣布獨立宣言以來的時期。一直以來，不只是烏克蘭人，連同波蘭人、立陶宛人、瑞典人和德國人，當然還有美國人都支持烏克蘭脫離俄羅斯獨立。回顧二十世紀以前，他稱烏克蘭人是「小俄羅斯人」、「邊境居民」（烏克蘭一詞原意為邊境）或「俄羅斯人」。烏克蘭語對普丁來說是「方言」，烏克蘭文化是當地的傳說；他更痛斥當今烏克蘭親西方國家的路線，根本沒有「建國的傳統」，現在「無意識地複製西方模式」，這是「背離自己的過去」。

無庸置疑，普丁此時展現出一種接近病態的歷史觀點，充斥著民族主義、自憐心態、血與土地的悲愴和被害錯覺。他煽動了俄羅斯民族、俄羅斯帝國和斯拉夫民族主義，又多次談到「大俄羅斯人、小俄羅斯人和白俄羅斯人是三位一體」，這是彼得大帝時期的牧首費奧凡・普羅科波維奇（Feofan Prokopovich）向這三個地區人民傳遞的思想模式。後來，作家兼反蘇聯分子索忍尼辛也曾提過此概念。普丁將索忍尼辛的東斯拉夫悲歌與新民族主義及個人的報復慾望結合在一起，打造出二十一世紀史上前所未有的破壞計畫。

然而，二〇二二年夏天，我驚訝地發現普丁的復仇想法在西歐如此盛行。在讀者來信裡，我讀到烏克蘭是一個貪腐無能的國家，克里米亞一直是俄羅斯的，西方國家分化烏克蘭，美國為了削弱俄羅斯發起廣場革命。普丁主義思想已經澈底流傳在西歐人民之間，於是沒有人記得烏克蘭是一個堂堂的歐洲國家，如同法國、德國或波蘭享有同等的生存權；同樣的，烏克蘭的滅亡將會是一場巨大的災難。

普丁乖誕的言論——烏克蘭人和俄羅斯人是「一個整體」，指的是今日烏克蘭、白俄羅斯和俄羅斯的前身：十至十三世紀時的羅斯（Rus，又稱基輔羅斯），這個中世紀國家在蒙古人入侵時滅亡了。幾世紀後，莫斯科公國在從前羅斯以北的區域崛起，有別於北方，以南和以西區域從那時起就獨立發展。如果有人聲稱，德國和法國不能只因為地處歐盟區和靠著歐元團結起來，必須即刻協調文化、內部管理和語言，因為兩國人民都曾是查理曼大帝時代的子民，對今日的法國人和德國人根本說不通。

現今烏克蘭的領土在近代早期受立陶宛統治，在十六至十七世紀隸屬波蘭立陶宛聯邦的一部分。就在一六五四年，扎波羅熱的哥薩克人向莫斯科沙皇阿列克謝一世宣誓效忠，才使得烏克蘭與莫斯科的關係更加緊密。隨後莫斯科統治者在十七世紀侵占烏克蘭領土，這並非俄羅斯愛國史學家聲稱的「統一」。因為烏克蘭人和俄羅斯人當時並不是生活在「民族國家」裡，而是仰賴一段與領導人的雙邊關係，只忠於統治者一人。直到一七八三年，克里米亞才成為俄羅斯的領土，而且時間只有一百七十一年。在此之前，被普丁美化為「俄羅斯耶路撒冷」的克里米亞半島長久一來一直是鄂圖曼帝國的一部分。為了反抗俄羅斯的統治，十九世紀時興起的烏克蘭民族運動，其活躍程度不亞於其他東歐民族。就像波蘭民族運動一樣，它在俄羅斯也遭到鎮壓。當時對烏克蘭文學、文化、教育和語言的禁令，形同是俄羅斯民族主義官僚試圖在帝國以西阻擋烏克蘭民族的發展。沙皇時期的內政部長彼得・瓦盧耶夫（Pyotr

Valuyev）在一份一八六三年傳閱的通報中寫道：「小俄羅斯從來沒有自己的語言，現在沒有，將來也不會出現；一般老百姓說的方言是俄語，只是受到波蘭語的影響而變調了。」與俄羅斯政界評論烏克蘭的說法雷同，一點也不意外。

儘管遭受到各方的打壓，烏克蘭人依然在第一次世界大戰結束時成立自己的第一個民族國家。一九一八年一月，位於基輔的烏克蘭中央議會宣布烏克蘭人民共和國是「屬於烏克蘭人民的自由主權國家」。直至一九二〇年，這個甫成立不久的國家已歷經四任政府。然而，烏克蘭並沒有在俄羅斯君主主義（白軍）和共產黨布爾什維克（紅軍）之間的俄國內戰動盪中倖存下來。無論是白軍還是紅軍，或是新成立的波蘭民族國家，對於烏克蘭在既有的邊境內獨立建國都興趣缺缺。波蘭人、愛沙尼亞人、拉脫維亞人和立陶宛人紛紛在第一次世界大戰後建立現代民族國家，烏克蘭人的命運卻不同，他們仍受莫斯科統治並成為蘇聯版圖的一部分。直到一九九一年蘇聯解體，烏克蘭民族運動的夢想才得以實現。烏克蘭成為一個民族國家並不是因為仇俄的反應，普丁完全解讀錯誤，烏克蘭是出於反蘇聯情結，對抗共產主義帝國。因此，烏克蘭和其餘東歐國家一樣，在一九八九年至一九九一年間從蘇聯極權統治中解放出來，時程上並沒有落後。烏克蘭境內反俄的情緒日漸高漲，是因為普丁對其發動一波又一波的攻擊。

主張二：對頓巴斯地區的俄羅斯人進行種族滅絕

俄羅斯人人口中謠傳頓巴斯正進行一場消滅俄羅斯人與俄語民族的「種族滅絕」行動。二〇二二年二月，普丁再度向全世界釋放出這個消息。二〇一五年二月明斯克協議簽署後不久，普丁指責基輔政府沒有供應天然氣或供應不足給俄羅斯掌管的頓巴斯地區。「這意味著什麼？」八年前普丁提出了這個疑問，「這已經稱得上是種族滅絕。」有鑑於俄羅斯於二〇二二年停止對德國和其他歐洲國家供應天然氣，難以想像普丁會把這樣的舉動描述為種族滅絕，不過也恰恰表明他無意識和無意義的使用這個詞彙。二〇二二年二月，普丁宣稱烏克蘭的武裝部隊在過去八年裡屠殺許多平民百姓，導致「數百萬人」遭滅絕。

自二〇一四年起，我在到訪頓巴斯及烏克蘭期間，會固定與該地區的聯合國觀察員，同時也是歐洲安全與合作組織（OSCE）的代表碰面。他們持續監測衝突地區並且記錄所有違反停火協定的行為，他們從來沒有跟我提到任何有關「種族滅絕」的事。聯合國在二〇二一年的報告裡指出，二〇一四至二〇二一年一月三十一日，頓巴斯共有三千三百九十一位平民死亡，其中包括烏克蘭和俄羅斯公民。根據聯合國的統計，其中百分之五十八的人死於地雷和未爆彈，許多人在排雷過程中不小心或試圖報廢或回收地雷和彈藥時喪命，近百分之九十的遇難平民都死於二〇一四和二〇一五年。在那之後，死亡人數就急速銳減，該地區二〇二二年的平民死亡人數總計不超過二十六人，二〇二一年仍有二十五人喪生。數字的下降無疑證明了普丁的種族滅絕指控就是一個謊言。入侵烏克蘭的前幾個月和那一年，俄羅斯根本沒有任何出兵的理由。所謂的「種族滅絕」是俄羅斯對內宣傳的欺騙話術，為了在自家人民面前替非法入侵辯解。

就跟普丁宣稱俄羅斯軍隊正與法西斯作戰，要將烏克蘭「去納粹化」的說法不謀而合。普丁在二〇二二年二月二十六日發表第一次戰爭演說時，呼籲烏克蘭人推翻基輔政府裡的「吸毒者和新納粹分子」。烏克蘭總統澤倫斯基的猶太血統讓普丁的言論顯得荒唐可笑，特別是把「去納粹化」用在澤倫斯基身上。烏克蘭政府裡沒有右翼極端分子，極右翼的烏克蘭自由黨在二〇一九年的議會選舉中以不到百分之三的票數落敗。於是俄羅斯把宣傳矛頭指向在烏東與俄羅斯軍隊交戰的部隊，也就是俗稱的亞速戰士。亞速營是二〇一四年成立的戰鬥團體，其中包括為數不少的右翼極端分子。然而，亞速在二〇一四年底編入烏克蘭內政部旗下的國民警衛隊後，大量右翼極端分子出走。其組織創始人，右翼極端分子安德烈・比萊茨基（Andriy Biletsky）也在二〇一六年退出。亞速戰士今日仍採用像是捕狼的狼鉤為標誌，該符號也出現在德國的市徽上，在右翼極端分子之間也常見。俄羅斯的宣傳機器就此推斷，亞速營是一個自二〇一四年以來就保持意識形態的法西斯團體。然而，無數的訪問和調查都駁斥了這些說法。烏克蘭不需要被去納粹化，尤其是從俄羅斯的手中，因為俄羅斯自己就崇尚毀滅般的極端民族主義思想。

主張三：北約在一九九〇年承諾不會向東擴張

普丁以西方國家「違背承諾」為由，替二〇二二年在東歐的重大軍事部署辯護。根據普丁的說法，美國人和歐洲人曾在一九九〇年德國統一前夕向蘇聯允諾，不會將北約向東擴張，莫斯科才會同意兩德統一，然而北約還是向東擴張了。幾乎在每一場談話裡，連同在二〇二二年二月二十一日發表的歷史演講和戰爭宣言時，普丁持續炒熱這個涉及三十年前談判過程的極度爭議話題。不過，這項承諾真的存在嗎？

普丁的控訴是針對德國和美國政治人物在一九九〇年的言論。例如：一九九〇年二月，時任美國國務卿的詹姆斯．貝克（James Baker）宣稱，「北約管轄範圍」不應隨著德國統一「東移一寸」。普丁在出兵烏克蘭的談話中再次引用了這個說法。他也提到了當時北約祕書長曼弗雷德．沃納（Manfred Wörner），他在一九九〇年五月表示，北約軍隊不應駐紮在「聯邦共和國家領土之外」。普丁將這些說法解讀為永不擴大北約的具約束力承諾。然而，他的解讀並不正確。

一九九〇年，幾個大國談判達成所謂的《二加四條約》（《最終解決德國問題條約》），德國才得以統一。美國、蘇聯、法國、英國以及東西兩德於同年九月共同簽署該條約。協商過程中的關鍵問題是：統一後德國的北約成員身分將會如何？這也是貝克和沃納所提到的，因此談判持續進行。一九九〇年二月，貝克表明北約的「管轄權」在兩德統一後不會延伸到前德意志民主共和國（俗稱東德）領土。這一切對當時美國布希總統都太模糊了，他示意國務卿貝克不要再提及北約的未來，蘇聯領導人戈巴契夫也沒有表態。美、法、英等國最後決議限制北約駐軍來遷就蘇聯。一九九〇年九月簽署《二加四條約》時，戈巴契夫如願獲得他所堅持的要求：在前東德領土上不會部署核武器，也不會有外國軍隊駐紮。除此之外，沒有普丁聲稱的「承諾」或是書面的記錄。

在德國，支持北約承諾論點的人喜歡點出，時任外交部長的漢斯・迪特里希・根舍（Hans-Dietrich Genscher）於一九九〇年一月三十一日，在德國南部巴伐利亞邦圖青的一場演講中曾提議，北約不能「向蘇聯邊界靠近」，「這也是華沙公約組織（後稱華約）一直秉持的態度」。根舍在這場演講中想達成一個願景，透過解散軍事聯盟來消除冷戰時期的集團對抗。這是一個大膽的想法，但絕不會成為西方協調政策的具體建議。此外，根舍不過是兩德之一的外交部長，兩德在當時與尚握有主導權的美、英、法、蘇等國協商，就連德國總理柯爾也沒有聽過這類的想法。北約全面東擴的問題並不是德國《二加四條約》的談判條件。

許多報紙明確否定了普丁的論點。德國總理柯爾當時的外交政策顧問霍斯特・特爾奇克（Horst Teltschik）參與了所有的會談，並且保證「從來沒有討論過北約擴張到德國之外」；戈巴契夫本人也多次表示，最近一次的討論不過就在二〇一四和二〇一九年，絕無虛假。他向《俄羅斯報》表示，美國國務卿貝克、德國總理柯爾和外長根舍只有和他談論到「北約軍事組織擴張和在前東德領土上駐紮聯盟軍隊」的問題；「完全沒有提到」北約有沒有可能擴張。戈巴契夫當時的翻譯陪同他出席所有的會談，他在二〇一八年上莫斯科回聲電台時證實了這一點。二〇一九年戈巴契夫又再度重申，談論這件事著實「荒謬」。當時，在東方與北約相互抗衡的華約仍存在，沒人預見它在不久之後即將解散。時任波蘭總理塔德烏什・馬佐維耶茨基（Tadeusz Mazowiecki）的回應明白反應了一九九〇年的局勢。馬佐維耶茨基對兩德統一懷有疑慮，他一心想著讓蘇聯軍隊留在波蘭境內。然而，情勢在隔年突然出現變化。

對普丁來說，一九九一年蘇聯解體是「災難的根源」，它導致歷史走向錯誤發展，讓北約擴張而「美國取得主導地位」，這個說法並不真確。一九九一年二月，立陶宛舉行公投決定脫離蘇聯獨立，蘇聯開始解體。事件的發展還不只如此：一九九一年二月底，華約成員國家決議解散。此時，北約是否擴張的問題首度具體浮上檯面。然而，西方國家的政治人物的態度十分保留。一九九一年三月，英國首相約翰・梅傑（John Major）拒絕任何形式的北約擴張；法國和德國外交部也發表了類似的聲明。根據英國的一份備忘錄，德國外交部政治主任尤爾根・克羅博格（Jürgen Chrobog）於一九九一年三月向西方國家代表說明，北約現在無法提供「波蘭和其他國家入會的機會」，尤其是因為一九九〇年就已經表明北約「不會向易北河以外擴張」。這些聲明統統都是在西方國家的討論中發布的，而不是在一九九一年三月與莫斯科的談判場合。《巴黎憲章》簽署完成，《二加四條約》亦同。這不是換取俄羅斯讓步的「承諾」，而是一個公告：西方國家無意藉由華約解散讓北約向東擴張。

北約東擴的條件

既然這樣，為什麼會出現承諾的說法呢？起因來自於外界，因為中歐人民的施壓和東歐不安定的發展局勢。摩爾多瓦、喬治亞、亞美尼亞、亞塞拜然等國家皆爆發衝突，士兵開槍射擊、分離主義者決裂。俄羅斯軍隊有時在其中扮演了非常不堪的角色。同時，一九九三年十月的議會槍擊案以及一九九四年車臣戰爭爆發等俄羅斯的內部態勢，引發中歐國家的恐慌。在捷克、匈牙利和波蘭，主張明確向西方靠攏的政黨在一九九〇年代中期的大選中獲勝。當西方國家的討論還進行時，這些國家力求加入北約；退休的美國政治人物接二連三提出警告，美國總統柯林頓的態度卻轉變，並有意開放北約入場大門，就連德國人也支持。前提是，俄羅斯必須密切參與。因此，北約和俄羅斯在一九九七年達成了一份基本法案來規範安全關係，並且排除在未來加入北約的國家部署核子武器的可能性。根據這份法案的條件，莫斯科同意後續的擴張。

在對西方國家一長串的控訴中，普丁完全沒有提到這個關鍵的先決條件。他在演說時氣憤地一一點名加入北約的國家：一九九九年捷克、匈牙利、波蘭加入北約，接著二〇〇四年是愛沙尼亞、拉脫維亞、立陶宛、斯洛維尼亞、斯洛伐克、羅馬尼亞和保加利亞。普丁卻隻字不提自己在過程中所扮演的角色。恰巧二〇〇四年的北約擴張對普丁來說還真的是一個問題，因為有三個波羅的海國家曾隸屬解體前的蘇聯共和國。當時的俄羅斯總統是普丁，德國總理是施洛德，兩人都曾強力抨擊二〇〇三年美國發動的伊拉克戰爭。然而，普丁或許忘記自己並不反對北約東擴。施洛德推進了這件事，普丁也任憑它發生。二〇〇四年四月二日，波羅的海國家加入北約的三天後，在一場聯合的記者會上，普丁面帶笑容站在施洛德身旁，稱讚俄羅斯和北約的關係「朝正面發展」，接著又繼續說：「關於北約的擴張，我們完全不必擔憂俄羅斯聯邦的安危。」六天之後，當北約祕書長來到莫斯科時，普丁表示：「每個國家都有選擇如何保護自己的權利。」沒有支字片語提到破壞承諾或威脅俄羅斯。

因此，普丁在二〇二二年的言論和當時東擴的實際情況完全不同，最重要的是，他用承諾當說辭反駁了他自己。為什麼這麼做？二〇〇四年以來，就再也沒有前華約國家加入北約東擴的行列。反而有兩件事讓普丁在二〇二二年如此暴跳如雷，而且都和獨立的烏克蘭有關。

普丁言論獲德國政界支持

二〇〇八年，在羅馬尼亞首都布加勒斯特舉行的北約高峰會上，美國和德國針對烏克蘭和喬治亞加入北約一事爭論不休。烏克蘭已經擁有安全保障，即一九九四年簽訂的「布達佩斯安全保障備忘錄」。根據備忘錄內容，俄羅斯接管烏克蘭的核子武器以換取保證烏克蘭的「領土完整」；二〇一七年的《烏俄友好條約》裡也再度重申這件事。儘管如此，二〇〇八年，美國小布希總統執政時想要提供烏克蘭北約入場券，時任德國總理梅克爾以及法國總統尼古拉．薩科齊（Nicolas Sarkozy）皆不贊成。最後達成了一個協議：烏克蘭和喬治亞有可能在未來成為北約成員國，但前提是他們要先取得「成員國行動計畫」，但兩國都沒有達成。這是一個不具實質意義的邀請。

二〇二二年二月，在烏俄戰爭爆發前幾天，當德國總理蕭茲表示烏克蘭加入北約從來沒有被納入討論時，也提到了這一點。但對普丁而言，一絲絲的可能性就足夠了。在二〇二二年上半年的演說裡，他繪聲繪影地描述著假設的情節：烏克蘭計畫製造核子武器，美國會從烏克蘭各地機場襲擊俄羅斯領土，他們會在烏克蘭部署導彈，在四至八分鐘以內就會抵達莫斯科。普丁說：美國把「刀子架在俄羅斯的脖子上」，這正是他們現在所計畫的一切，就跟他們擴大北約一樣。

讓人不敢相信的是，這種明顯編造出來的威脅情節也說服了德國許多政治人物和出版商，至少有一部分的人相信普丁的說法。他們好心地想試著理解普丁，以便可以緩和他的怒氣。在俄羅斯入侵烏克蘭前十天，社會民主黨黨主席羅爾夫．穆策尼奇（Rolf Mützenich）把普丁的安全顧慮也歸咎於美國布希政府犯下的「重大錯誤」，像是「攻打伊打克」、「軍備管理失控」和「造成歐洲局勢的動盪」。穆策尼奇面對俄羅斯的指控表示：「我不同意某些擔憂，但我完全理解他們。」然後呢？左翼黨的克勞斯．恩斯特（Klaus Ernst）和社民黨的長老克勞斯．馮．多南尼的看法相似，同意普丁主張北約在一九九〇年後違背對俄羅斯「不東擴的承諾」。德國記者和出版業者也跟進這個觀點，並質疑北約東擴的正當性——時間正是在二〇二二年春天的關鍵幾週裡，當時普丁試圖在德國宣揚其炮製侵略戰爭合法性的言論。如此，普丁才得以在德國反傳統人士和右翼極端分子的 Telegram 頻道之外，種下質疑北約的種子，削弱德國政府的決心，並在德國散播他的言論。

不是掠奪，只是取回

事實上，他所在意的事情和他在演講時的內容截然不同。為了理解這中間的差異，我們不妨回顧一下普丁個人讚揚並向俄羅斯男女老少推薦的一個重要展覽。二〇一五年，我在莫斯科北郊電視塔附近的展覽場參觀了這一場展覽，它被命名為「我的歷史」，是一場具有紀念意義的歷史回顧，先在莫斯科展出，然後再到全國各地。這場展覽講述了俄羅斯的國家形成，從十世紀的中世紀前身國家到第一個沙皇帝國，再到今天的俄羅斯聯邦。我看到了一個由國家主導的大規模民族主義思想計畫，由普丁的告解神父蒂瓊・舍庫諾（Tikhon Shevkunov）策劃。直到現在已有數百萬俄羅斯人參觀過這個展覽，為了可以入場參觀，民眾排了幾個小時的隊伍；學校、軍營和大學紛紛安排校外參觀活動。在這個展覽上，教會宣揚一種新的「俄羅斯理念」，希望參觀者謹記四個原則：俄羅斯民族團結的背後有一位強而有力的領袖，俄羅斯受到西方國家的攻擊，人民在不可避免的戰爭英勇犧牲，然後最經典的是：為什麼今天仍需要史達林。除了展板、影片牆、紙塑雕像、繪畫和衣物以外，會場還展示了大量的地圖。每個人都會分配到一把量尺，一把「領土測量尺」，顯示出俄羅斯從東斯拉夫公國和後來的沙皇帝國的領土面積。這把獨一無二、只適用於俄羅斯的測量工具，展示了愛國人士的快樂與哀愁。這把量尺記錄俄羅斯從十世紀以來（由上至下波動）領土持續擴張，直至一九四五年的蘇聯時期。在這期間，十二世紀東斯拉夫公國的衰敗、十七世紀初的動亂年代、一九一七和一八年俄羅斯帝國解體之後，以及一九九一年蘇聯的內部分裂，都痛苦地經歷了失去領土的打擊。策展人觸及了俄羅斯菁英和平民百姓當前的創傷，任何人只要仔細觀察每個時期地圖上的面積測量尺就會知道，隨著二〇一四年征服克里米亞，俄羅斯的領土自一九四五年以來首度擴大，這都要歸功於普丁和人民的團結。展覽要傳達的訊息是俄羅斯的幸福和使命在於領土擴張。

在普丁看來，歷史就是在軍事領導之下，取得一連串輝煌的勝利戰果，不然就是在分裂時代裡遭遇灰頭土臉的失敗；歷史，是俄羅斯領土光榮的擴張或是忍辱著被迫縮減；歷史為勝利喝采，對失敗視而不見。史達林在普丁的支持下，沒有被譴責為俄羅斯史上最殘暴的屠夫，最重要的原因是他在二戰時戰勝了納粹德國。因此，蘇聯自一九四五年起急遽地擴張。一九三九年，獨裁者為瓜分東歐而簽定罪大惡極的《德蘇互不侵犯條約》，普丁還為其辯護，他聲稱這個條約是「防禦措施」，是蘇聯進軍波蘭和波羅的海國家的基礎，連瓜分波蘭這種不法的行為，在他的說法居然變成是「防禦」。普丁還說，蘇聯軍隊當時一直等到波蘭政府

「失去領土的主控權」才往前推進。

失去主控權的國家就要被他國吞食，這就是普丁對國際關係本質的理解。我們再回頭來看二〇二二年六月普丁和年輕企業家碰面時的場景。這場見面會正好與前幾年由東正教會主辦的歷史展覽是同一個地點。普丁說，每個國家都必須靠自己的力量「保障主權」，嘲諷活在美國核武保護傘底下的歐洲人。他的意思是「一個國家要麼是主權國家，要麼淪為殖民地」，鞏固自己的領土需要「技術主權」，而俄羅斯擁有高超音速武器，還要靠「社會的凝聚力」，否則一切就會分崩離析。因此，普丁勾勒出俄羅斯現代擴張的條件：核子武器與全面跟隨領導人的專制獨裁社會。

從普丁的角度來看，這也是他所理解的彼得大帝。他的畫像就掛在普丁辦公室的牆上，普丁也喜歡把他的事蹟掛在嘴邊。彼得大帝當然沒有核子武器，但他靠著軍隊和艦隊拓展了俄羅斯的疆土。普丁認為：「不過，彼得大帝沒有掠奪，他只是取回而已！」「取回原本所有的並且擴大，他就是這麼做。」因此，在普丁的眼裡，他和彼得大帝處於俄羅斯歷史上同一座萬神殿內，還用出兵攻打烏克蘭做了一個不恰當的比較：「從所有的跡象來看，我們有責任取回和壯大烏克蘭；而且，如果我們認為這些價值觀就是自己存在的根本，在解決眼前的問題時會有更大的進展。」

其實普丁已經成功樹立起偉大毀滅者的名號。他援引歷史，實際上卻打破我們所知世界的一切傳統。以演化論為由的侵略戰爭和他激進民族主義的思想，皆與烏克蘭的發展、子虛烏有的種族滅絕，或臆測出來的一九九〇年北約承諾毫不相干，只是突顯出他個人以及整個俄羅斯在他超過二十二年來的領導之下，已經陷入一種多麼可怕的病態心理。普丁證明了歷史何以成為殺人的武器，現在已經有成千、也許是上萬的人為此犧牲性命。他沒有任何合理的理由甚至發動戰爭的動機，從他的演講和文章中就能證明一切。歷史從來都無法成為發動戰爭的正當理由。

11 特殊軍事行動：如何消滅烏克蘭

一輛從莫斯科來的夜車準時駛入普斯科夫（Pskov）車站，此時烏克蘭和戰爭彷彿已在遙遠身後的彼方。八點六分，耳邊傳來刺耳的剎車聲，下一秒車門開了。第一批身穿輕便夾克或淺色風衣的乘客拖著行李箱抵達月台；二〇二二年五月，迎接俄羅斯民眾的是充滿陽光的春日。接著，穿著冬季大衣和厚重毛衣的人群下了火車，手裡提著大包小包和拎著行李箱，還有數量難以估計的家當。一名普斯科夫的婦人親切地向這群人打招呼，清點人數之後，引導他們走向等候多時的接駁車。他們是來自烏克蘭的難民，家園被轟炸和流離失所的人，即使臉上仍掛著睡意，但感激地跟在婦人的身後。就這樣，戰爭蔓延到了愛沙尼亞西北方邊界的普斯科夫，一座擁有強大堡壘的俄羅斯古城。

逃向敵人的魔掌

二〇二二年有數十萬烏克蘭人跨過邊境進入俄羅斯，不分男女老少穿越入侵者的領土。雖然他們人數眾多，但要和他們見面著實不易，不過我仍然想和這些人交談。因為自戰爭爆發以來，作為駐莫斯科記者，我根本無法如同二〇二二年二月以前一樣能定期訪問烏克蘭。根據俄羅斯電視台的報導，烏克蘭的難民被妥善安置，然而，我提出拜訪臨時收容所的請求卻沒有得到官方回應；向一所收容難民的東正教堂詢問也以「時程安排不便」為由被拒絕了。然後，我認識了一位幫助難民的俄羅斯女性，基於安全考量，她和她的隊友不願意曝光。二〇二二年，通往俄羅斯西邊與愛沙尼亞及拉脫維亞邊境的逃亡路線上，有一整個團隊照料尋求協助的烏克蘭人。眾人可以在 Telegram 的群組上交流，還有俄羅斯人提供難民庇護所給烏克蘭人。攻擊烏克蘭的俄羅斯伸出了援手，官方的作為不多，多半還是仰賴俄羅斯民間力量。

直至二〇二二年八月底，普丁對烏克蘭發動的戰爭迫使近三分之一的烏克蘭人離開自己的家園。烏克蘭外交部長德米特羅・庫列巴（Dmytro Kuleba）於二〇二二年七月表示，有一百九十萬烏克蘭人在違反國際法、不顧他們意願以及在暴力脅迫之下遷移至俄羅斯，他們之中有人遭虐待，還有人直接人間蒸發。另一方面，俄羅斯新聞通訊社《塔斯社》於二〇二二年五月引用一份安全部門的消息，提及當時俄羅斯境內已有逾一百五十萬烏克蘭「難民」。

烏克蘭人說「被驅逐」，俄羅斯人卻說「難民」，難以區別兩者之間的不同。自戰爭爆發以來，絕大多數烏克蘭人以難民的身分前往俄羅斯，不過都是被強迫的。無論是被強制驅離、被傷害或受被恐嚇，他們都不得不離開被摧毀的家園，放棄過去的生活去到俄羅斯，因為那是最後的出路。一路逃向敵人的魔掌，從殘破不堪的城市逃往破碎的國度。

這些烏克蘭人途經自稱「沒有戰事」的俄羅斯。二〇二二年三月的審查法禁止媒體和人民提及烏克蘭境內的「戰爭」，也不准為了「反對戰爭」上街示威遊行。俄羅斯對內向所有反戰人士發動攻擊，政府同樣採用安內攘外的激進手法來執行審查法。俄羅斯軍隊一邊轟炸和炮擊烏克蘭，俄羅斯安全部門一邊執行鎮壓任務，不分內外齊力同心。對內的鎮壓之後就是對外的侵略，反之亦然。普丁主張的新民族主義毒害了社會並激化了整個俄羅斯，戰爭爆發將俄羅斯菁英壓抑已久的憤怒、想像中的屈辱和對西方世界的復仇情緒推向最高點，他們要為了冷戰失敗和過去三十年不受歐洲歷史重視而復仇。

然而，這個自二〇一四年併吞克里米亞以來的第二次入侵烏克蘭行動，若少了普丁這個人就不可能發生，因為是他下達了命令。在前一章裡，我們看到了戰爭是如何從一個領導人對歷史的幻想和他無止盡的權力要求下形成，既沒有原因，也沒有外力的挑釁。普丁甚至著重他個人的責任，在襲擊之前讓他的親信和助理們在克里姆林宮集合，讓他們呢喃般地宣告自己的忠誠度。透過這種貶低人的儀式，他昭告天下，是他——普丁本人，而不是其他人發起戰爭。這是一場「選擇之戰」，一場由他發動的戰爭；它也變成了共謀的戰爭，因為許多俄羅斯人都義無反顧地支持他。

這場戰役以雙重驚奇揭開了序幕。首先，普丁下令出兵讓烏克蘭和俄羅斯人民感到驚訝，因為在幾週前僅有少數人預料到這一點；接著，烏克蘭人的頑強抵抗讓普丁大吃一驚，這是他始料未及的。預計迅速攻占基輔的計畫失敗。俄羅斯軍隊在三月底撤離基輔市郊的伊爾平和布查，一開始就在這兩地留下這場俄羅斯戰爭的殘酷印記。在烏克蘭沒有奪回掌控權之前，無法評估其他遭俄羅斯占領地區的情況。但是，在布查呈現出的真實情景是：前進布查的烏克蘭士兵和不久後抵達的記者們在街上看見被殺害的平民，他們見到扭曲變形的屍體、殘破的房舍和被洗劫過後的城市。一名俄羅斯的士兵在牆上潦草寫下：「誰准你們過好日子？」布查見證了野蠻戰爭罪行和極端暴行，和其他烏克蘭城市一樣在歷史留名。

二〇二二年七月，烏克蘭外交部長庫列巴表示，俄羅斯的戰爭是「針對烏克蘭人民的種族滅絕」。種種的跡象顯示，「俄羅斯不只對烏克蘭發動侵略戰爭」，而且「在過程中又再一次屠殺烏克蘭人民」。於是，種族滅絕的指控又再度上演，這一回角色卻互換了。普丁無端指控烏克蘭的罪名，基輔的掌權者現在也反過來指控普丁。美國歷史學家提摩希．史奈德（Timothy Snyder）對此補充了他對法西斯主義的分析，他認為法西斯主義在俄羅斯是理所當然的。俄羅斯究竟對烏克蘭發動了什麼樣的戰爭呢？

馬里烏波爾的故事

我在普斯科夫聽著烏克蘭難民告訴我的故事。他們說這個城市是個再好不過的地方，因為距離愛沙尼亞邊境只需要將近一個小時的車程，許多想逃往西方國家的烏克蘭人才會聚集在此。奧克薩娜・梅雷施科（Oksana Mereschko）和他的男友奧列格・費多爾舒克（Oleg Fedortschuk）就站在普斯科夫火車站的月台上。這位二十三歲的金髮苗條女孩只穿了一件薄薄的黑色運動外套，在清晨裡凍得直打哆嗦。月台上一位俄羅斯人送給她一件連帽上衣，她一開始拒絕了，接著因為感動和疲憊哭了起來，穿上了那件連帽上衣。她慢條斯理地描述她的逃亡過程，一段發生在被摧毀的馬里烏波爾，充滿戲劇性的故事。她說，第一時間戰爭就來到她的家門口，「三月初，我站在陽台上時，一枚手榴彈打中我，」一塊碎片刺入了她的背，血汩汩地流下來。一開始她還很慶幸只是一點小傷，「後來我的左腿彷彿失去了知覺，我不得不去一趟醫院，」醫院診斷後確認，那塊碎片擊中了脊椎附近的神經。幾枚炸彈擊中了醫院，她的治療無預警中斷。她說她無法相信這一切，但俄羅斯軍隊直接攻擊了醫院。「我的男朋友來接我，我們就躲了起來。」當烏克蘭部隊還能抵抗俄軍攻擊時，他們就待在陷入苦戰的馬里烏波爾，從一個地下室轉移到另一個地下室。當馬里烏波爾的城市戲院被轟炸時，他們仍留在地下室。有超過一千名烏克蘭人在那裡避難，三百多人在轟炸中死亡。奧克薩娜和奧列格意識到，俄羅斯軍隊會占領整座城市，但在那之前會先摧毀它。「我們只想著逃出去！」但是，要逃去哪裡？「不可能往西走，所以只好去俄羅斯。」五月十七日，奧克薩娜的父母開車載著她和她的男友奧列格沿著鄉間小路向東前往俄羅斯邊境。她的父母想留在馬里烏波爾，他們住在市郊，那裡的摧毀程度還不至於太嚴重。然而，奧克薩娜和奧列格則冒險前往俄羅斯。

同一時間，帕維爾．克里沃諾斯（Pawel Kriwonos）躲在鄰居家的地下室，幾週以後，我在距離普斯科夫要塞不遠處和他碰面，他的意志十分消沉。首先他為他的鞋子向我道歉，因為在穿越俄羅斯的旅途中遺失其中一隻鞋子，現在才會穿著兩隻不一樣的鞋。這位五十六歲的男子已經沒了護照，因此無法跨越邊境往西邊走。我們坐在一家咖啡店的角落裡，他一邊講話，眼神不斷張望著四周，確認沒有人在觀察我們，俄羅斯情報局並不樂見難民和西方國家的記者碰面。他讓我看了從前在馬里烏波爾房子的照片，破損的窗戶、被燻黑的牆壁、十四層樓高的廢墟。

三月十三日炮火開始襲擊，那天是他的生日。

第一顆炮彈擊中了十三樓，後來又一顆落在二樓，屋主因此身亡。煙霧瀰漫了整棟大樓，所有人都驚慌了起來。帕維爾住在五樓，他和太太朱莉亞倉皇地離開房子，他看見和他同年的鄰居已經喪生，嚇得他冒出一身冷汗。他和太太在零度以下的花園度過了頭一晚，早上六點之前就起床，那時轟炸又開始了。

在那段時間裡，我看著俄羅斯電視台報導關於馬里烏波爾的攻擊行動。隨俄羅斯軍隊同行的宣傳人員拍攝被燒毀的房舍並且毫不掩飾地播出。只是宣傳人員聲稱，「法西斯分子」，即烏克蘭人向烏克蘭的平民百姓射擊。我後來詢問了帕維爾，他告訴我，他們當時可以清楚看見攻擊他們房子的炮火是來自俄羅斯砲兵駐紮的舊克里木（Staryi Krym）郊區。因此，這是有計畫地砲擊平民，用遠程武器進行驅離。

接下來的幾週裡，帕維爾和朱莉亞沒有再踏入他們的房子。他們住在附近的各個地下室裡，帕維爾回想起：「我們只能住在一個狹小的房間，每天和十二個人共用兩公升的水。」漸漸地，大家都生病了，胃痛、頭痛和肚子痛。炮火趨緩時，他就和太太返回家裡；他們在戰爭前一年才把家裡裝修好，在這段期間已經被洗劫一空且破壞殆盡。他們修補了自己的汽車，一輛舊的日產汽車。他們計畫離開馬里烏波爾。等到車子能上路時，帕維爾和太太在行李箱和後座塞滿了家當。他們往西出發，前往不受炮火威脅的烏克蘭其他地區。很快地，他們就被困在檢查哨之前，無法越過前線，所以他們調頭往東前進。他們也想著去俄羅斯，那裡是馬里烏波爾淪陷之前的最後一個逃命地點。

消滅烏克蘭的意識形態

帕維爾和他的太太、奧克薩娜和她的男朋友都去了俄羅斯。這個國家的領導人宣布要摧毀他們的家鄉，上至總統下至國家宣傳機器，無一不提到這一點。如果普丁堅持，烏克蘭只能「和俄羅斯維持緊密夥伴關係才能保有主權」，可想而知，在普丁看來，少了這一層「夥伴關係」，烏克蘭就沒有生存的機會。普丁暗示性的死亡威脅經常被梅德維傑夫翻譯成白話文，他曾是俄羅斯國家安全委員會的副主席和前任總統，在戰爭期間，他從梅克爾時代的「現代化夥伴關係中的夥伴」，搖身一變成為邪惡的末日預言使者。二〇二二年七月他問道：「誰敢說，兩年後還有烏克蘭這個國家？」

俄羅斯國家媒體已經向自家國民預告一項新的政策：消滅烏克蘭。二〇二二年四月初，戰爭爆發整整五個星期後，著名學者兼政治顧問蒂莫菲・謝爾蓋采夫（Timofey Sergeytsev）發表一篇名為〈俄羅斯應該如何處理烏克蘭〉的文章。謝爾蓋采夫出身格奧爾基・施切德羅維茨基（Georgy Shchedrovitsky）的「方法論」學派，他對莫斯科的斯科爾科沃學院（Skolkovo Institute）的教育計畫影響甚遠。許多俄羅斯的優秀管理人員或高級官員都在這裡接受培訓。該學院把價值觀、人性和情感視為干擾行政效率的因素，最重要的是思想的力量，社會可以由上層控制。謝爾蓋采夫思考著俄羅斯如何能實現普丁要求的「烏克蘭去納粹化」；唯有「贏家」能接管國家，他才能「全面掌控」國家機構，因此，「有待去納粹化的烏克蘭不能擁有主權」。去納粹化的過程會持續超過一個世代，因為烏克蘭自一九九一年起已經「納粹化」了。烏克蘭這個名字將無法存續，「去納粹化」必然意味著「去烏克蘭化」，更進一步來說是「小俄羅斯」或「新俄羅斯」地區內的「去歐洲化」。烏克蘭將不能再繼續做為一個民族國家，因為「烏克蘭主義是人為的反俄思想」，不具「文明價值」。謝爾蓋采夫義正辭嚴地寫下這些話。

這個消滅烏克蘭的計畫出現在《俄羅斯新聞社》，並且在俄羅斯國內外廣為流傳。謝爾蓋采夫的言談中顯露出對烏克蘭的充分了解，他先後擔任過一位烏克蘭寡頭和親俄派的前烏克蘭總統亞努科維奇的顧問。他的想法也滲入了俄羅斯新聞廣播電台的日常節目裡。在總編輯西蒙尼揚帶領的國有RT電視台頻道上，其中一名明星主持人安東・克拉索夫斯基（Anton Krasovsky）用俄語調侃地發表了針對烏克蘭的懲罰性言論：「這個國家不能再存在，我們會竭盡全力消滅烏克蘭，我本人會親手在獨立廣場上燒掉你們的憲法。」二〇二二年十月，就在他提議把烏克蘭兒童關進小屋裡並放火焚燒時，他被暫時停職。西蒙尼揚本人則對遭俄羅斯軍焚毀的麥田和被奪取的烏克蘭糧食有感而發，她在二〇二二年六月於聖彼得堡舉行的經濟論壇上想起饑荒的可能性。說到「饑荒」，每個俄羅斯人和烏克蘭人自然立刻想起大饑荒，那個史達林在烏克蘭和鄰近地區蓄意引發的災難性饑荒，奪去數百萬人的性命。「人們畢竟還是想吃飯，」西蒙尼揚在一群期待著晚宴、西裝革履的觀眾面前說道。當場她應該會聽到一個笑話：「我們所有的希望都寄託在饑荒上。」笑點是什麼？「意思是，現在大家就要沒東西吃了，接著他們（西方國家）就會解除制裁並對我們好一點。」

隨著二〇二二年戰爭持續進行，公眾呼籲消滅烏克蘭的聲浪在俄羅斯也越來越高。二〇二二年八月初，主持人謝爾蓋・馬爾丹（Sergey Mardan）在小報電台《共青團真理報》（Komsomolskaya Pravda）的連線節目中，要求針對不願意在占領區依照俄軍指示教學的烏克蘭教師施行可能致命的懲罰。他咬著手指頭，建議把這些老師趕出家門，逮捕他們的家人，並且把他們送進「傳統的古拉格」。「他們想要古拉格，就讓他們去古拉格好好體驗，」馬爾丹對著橘色的麥克風吼叫，「所有還沒學會熱愛我們美好祖國的學生，統統都送去各地的古拉格，曝曬在草原烈日下。」

俄羅斯國內充斥這種消滅烏克蘭的幻想，眾人腦海裡滋長著大屠殺的想法，有這種想法的主持人或作家從來沒有因為他們的言論受到譴責或是監管，無論說什麼都不會被追究。摧毀烏克蘭民族、文化和國家成為俄羅斯日常宣傳的一部分，正是這些幻想和作為，烏克蘭人才被迫逃離，帕維爾和他的太太朱莉亞，奧克薩娜和她的男朋友奧列格也是如此。他們的居住的城市馬里烏波爾就是在滅絕的幻想中被焚毀，他們跨越俄羅斯邊境來到塔甘羅格（Taganrog），一個位於亞速海岸的俄羅斯港口城市，俄羅斯官員和警察直接把他們帶到「篩選營」。

被強迫驅離的人

許多烏克蘭人和俄羅斯人都從車臣戰爭時期就知道這個地方，在這裡，俄羅斯官員會審問和檢查烏克蘭的難民，他們的當務之急是從大批的難民裡「過濾」出從前的士兵或是準軍事部隊的成員。

「這個營區人滿為患，我就站在數以千計的人群裡，」奧克薩娜跟我描述現場的狀況，「我們必須等上好幾個鐘頭。」輪到她和她的男友時，「他們還問我們是否有朋友和熟人在烏克蘭軍隊中，有沒有認識來自國土防衛隊或是情報單位的人。」俄羅斯的官員特別針對他的男友奧列格。他必須脫光衣服，腰部以下被仔細檢查，連刺青也不放過，身穿制服的俄羅斯官員在烏克蘭囚犯和難民身上澈底搜尋具有納粹象徵意義的刺青，這麼做是為了支持普丁的說法，他們在烏克蘭與納粹作戰。奧列格沒有刺青，安然過關。類似的情形也發生在帕維爾身上。他被困在那裡超過一天，最後才被放行，因為他身上沒有刺青，並且可以證明自己沒有加入烏克蘭的武裝部隊作戰。在營地的出口處，奧克薩娜和奧列格、帕維爾和朱莉亞都被允許進入俄羅斯，但是必須自己承擔風險。

然而，一名在普斯科夫的俄羅斯女性協助義工告訴我，不是每個人都如此般的幸運。對難民的盤查非常嚴厲：「行李統統打開！」、「手機開機！」、「誰是史提潘安全服務？」、「一月十四日和誰碰面？」落單的婦女會被盤查數小時之久，並被詢問她的丈夫目前在哪裡；男人則被毫不留情地檢查身體，俄軍不鬆懈地搜尋人群裡的士兵。

俄羅斯義工和烏克蘭難民跟我描述的內容一致，俄羅斯政府想協助烏克蘭人：「我們給你房子和工作，就在海參崴！還有一萬盧布（相當於一百七十歐元）的安頓費用！請在這裡簽名！」這些難民通常在迫於壓力下沒有意識到，海參崴位在遙遠的太平洋彼岸，而且一萬盧布簡直少得可憐。去到那裡的人根本就回不來，那一點點盧布不足以支付回程的花費；

若是選擇留在歐陸俄羅斯也可以，地點都是在莫斯科和聖彼得堡以外的不怎麼吸引人的小城鎮。不過，也可以拒絕俄羅斯官方給的方案，可能會直接被驅趕到街上，然後難民就只能自生自滅了。

這種被寬容假象包裝的冷漠對待不是人人都能享有，烏克蘭稱有數十萬人被逼迫離開家園，米哈伊爾・博伊科（Michail Bojko）就是其中一人，他向當時在基輔做調查的《時代週報》記者安德莉亞・傑斯卡（Andrea Jeska）訴說自己的故事。米哈伊爾在切爾尼戈夫（Chernihiv）附近的村莊多林卡（Dorhinka）被擄走，他被說服開著自己的車去尋找俄羅斯士兵。接著幾天，他都在這個區域到處查探，許多烏克蘭平民也這麼做。他躲在多林卡附近的森林裡，尋找著可疑的車輛或是身穿軍服的人。

這種情況持續了兩週，接著他在三月七日看見俄羅斯軍隊的車輛。他打電話給他的連絡人，對方通知了國防部。但他萬萬沒想到，他的電話被俄羅斯軍隊定位。在回程的路上，一輛俄羅斯坦克車擋住了他的去路，士兵把他帶到臨時住所。長達一週的時間，他每天都被監聽，被要求記錄烏克蘭軍隊的位置，回報兵力情況。因為他有刺青，俄羅斯軍士兵把他當成納粹，毆打他，把他關在地洞裡兩天。「我被放出來的時候，他們告訴我要殺了我，並且要把我的屍體丟在村裡的街上，警告游擊隊他們的下場。」

經過多次訊問以後，他被帶到俄羅斯庫爾斯克（Kursk），一個距離烏克蘭邊境不遠的地方。他被關進監牢，在那裡被抽血、檢驗毛髮和指甲，還被剃光了頭。「審問就在五・四號房間進行，這個號碼我永遠也忘不了，裡面的人是情報人員和憲兵。」他們一直重複同樣的問題，當他回答不知道的時候，他們就毆打或電擊他。「牢房裡一共有二十四個人，他們每天會帶走一些人並且帶新的人進來。」房間裡的其他男人同樣是從烏克蘭被脅持至俄羅斯。對於能活著離開那裡，他不抱持希望；打電話更是不可能，他的親人認為他下落不明。他就是這麼想。

米哈伊爾能回到烏克蘭純屬巧合。俄羅斯士兵把米哈伊爾的車開進森林並焚毀，並且把過程錄影放到 Telegram 上。這段影片碰巧被米哈伊爾的太太看見，她為了尋找丈夫的下落已經點閱不下數百支的影片，最後她找出丈夫被抓的地點。當地的村民俘虜了一名俄羅斯士兵，並把他交給俄羅斯人以換取米哈伊爾。面對面、直接安排交換人質的情況時不時會上演。米哈伊爾非常幸運，這也是他能夠分享自己故事的主因。

許多被迫離開烏克蘭的人再也不能或不想多說什麼，因為他們被困在俄羅斯的某個地方。二〇二二年，大量被驅離的兒童在烏克蘭引起高度關注。二〇二二年五月，普丁簽署了一份烏克蘭人入籍的法令，目的是為了讓烏克蘭的孤兒歸化成俄羅斯人，例如雙親因為俄羅斯攻擊而喪命，或是從家裡被驅逐至俄羅斯或至被占領區的兒童們。無數的烏克蘭組織和被占領區重新融合部長伊琳娜．韋列休克（Iryna Vereshchuk）都曾報導過此事。這些孩童會被送去認養，即便他們在自由的烏克蘭還有親戚。早在二〇一四年併吞克里米亞之後，這種「竊取兒童」的手法十分盛行，就是為了盜取烏克蘭的未來；在俄羅斯併吞烏克蘭南部和東部的被占領區之後，又有數千名兒童成為俄羅斯人。俄羅斯官方駁斥種種相關的控訴。

然而，二〇二二年秋天，有關俄羅斯武裝部隊侵犯人權的報導已經比比皆是。在烏克蘭的進行實地調查後，國際人權組織、歐洲安全與合作組織和聯合國定期報告皆提到：烏克蘭公民被綁架至俄羅斯，在偵訊時遭刑求，俄軍在基輔、哈爾科夫（Kharkiv）、切爾尼戈夫和蘇梅（Sumy）附近等三十多個城鎮大規模射殺居民、屠殺大量囚犯、強暴行為、掠奪房舍、竊取居民財物、謀殺孩童和年長者；俄羅斯武裝部隊鎖定轟炸火車站、購物中心、民用機場、醫院、幼稚園和學校等。二〇二二年七月二十日，歐安組織內部的民主制度和人權辦公室在一份報告中寫道：「俄羅斯聯邦發動戰爭的方式……一貫無視軍事和人民目標的區別，漠視比例原則以及不依據國際人權公約謹慎行事的基本準則。」歐安組織謹慎判斷認為，這種情況可能「涉及戰爭罪和違反人權罪」。歐安組織（其成員包括俄羅斯）必須透過外交手段解決這些問題。俄羅斯政府反對所有的指控。然而，國際組織收集的證據早在二〇二二年夏天就明確指出，俄羅斯對平民發動戰爭，蓄意打擊士氣、恐嚇並逼迫人民逃離。

失落的青年，無紀律的軍隊

為什麼？我向俄羅斯組織「公民、軍隊、法律」裡的軍事專家謝爾蓋・克里文科（Sergei Krivenko）請教這個問題，這個組織為了躲避俄羅斯政府不得不撤往國外。克里文科在解釋

「戰爭罪」時，提到了俄羅斯軍隊的狀況，他們的行為讓他直接想起軍隊在車臣戰爭時的行動。激化犯罪行為的主要原因有四個：第一、有罪不罰的傳統。在車臣，違紀行為和針對平民的犯罪行為沒有受到起訴；第二、指揮者沒有進一步關注和追究這類情況，反而是放縱或參與其中。尤其是士官隊伍向來素質不佳，沒有人因為犯罪而被究責，沒有人願意承擔責任並確保這類案件不會再發生；第三、尤其是一般士兵根本不知道自己的行為是否有失人格。他們受到上級毫不留情的羞辱和貶低，於是，他們也用同樣的方式對待戰爭的受害者和囚犯。克里文科並不相信有針對性的搶劫和強暴的命令，應該說是因為缺乏原則和命令才無法維持紀律，畢竟，整個軍事行動都沒有明確的目標。士兵們不知道自己在烏克蘭究竟為何而戰，在國家民族戰爭裡面對的烏克蘭人究竟是兄弟、納粹分子還是敵人？這一切都沒有答案。

二〇二二年夏末，叛逃的俄羅斯士兵證實了克里文科的評估。三十三歲的傘兵帕維爾・菲拉季耶夫（Pavel Filatyev）曾在戰爭初期占領烏克蘭赫爾松市（Kherson）的俄羅斯部隊中作戰，他記錄自己的遭遇並分享在社群媒體上。根據他的回憶，入侵烏克蘭時，俄羅斯士兵的配備十分簡陋，既沒有軍靴也沒有能用的武器，軍官和士官們用粗俗的語言和無意義的命令羞辱士兵。當烏克蘭的防禦能力增強且俄羅斯節節敗退時，一些士兵開始產生「復仇的慾望」。菲拉季耶夫寫道：一些人對被俘的烏克蘭人進行酷刑並肢解他們，「砍下他們的手指和身體部位」。其他人則穿梭在赫爾松的房子裡，「搜刮電腦和所有找得到的值錢物品」。

另一名俄羅斯士兵，二十一歲的丹尼爾・弗羅爾金（Daniil Frolkin），隸屬伯力第六十四獨立近衛摩托化步兵旅，戰爭初期在基輔附近作戰。他在社群媒體上提到俄羅斯士兵對民宅的強盜行為，偷走了酒、電視、腳踏車和電子產品，隨後運往俄羅斯。因為俄羅斯軍隊沒有供應足夠的物資給小隊隊伍，士兵們就在烏克蘭人的家裡任意取用食物。遭到烏克蘭砲擊之後，俄羅斯士兵也對平民展開報復行動，特別針對村民進行掃射。

普丁親自為戰爭設定了殘酷的等級。「特殊軍事行動」一詞不僅掩蓋實情，同時也預示後續的慘況。普丁口中的戰爭目的是讓烏克蘭「去軍事化和去納粹化」，以及「將罪犯繩之以法」，這表明在烏克蘭打的不是一場普通戰役，而是一場與納粹和罪犯的最終對抗。雖然普丁喜歡稱烏克蘭人為「兄弟」，但只有當他們投降或宣稱自己是俄羅斯人時才會這樣說。他大談納粹和罪犯使得烏克蘭人民蒙羞，把他的對手妖魔化。這似乎讓俄羅斯士兵可以不惜一切代價來對抗這個末日的威脅。

克里文科說：許多和軍隊簽下有效期合約的男性都容易失去紀律。絕大多數俄羅斯士兵來自莫斯科以外遙遠的小城鎮，那裡的發展機會受限而且教育水準低落，軍隊裡的人在貧困的環境中成長。即使是那些完全仰賴一家工廠維生的破舊城市，也是俄羅斯軍隊招募突擊隊員的寶礦。當聯合企業（社會主義企業）關門時，從軍對青年來說是另一個向上流動的方式，包括獲得穩定足夠的薪水和在社會上享有國家認可的名聲。約有三分之一的青年被徵召入伍，另外三分之二的人則透過金錢買通、唸書或工作來逃避兵役。

我和烏克蘭難民碰面的普斯科夫周邊地區，當地青年從軍的例子不在少數。儘管地理位置靠近歐盟，部分地區卻是俄羅斯最窮困的地方之一。普斯托什卡（Pustoshka）是一個被俄羅斯給遺忘的最佳例子，這裡瀰漫著憂鬱的氣息。這座城市農舍林立，其中多數的房舍都沒有連接到下水道系統，只有一條主要街道穿過城鎮中心。一家肉舖、一家小型超市，幾家販賣糖果飲料的雜貨店，還有僅存的一家老舊咖啡店。年輕人在咖啡店前的街道上打發時間，因為沒錢買咖啡和啤酒。有一點收入的人會開著改裝好的拉達在街上留下剎車痕跡並以此為樂。沒有運動俱樂部、沒有餐廳、沒有酒吧，也沒有休閒公園，市政廳前唯一的小公園兩旁掛滿了蘇聯時期的紀念牌。因為從那個時候開始，這個城鎮就再也沒有任何變化，這樣的景象也不突兀。市政廳最近一次的整修是在蘇聯時期，火車站關閉，從莫斯科到拉脫維亞首都里加的火車已經停駛很長一段時間了。雖然石油和天然氣事業在普丁任內蓬勃發展，但普斯托什卡自一九九一年以來幾乎沒有新的建設。只有私人捐獻蓋的一間教堂，僅此而已。

我遇到在幼稚園擔任行政助理的阿拉．塔菲吉（Alla Tafij），要抵達這座幼稚園要先爬上一座陡峭的鐵樓梯。她說，普斯托什卡的工作機會短缺，她的先生沒有工作，全家靠她賺錢，兒子被她送到聖彼得堡去唸原子物理。她接著又說：「在這裡，男人偶爾可以到那間老木材工廠工作。」現在正在修一條新的路，「很多人帶著鐵鍬和手推車來幫忙」；薪水很低，只有四萬盧布，相當於每月六百歐元左右。因此，俄羅斯部隊猶如磁鐵般吸引了某些男性。在普斯科夫這一帶，軍隊的海報上寫著，加入烏克蘭戰爭半年就有薪水一百萬盧布，約合一萬六千歐元。塔菲吉說：一些臨時士兵從軍隊休假，帶著錢來這裡探望親戚，「他們很快就走了」，其中有些人是普斯科夫的空降部隊士兵。

普斯科夫傘兵，第七十六近衛空降師是聞名全俄羅斯的部隊。他們被派去執行菁英任務，直到傳出失敗的消息之前，他們是公認的所向披靡。在兵營前可見一張大海報和一座雄偉的紀念碑，海報裡一名傘兵站在一輛坦克車旁，標題是：「俄羅斯國土無遠弗屆」，順帶一提，這是引用普丁二〇一六年說過的話。這座紀念碑是為了紀念二〇〇〇年三月，第七十六近衛空降師的一支分隊在車臣阿爾貢峽谷遭到叛軍埋伏襲擊慘敗，數十名士兵陣亡並獲頒重達數公斤的勳章隨棺入土。這支來自普斯科夫的空降師是俄羅斯軍隊的驕傲，早在一九九五年就加入車臣戰爭和普丁下令的所有戰役，自然也沒有缺席在烏克蘭的戰事，他們在當地被指控犯下迫害人類的罪名。塔菲吉說，現在想加入這支部隊的人不多了，「前一段時間，傘兵仍是受歡迎的精銳部隊」，「今天發生戰爭，沒人想上場打仗。」戰事一拖再拖，人心浮動。許多人為了不要被派往烏克蘭，想方設法進入某個學院或是逃出俄羅斯。在烏克蘭連連失利的消息在民眾之間傳開來，俄羅斯軍隊先從基輔，接著又從哈爾科夫撤出，國家以「軍隊重組」名義事實掩蓋真相，不敗的神話早已瓦解。

俄羅斯於是採取越來越激烈的手段。二〇二二年九月軍事動員前夕，普斯科夫的報紙在八月中就已報導二十名來自流放地的囚犯被送到烏克蘭作戰。一名莫斯科人權律師也在當月告訴我，俄羅斯軍隊正在流放地大肆招募人力：殺手、強盜、綁匪都被徵召入伍。戰爭研究所（ISW）證實了這項消息並寫道：還有國家防衛兵和聯邦安全局幹員也被派往前線作戰。但是，普丁也把徵兵的對象鎖定在俄羅斯的邊陲地區：少數民族共和國，布里亞特人、印古什人、達吉斯坦人、車臣人都在烏克蘭作戰。因為許多大城市裡的俄羅斯人對軍隊避之唯恐不及，普丁只好讓不屬於俄羅斯聯邦共和國的男性上戰場，特別是在戰爭初期。同樣還有來自窮困城鎮和村莊的人，從軍在當地成了最後一條出路。這種殖民主義的做法讓人不禁想起第一次世界大戰中的西方殖民列強，像是英國政府在法國索姆河以及土耳其加里波利的物資爭奪戰裡，派出在殖民地招募的士兵上前線。布里亞特人和達吉斯坦人為了普丁對烏克蘭的殖民戰爭而喪命，在體育館和地方墓園裡舉行葬禮，獨立記者不得參與過程，一旦拍照還會被情報人員跟蹤。犧牲士兵的父母收到許多錢和勳章，以撫慰他們的喪子之痛。

九月，烏克蘭軍隊於哈爾科夫發動勢如破竹的攻勢之後，情勢出現變化。俄羅斯菁英階層中的民族主義人士憂心「特殊軍事行動被迫踩剎車」，普丁對全俄羅斯實施所謂的「局部動員令」，實際上是分階段進行動員。從那時起，許多俄羅斯年輕人都收到徵兵通知。他們必須和車臣人、達吉斯坦人、布里亞人和敘利亞的外國傭兵並肩作戰對抗烏克蘭人。

俄羅斯是多元民族的國家。到此旅行的外國人通常不會引人注意，烏克蘭人自然也不會。這也是為什麼來自馬里烏波爾的烏克蘭難民在旅途中能迅速抵達俄羅斯的原因。通過塔甘羅格的篩選營之後，奧克薩娜和奧列格搭火車繼續前進，他們隨身帶著護照，在各地都能出示買車票。在俄羅斯南邊的頓河畔羅斯托夫，他們買了前往莫斯科的車票，接著在莫斯科轉換車站，搭夜車往普斯科夫。透過 Telegram，他們找到了在火車站迎接他們的救援團體。

帕維爾夫婦的進展就沒有這麼順利了。在俄羅斯邊境時，他拚命尋找他的護照；他太太朱莉亞的證件還在，他的則落在已被燒毀的房子裡。然而，俄羅斯官員並沒有拒絕他，反而給了他一張臨時的旅行證明讓他可以入境。「歡迎光臨！」通過篩選營之後，帕維爾和朱莉亞繼續開車前進，帕維爾說：「我們多半在便宜的旅館過夜，很多旅館不收留烏克蘭難民，我們也曾被迫在森林裡過夜。」他們開著那台老舊的日產汽車行經沃羅涅日（Voronezh）和庫爾斯克，往西前進。來到白俄羅斯邊境，他們被拒絕入境；接著他們又試著進入拉脫維亞，再次不得其門而入，因為帕維爾沒有護照。絕望的心情油然而生，直到他透過 Telegram 找到普斯科夫的救援團體。他們被安頓在普斯科夫的一間房間裡，兩人在此決定要分頭行動：有護照的朱莉亞開車通過邊境前往愛沙尼亞，然後再到拉脫維亞，帕維爾則觀望情勢。離別讓他心碎不已。

俄羅斯的救援組織對烏克蘭難民來說十分重要，它們多半是私人發起或是由教會籌畫。普斯科夫的一名義工告訴我，一定要加入 Telegram 的群組。抵達普斯科夫後，難民會被接駁至俄羅斯老城後院的一棟建築。在一座基督教的教堂內，義工們一開始會講解後續的旅程。除了供應食物，難民可以搭車去換錢，還會分到留宿的房間，需要錢的人也能得到一點資助。義工們為他們接聽電話，細心地為他們西行的長途旅行做準備。奧克薩娜和奧列格很興奮，隔天一早他們就要前往拉脫維亞邊境，開車一個多小時的車程就能抵達。

絕非法西斯主義戰爭

朝烏克蘭城市開槍的是俄羅斯士兵，幫助烏克蘭難民的是俄羅斯居民；烏克蘭人在自己國家的街上中彈，卻在俄羅斯暢行無阻地旅行。一邊破壞又一邊保護似乎相互矛盾，這真的是歷史學家史奈德筆下的法西斯主義嗎？在我眼中它們迥然不同。俄羅斯入侵者並沒有像德國在第二次世界大戰時一樣，經營工業化組織的集中營；東歐猶太人不可能逃離德國恐怖統治下的政府，還能搭上火車穿越德國一路逃往英國；包括波蘭人、白俄羅斯人、烏克蘭人和俄羅斯人，在當時也無法經由德國逃脫被德軍占領的苦難深淵。

俄羅斯的戰爭並不是針對「種族」上或作為「次等人」的烏克蘭人，與德國的國家社會主義者不同，今天在烏克蘭的俄羅斯人並不是要追查異族，找出他們的下落並消滅他們；相反的，他們開槍，儘管看似矛盾，是為了確保烏克蘭人認同他們與俄羅斯人一樣，是同族的兄弟姐妹。歸化並加入俄羅斯的頓巴斯居民十分受到歡迎，這不會讓人聯想到納粹統治時期的猶太人和東歐人。烏克蘭人只有在堅持自己和俄羅斯人不同，不承認假定的種族相近或同源，才會受到傷害和死亡的威脅。普丁言談中的烏克蘭人和俄羅斯人是統一和不可分割的民族，高談闊論「我們兄弟」和「基輔是共同的搖籃」都是有毒的雞尾酒。因為，獨立民族的烏克蘭人比敵人更不如：他們是背叛者！俄羅斯對不想成為兄弟，卻有勇氣捍衛自己的烏克蘭人發動戰爭。所以，烏克蘭不該存在。

因此，不能訴諸西歐式的法西斯主義來解讀俄羅斯出兵烏克蘭的行動。實際上，戰爭的殘酷既是俄羅斯，也是蘇聯的傳統。十六世紀時，有「恐怖伊凡」之稱的伊凡四世下令屠殺貿易城市諾夫哥羅德有自我意識的居民，因為他們想要「與眾不同」，想成為諾夫哥羅德人；他懷疑他們無條件的忠誠，這已經涉及到要被同化或被消滅的選擇問題。十八、十九世紀時，俄羅斯軍隊在一場無情的戰爭中占領了高加索地區。不想成為俄羅斯人的切爾克斯人在長達一百年的滅絕行動中遭驅逐、斷絕糧食和殺害。今日，在土耳其和世界其他地區的切爾克斯人還記得祖先遭遇種族清洗，其中高達百分之九十七的切爾克斯人不得不離開他們生存的地方或死亡。對俄羅斯民族愛國主義史學家來說，這只是往鄂圖曼帝國的「遷移」。十九世紀時，車臣和高加索其他地區也以類似的手段被占領：搶劫、強暴、驅逐、奴役、酷刑並燒毀村莊。

俄羅斯的殖民戰爭在蘇聯的統治下以新的形式持續進行。針對非蘇俄領地的征服和控制經常演變成對平民無情的開戰。烏克蘭大饑荒就是一個例子：由於蘇聯暴力沒收糧食，摧毀烏克蘭農莊，禁止人民從饑荒地區離開，同時在史達林統治下有計畫性地鎮壓烏克蘭文化，造成數百萬人挨餓。二〇二二年秋天，德國聯邦議會承認烏克蘭大饑荒是種族滅絕。哈薩克和俄羅斯南方地區也有類似的遭遇。一九四四年，史達林將車臣民族驅逐至中亞，命運相同的還有克里米亞韃靼人、希臘人、亞美尼亞人、伏爾加德意志人、卡爾梅克人和巴爾卡爾人。一九四〇年起，史達林以凶殘的手段征服波羅的海國家，並把大量的人民送往勞改營。

近代由普丁發動的車臣戰爭承襲了蘇聯和俄羅斯對鄰國人民發動殖民戰爭的黑暗傳統。二〇二二年發生在布查和伊爾平的暴行、伊久姆的萬人塚，讓人再次想起普丁自一九九九年起發動的第一場戰爭。當時，俄羅斯人說是「無上限」（Bespredel）。這個字最初是指一九九一年從蘇聯過渡到俄羅斯聯邦的時刻，國家結構的瓦解和法制的失靈，但它同時也是描述高加索地區戰爭性質的一種術語。俄羅斯士兵在毫無準備之下上戰場，碰上頑強的抵抗，軍隊隨後對平民發動了無情的戰爭，村莊被夷為平地，居民被驅逐。俄羅斯武裝部隊包圍並轟炸格羅茲尼，直到一間房屋和清真寺都沒有。

因此，俄羅斯並不是向法西斯看齊，而是追隨自家殖民歷史的腳步。只不過，俄羅斯和西歐列強不同，這個占領者沒有殖民遙遠的國家，而是隔壁的鄰國。一九八〇年代末期，在歷史檔案被公開、過去被重新審視的三十多年後，這個國家似乎仍無法跳脫過往的歷史發展足跡。普丁拒絕任何與俄羅斯和蘇聯歷史相關的批評討論，在戈巴契夫和葉爾欽推動之下，充滿希望地展開正視俄羅斯和蘇聯的黑暗歷史，這一切卻在普丁手上停滯不前，完全符合一九九一年的政變者精神，因為他們不喜歡這一切。如今，蘇俄帝國的遺毒和主政者對它的頌揚不僅威脅著鄰國，也危害了殘餘帝國本身。俄羅斯政府沒有自我批判、哀悼和自我修正的能力，在多數民眾的支持下踏上消滅鄰國的道路，還自以為是全然有理的一方。

這是烏克蘭外交部長口中的種族滅絕嗎？拉烏爾瓦倫堡人權中心（Raoul Wallenberg Centre for Human Rights）和新路線戰略暨政策研究院（New Lines Institute for Strategy &

Policy）的研究指出，烏俄戰爭的核心特點具有種族滅絕的意圖。漢堡教授奧托・盧赫特漢特（Otto Luchterhandt）是東方法學專家，他研究俄羅斯占領馬里烏波爾的過程並得出結論，俄羅斯的襲擊「在客觀和主觀事實上都符合種族滅絕」。他指出，蘇聯也早已加入一九四八年十二月的「聯合國防止及懲治滅絕種族罪公約」，此公約保障國家、民族、種族或宗教團體的完整性不受破壞。盧赫特漢特教授表示：馬里烏波爾的居民就屬其中之一，公約所討論的正是這樣的團體。因此，盧赫特漢特教授把毀滅馬里烏波爾視為種族滅絕。俄羅斯政府不承認這些指控並暗指是烏克蘭先發動攻擊，反倒是普丁一有機會就控訴烏克蘭進行種族清洗，他並沒有為這些說法提供任何確切的證據。

許多機構收集俄羅斯犯下戰爭罪的證據，烏克蘭檢察官、德國律師、記者和研究團隊、位於荷蘭海牙的國際刑事法院、烏克蘭共同調查小組、波羅的海國家、波蘭和國際刑事法院檢察官以及聯合國機構都記錄了犯罪的事實。他們也正在調查烏克蘭士兵可能違反國際法的證據，之所以這麼說，是因為俄羅斯外交官對他們的單方面指控。本書是在許多犯罪事件發生且調查正在進行時撰寫的。俄羅斯在全面空戰中故意摧毀供水站、變電站、發電廠和供應管線，癱瘓烏克蘭城市的策略，也被視為企圖種族滅絕並遭審查。在針對一九九五年塞爾維亞入侵雪布尼查（Srebrenica）的判決中，國際調查組織和國際法庭的判決決議將其定義為種族滅絕。未來對烏克蘭境內的戰爭罪行評估也將仰賴這些單位的調查。

馬里烏波爾的難民們從城市裡的碎石瓦礫中存活下來。我和奧克薩娜和奧列格見面幾天後，他們從里加搭程渡輪前往德國北邊的特拉沃明德（Travemünde），並打算在那裡重啟生活。帕維爾很幸運，一位鄰居在房子廢墟裡找到帕維爾遺失的護照，他和一名值得信賴的逃難者穿越俄羅斯，將文件送到普斯科夫，而且還成功了。有了護照，俄羅斯的義工就能將帕維爾載往邊境。在愛沙尼亞的護照查驗關口，會說俄語的義工迎接他，他們也是救援團隊的一分子。對於突如其來的幸運，帕維爾還來不及回過神就離開了讓他既痛苦又感動的國家。最後他在拉脫維亞和妻子朱莉亞重逢。

直到二〇二二年二月，原本居住在馬里烏波爾的五十萬人口僅剩下五分之一。

12 普丁星球：與世隔絕的俄羅斯

那彷彿是一個虛幻世界的夏天。二〇二二年莫斯科某個溫暖的星期天，我看見有人在跳舞。他們在莫斯科河畔轉圈，一個小型的樂團演奏著熱門歌曲，成雙成對的舞者在高爾基公園的木地板上旋轉，四周不少群眾圍觀。一名身穿粉色球鞋的十歲小女孩舔著冰淇淋，她的母親喝著卡布奇諾，父親把弟弟扛在肩膀上。孩子們在定時湧出的噴泉裡穿梭跳躍，長椅引人暫留，咖啡廳和餐廳向人們招手。身穿洋裝的年輕女孩們坐在河岸邊，望著遊船開懷大笑。女孩們身後的紅色道路上，在落日餘暉中，穿著T恤的人群騎腳踏車、踩著懸浮滑板、溜滑板和騎著電動滑板車。從刺眼的金黃到深紅的絢麗色彩，讓人看不透的城市在餘光中隱約閃爍著。這裡是遭西方制裁的莫斯科高爾基公園，在二〇二二年夏末，烏俄還在交戰的某日。

我眺望莫斯科河的彼岸：俄羅斯國防部辦公室。在宏偉的史達林大樓裡，曾下達在大火中將烏克蘭城市利西昌斯克（Lysychansk）夷為平地的命令，始作俑者正好就在距離跳舞群眾不到兩百公尺的對岸建築裡工作。河這一端的廣場上佇立了四架坦克車，市政府在這裡展示二戰時的 T-34 坦克，目的不是用來射擊而是供人攀爬，孩子們在老舊的鋼鐵怪物上爬上爬下。就在剛剛，一艘新的遊船才剛駛離，乘客手拿著俄羅斯香檳倚靠在欄杆上，船上的廣播諷刺地傳來美國歌手葛洛莉雅．蓋諾（Gloria Gaynor）的《我會活下去》（*I will survive*）。

每回造訪此地時，這些印象都令我感觸良多。我從高爾基公園出發，沿著莫斯科河騎車，從我住的地方到這裡只要五分鐘。我從公園騎車回家時，在家門前遇到一位女鄰居跟我打招呼，這個夏日的傍晚我的情緒或許有些激動。「嗨，米歇爾，你好嗎？」她剛剛看了國家電視台俄羅斯一的新聞，興奮地跟我描述內容。「現在那些納粹要被清除了，真是太好了。」她邊說邊用力地點頭。在這一類的談話裡，我一般都會仔細聆聽，讓對方暢所欲言，但是，我今天不想當聆聽者，我想反駁。

「你從哪裡得知這些人是納粹？」我問她。

「他們大規模屠殺俄羅斯人長達七年。」

「這些全都是捏造的，烏克蘭總統自己就是猶太人，他的幾位祖先死於真正的種族滅絕，在大屠殺裡喪命。」

她駁斥說：「反正他們就是納粹！我來自南俄，非常清楚烏克蘭邊境的另一邊有什麼樣的盜匪，攻擊、搶劫、詐欺、謀殺，樣樣都來！」

「難道這不是警察該介入的事，怎麼會是軍隊？」

「欸，所以才說這是一個有條件的特殊軍事行動！如果西方國家不要助長這些『納粹』

的威勢，戰爭就不會拖太久。幕後主使者就是拜登這個邪惡的老傢伙！」

「呃，好像是俄羅斯對烏克蘭發動戰爭，不是美國人哦，他們早就發出戰爭警告了。二〇二一年冬天沒有人相信他們說的，連烏克蘭人也不信。」

「這個拜登一定要小心，不要讓核彈打中他。」

「這樣的話，莫斯科可能也要吃下一顆核彈了。」說完，我立刻咬住舌頭。

我們沉默了一下子。「這就是命運了。普丁總是說，如果有一天俄羅斯消失了，這個世界也會跟著消失，他這麼說不對嗎？」

我筋疲力盡地祝福她有個美好的夜晚，然後走進房子裡讓自己冷靜下來。高爾基公園和煩躁的鄰居，在一個小時內經歷莫斯科兩樣情，實在讓我吃不消。不過，這就是二〇二二年夏天的莫斯科：平靜的外表下冷不防迸出凶猛的攻擊。

這種矛盾很難解釋。俄羅斯對烏克蘭的戰爭也讓自己吃到苦頭，普丁進入了自艾自憐、憂鬱和病態攻擊的新階段，這些卻被隱藏在被粉飾太平的正常生活之後。普丁和國家宣傳機器一邊努力拉攏人們支持政府，一邊安撫他們。在電視節目裡，政府呈現出俄羅斯在烏克蘭與西方世界進行英勇生存之戰的畫面；然而，在俄羅斯的日常生活中，官方假裝這個國家處在一個穩固和平的夢幻時期。他們就是用這種方式阻隔俄羅斯與現實世界，同時換取民眾對暴力特殊軍事行動的支持。普丁致力打造一個密不透風、封閉的「資訊空間」，他幾乎與所有歐洲國家都產生了歷史性的決裂。飛往俄羅斯的歐洲航班中斷，僅存少數的邊境路線仍然開放，這個國家變得越來越孤立。

接下來，我想要呈現二〇二二年二月到八月，也就是直到九月發布大規模動員之前，普丁星球上的矛盾生活，包括我的鄰居、朋友和認識的人的想法、諸多矛盾的地方、民眾的恐懼、掌權者如何恐嚇他們、人民如何相互告發、為什麼他們沉溺於和平的假象和表面的西化而不願正視事實，還有，眼看要輸掉戰爭時，普丁如何粉碎這種幻想。

星球上的日常

離開俄羅斯的人越來越少，進入俄羅斯的人亦然。西方遊客望之卻步，商人、民間團體、藝術家等外國人士相繼離開；其他人則被驅逐出境，尤其是外交官和西方媒體的駐外記者。《德國之聲》甚至被宣布為外國代理人，不得不關閉在莫斯科的辦公室；許多英國的通訊特派員和美國的記者再也無法回到這座城市。我一直活在不確定當中，不知道還能在俄羅斯待多久，總覺得自己被監視了。新核發的記者簽證效期由一年改為三個月，外國人必須固定接受肺結核、愛滋病和痲瘋病的健康檢查。向素未謀面的俄羅斯人提出採訪要求，經常得不到回音，莫斯科人不再願意和西方外國人交談。

乍看之下，普丁星球一如往既往，幾乎就和併吞克里米亞之前的俄羅斯一樣。行駛在街上的絕大多數是外國品牌的汽車，尤其是德國汽車；莫斯科人湧入購物中心，聚集在市中心的咖啡店。和一些美國報紙的報導相反，民生用品商店裡庫存充足，商品來自俄羅斯其他地區、土耳其、高加索和中亞。莫斯科市政府在街道、歷史悠久的燈座和人行道上投入了大量的預算，讓一切看起來熠熠生輝。不過，想要鞏固民心，最重要的還是盧布對上歐元和美元的匯率強勢上漲。戰爭爆發後，俄羅斯政府立即讓盧布退出世界市場，現在他們可以肆無忌憚地操控無法兌換的貨幣而不受懲罰，也不需承擔後果。因此，中央銀行從源頭直接干預，設定了盧布兌美元的強勢匯率，普丁想藉此向人民發出信號：「我們贏了！」而且，「你們不必縮緊開支，國家也能發動大規模的戰爭，就和美國一樣！」

在戰爭開始的前幾週，我和幾個莫斯科老朋友相約，在熱切的問候之後，我小心翼翼地聽著他們對戰爭的看法。俄語裡有一系列委婉用詞來形容這場戰爭，可以翻譯為「事件」、「事故」和「事情」，「特殊軍事行動」也是其中之一。我很快就同意幾乎所有朋友的觀點，「戰爭」、「攻擊」和「襲擊」更適合用來形容這件事。不過，我無法與一位在原物料公司上班，並且不願意自己姓名曝光的熟人直接討論這件事。我們在基督救世主主教座堂附近一家精巧的咖啡店碰面，我問他過得如何，我們聊了很久關於生活上的事情。就在我們開始談論「事件」時，他馬上進入防備狀態，他不明白，為什麼今日烏克蘭境內龐大的納粹勢力流竄，為什麼西方國家會支持他們。我問他，納粹在哪裡。在政府部門裡，還有以法西斯標誌為裝飾的亞速軍團裡。我反駁他，政府裡面沒有納粹分子，亞速軍團自從併入烏克蘭內政部就和右翼極端分子劃清界線了。我問了他一個問題：「為什麼俄羅斯士兵會出現在一個不具威脅，人民也不歡迎他們的獨立國家？」這個問題在俄羅斯沒有真正的答案，只有各式各樣的藉口。現在我從這位熟人那裡聽到了：因為烏克蘭被納粹占領了，西方國家向納粹運送武器，烏克蘭屠殺種族，許多孩童因而喪命，烏克蘭想要重新生產核彈，在烏克蘭的美國人擬訂了「反俄羅斯計畫」。我從他那裡得知了俄羅斯新聞節目的所有報導，真讓人痛心。我的朋友經常到訪德國，他會說兩種語言也受過很好的教育。我問他真的相信這一切嗎？他說：「新聞都這麼報導。」好吧，我可以告訴他幾個頻道，和上面陳述事情的方式完全不同，而且是我在 Telegram 閱讀和收聽的俄羅斯記者報導，他們會報導真實發生的事，而不是由克里姆林宮來決定文字內容。他只要下載一個代理伺服器就可以用手機閱讀和收聽。他抗拒地揮了揮手，他說他全都知道。這些人都逃往里加、維爾紐斯和提比里斯，現在應該在策動反俄羅斯的宣傳，他們就跟烏克蘭人一樣是「民族叛徒」。我沉默不語。這個字是殘酷之人的攻擊武器，可追溯至史達林時代，在極權獨裁時代被用來指稱所有與政權路線不一致的人，比起當「反抗者」或「敵人」，民族叛徒要嚴重且可怕得多。這些人是俄羅斯人、兄弟或親人，卻投奔另一方，「背叛者」比「敵人」更糟糕。我轉移話題，問他夏天計畫去哪裡度假，他說：「克里米亞。」我說：「還有呢？」接著我們又一如既往爭論誰要付賬，然後互相道別。我們還會再見面的。

二〇二二年八月，德國總理蕭茲曾說：「這是普丁個人的戰爭，不是俄羅斯人的戰爭。」他的本意可能是為了緩和局勢並增進國際的理解，然而他錯了。因為，俄羅斯人也支持這場戰爭，就像我那位在原物料公司工作的朋友。如果二〇二二年夏季的官方民意調查可信的話，支持普丁在烏克蘭軍事活動的人甚至高達百分之八十左右；根據非官方的統計，絕大多數的俄羅斯人都贊成。

叛國賊與殭屍

一開始提到的虛幻世界的夏天就是這麼來的。俄羅斯在二〇二二年歷經了四個接受戰爭的階段。在攻打烏克蘭的最初幾天，民眾一片嘩然，沒有人預料到這場戰爭會發生。二〇二二年二月初，幾乎和我交談過的每一個俄羅斯人都說，普丁不至於這麼做。經過第一階段的衝擊之後，莫斯科和幾個大城市裡的居民冒著生命危險走上街頭，這是短暫的第二階段；他們三五成群地抗議，高喊「向戰爭說不」，並且舉起反戰的標語。第三階段則被蔓延的恐懼麻痺感所占據，並迎來了長期鎮壓。絕大多數的俄羅斯人漸漸適應國際制裁、電視上戰爭的炮火聲，以及居家和街上日常生活的新樣貌。一直到九月動員令發布，一切才變得不同。

許多人抗拒戰爭，認為是遙遠次要的小事。出兵烏克蘭變成電視裡的話題，大家不再需要像二〇〇三年美國人看待伊拉克戰爭那樣全神貫注。當導彈擊中烏克蘭的市中心時，俄羅斯看起來安全無虞且毫髮無傷，至少直到二〇二二年八月克里米亞發生爆炸摧毀了飛機、彈藥和武器之前都安然無恙。烏克蘭政府嘲笑說大概是有人在錯的地方抽菸。然而，歡呼和抗拒是兩樣情，這就是二〇一四年占領克里米亞和二〇二二年襲擊烏克蘭之間的最大差異。研究民意的非政府組織列瓦達中心主任古德科夫於二〇二二年七月表示：「入侵烏克蘭並沒有激發俄羅斯人的愛國情操。」雖然有百分之五十一的受訪者對於俄羅斯軍隊進攻烏克蘭感到「驕傲」，卻也有高達百分之四十七的人感到「不安」，因為許多人民和士兵因此死亡，也造成破壞和帶來苦難。古德科夫也留意到，支持「特殊軍事行動」的人占多數。然而，和二〇一四年併吞克里米亞相比，這件事要複雜得多。當時舉國歡騰，二〇二二年卻籠罩著恐懼；當時俄羅斯軍隊以「小綠人」[21]名號進攻，二〇二二年，數千名俄羅斯士兵死於消耗戰。當時民眾慶祝「神聖克里米亞回歸」，二〇二二年，俄羅斯士兵至少在占領烏克蘭城市過程中經歷了戰爭的種種苦澀，雖然大部分的城市對俄羅斯人來說意義不大。

在莫斯科和聖彼得堡陽台、汽車或房子，都不見國旗或是Z和V的軍事行動代號。已賣出百萬件的軍隊T恤也主要出現在偏僻的村落，而不是大城市裡。雖然國家宣傳機器每日在國家電視台向人民喊話，俄羅斯現在為了生存奮戰，但沒有預備行動的跡象。每個人都躲回自己的小天地，各種形式的公共討論也漸漸地消聲匿跡了。全民沉默的時代來臨，這導致兩種後果，而且始料未及。不只是「向戰爭說不」的小張抗議標語和示威活動消失了，連在莫斯科揮舞旗幟咆哮的支持行動都被認為丟臉。對許多大城市的居民而言，與其說是心有所感才支持烏克蘭戰爭，倒不如說是被逼迫。就連在原物料公司上班的朋友都要求我不要提起他的名字。他覺得一貫相同的模式和要他支持「這場行動」多少都有些尷尬。請不要公開！

在春天和我相談甚久的一位俄羅斯人也提出同樣的請求。他的職業是錄音工程師，在海外生活多年。當我們談到「事件」時，他展現出和前面那位朋友全然相反的態度。他對我說：「我十分擔心我們成為神經病的人質。」普丁心思複雜，個子矮小還有拿破崙情結。克里姆林宮裡的人有著「巨大的自卑感」，現在將成為這個國家的問題。「他們欺騙了所有人。」

錄音工程師不認同原物料公司朋友的說詞。他說：「我們是侵略國，我們攻擊了鄰國。」烏克蘭是一個獨立的國家，它能決定自己的走向，也可以加入任一個自己選擇的聯盟。這位錄音工程師對俄羅斯菁英阻止烏克蘭加入北約的「偏執」完全不以為然。這場戰爭是「違反人道的罪行」，打這場仗既沒有理由也沒有依據。烏克蘭人被無情地襲擊，他們的城市現在遭到飛彈和大砲的攻擊，他為此感到丟臉。「身為俄羅斯人怎麼有臉到世界各地去；我也可以理解，西方世界會歧視俄羅斯人。」

這位錄音工程師在他的電腦和手機上安裝了代理伺服器，他不看國家電視台，而是關注他信任的某些記者和專家，BBC電視台、FB、YouTube和Telegram是他主要的媒體來源，讓他可以突破俄羅斯政府幻想出來的「封閉的資訊空間」。他知道自己因此變成稀有動物：「我在公車上聽著別人的對話，他們都變成了殭屍。」他指的是那些支持代號Z軍事行動的人，並相信國家廣播電台傳遞給他們的資訊，例如：在原物料公司上班的朋友。錄音工程師對我

21. 二〇一四年俄羅斯入侵克里米亞所派出的祕密武裝人員，身著綠色制服並配備先進武器。

說：「他們的意識已經完全被國家宣傳機器給毒害了，他們應該一個月不看電視，這樣就能用不同的眼光看待這個世界。」他認為，俄羅斯實際上已經輸掉這場仗。但是掌權者之後就會對所有反對戰爭的人展開報復，「我擔心，俄羅斯總有一天會爆發內戰，這個國家匯集了太多有害的想法。」

無論是原物料公司朋友還是錄音工程師，他們都不是訓練有素的政治分析家，也不是普丁的專門代言人，他們是典型的俄羅斯中產階級，而且彼此之間壁壘分明。原物料公司朋友把錄音工程師這一類的人當成是「叛國賊」，另一邊則是把對方看做「殭屍」。俄羅斯表面的平靜也與他們雙方沒有公開碰面、交談或爭辯有關。他們不願意被點名，只想隱身過日，遠離公眾社會，任憑宣傳機器暢所欲言。這一切都是刻意為之的，這也是為什麼俄羅斯政府不光是禁止反戰的示威活動，連同取消所有非國家主辦的集會遊行，任何人民自發性的活動都不受歡迎，大家都知道：這個政體已經走向獨裁，沒有給人民選擇的餘地。十年來，介於選舉專制和獨裁之間的折衷政治混合時期終將結束，俄羅斯需要俄羅斯人的表態。這場特殊軍事行動吞噬了人民。

告發與被告

二〇二二年六月，我見到了擔任多年卡內基莫斯科智庫主任的德米特里·特雷寧（Dmitri

Trenin），他時常在公開場合發表談話。我們自一九九〇年代起就是熟識，我一直很欣賞他精闢的分析和全球觀點，作為一名前蘇聯軍官，他從未忽視俄羅斯的利益。尤其是二〇一四年俄羅斯併吞克里米亞之後，他秉持著相當強硬的愛國觀點，但不久之後他又恢復冷靜看待俄羅斯政治。然而，二〇二二年六月，獨立自主的時代結束了。司法部下令關閉莫斯科卡內基中心，它是一連串遭關閉的非政府組織及智庫之一。莫斯科不再需要獨立思考，對特雷寧來說，他畢生的志業也畫下了句點。

在中心被迫搬遷的前幾天，我們坐在他的辦公室，地點就在被宏偉外交部遮蔽的兩層樓歷史建築裡。特雷寧對我說：「重大決定的時刻來臨了。」他也必須決定自己的立場：支持或反對俄羅斯。如果中心的同仁要離開這個國家，他也能百分之百理解。「我選擇了俄羅斯，」他說自己曾是一名軍官，「在這種情況下，我不會用隻字片語傷害俄羅斯軍隊。」他希望透過這次軍事行動能為俄羅斯帶來一定程度的自我淨化。這個國家因菁英貪污和中飽私囊深受其害，現在許多人都不得不奮戰，這關係到人民的生活，也涉及到俄羅斯做為一個大國的存續，富裕的日子結束了。特雷寧看著我說道：「我在這裡有我的生活，我的房子，我的達恰。」他說不想像流亡者一樣，在沒有人迎接他的國外生活。「這裡需要我。」

特雷寧留下來了，比他更年輕的同事們去了西方國家，繼續在那裡工作。他們認為已經無法在俄羅斯繼續寫下去了，因為隨著每個提到「戰爭」的人被監控和不斷遭到起訴，自由獨立的工作已遙不可及。每當我和其他熟識的政治和歷史學家見面時，我就有這種感覺，我一直很看重他們的觀點。

我不能引述任何人的話。一位莫斯科的政治學者告訴我，她在許多同事之間觀察到自我監督和利己的心理。她聳聳肩膀說：「科學家不是革命者。」雖然絕大多數的人應該都反對戰爭：教師們把自己關進象牙塔，避開敏感話題，寫一些無關痛癢的議題；他們跟學生介紹幾種理論或是方法供他們選擇，並且讓他們自己決定；他們避免與西方的大學有聯繫，也不再前往該地。「我目前也只教書，放棄出書了。」二〇二二年起，一股強迫一體化的浪潮襲捲了俄羅斯的大學和研究所。面臨被解聘和被威嚇之下，教學內容從知識轉向愛國主義。和許多教授一樣，她也擔心自己某一天會被告發，這種恐懼瀰漫在各級學校裡。二〇二二年夏天，告密成為新興的全民運動。在眾多的新聞裡，有一類不重要卻讓人瞠目結舌的小道消息開始出現在當地媒體上：

- 朋札（Penza）的英語老師伊琳娜．根（Irina Gen）因為對烏克蘭的軍事行動發表批評性言論而被學生舉發。她在訴訟中恐怕要面臨巨額罰款或最高十年的監禁。
- 科沙可夫（Korsakov）的英語老師瑪麗娜．杜布羅瓦（Marina Dubrowa）在放學之後和一小群學生談論特殊軍事行動。一名學生用手機錄下她的看法並且轉交給警察，她被判處三萬盧布（折合五百歐元）的罰金，如果再犯可能會被送進監牢。
- 一名住在莫斯科的女士告發她的先生，因為他私下告訴太太，自己計畫前往烏克蘭並支援當地的反叛勢力。她打電話給警察，結果先生在自家公寓被逮捕。

- 莫斯科一位母親向國家安全局供出自己二十六歲的兒子，因為據說他想逃避兵役。他做生意失敗了，便以此為無法從軍的理由。俄羅斯軍隊對此一無所知，是這位母親向內政部報告兒子破產之事。
- 莫斯科西邊高爾基十號地區一位先生告發他的妻子，因為她批評俄羅斯政府，而且影響了他們的孩子，警方為此展開調查。

任何人若是落入俄羅斯檢察官手中，都需要一名好的辯護律師。在第九章曾提過的記者艾斯蒙特接受律師培訓，因為她可以更妥善地保護被迫害的人。一直以來，她都是勇敢的人權捍衛者，她沒有隱姓埋名，而是公開對抗政府的違法行為，這些從俄羅斯的法律中就能得到證明。二〇二一年十二月，她替人權協會「紀念」辯護，反抗政府對該單位的清算。她擔任國會議員葉連娜・魯薩科娃（Yelena Rusakova）的律師。魯薩科娃在四月被控違反審查法，庭審過程開放西方國家記者旁聽。

魯薩科娃屬於自由派的俄羅斯統一民主黨，她是莫斯科加加林斯基地區的議會議長。該黨無法參加全國杜馬選舉，但仍可在地方議會層級運作，直到它們被撤銷。魯薩科娃被控告的罪名是什麼？三月一日，戰爭爆發的幾天後，地方議會在她的領導下向政府提出要求。在內容中，議會稱特殊軍事行動為「俄羅斯的災難」並且呼籲進行和平談判，然而，在俄羅斯不容許提出和平訴求。根據新的審查法，散播與武裝部隊相關的「不實新聞」違法，魯薩科娃因而遭到審判，她被判處相當於二千五百歐元的罰款。艾斯蒙特在上訴時替她辯護。檢察官在一間小的法庭裡宣讀起訴書，指控自由派政治家魯薩科娃違反打擊極端主義的法律。艾斯蒙特逐條駁斥了這項指控，她當事人的案件裡並不存在「極端主義」，她呼籲和平。「這是極端主義嗎？」此外，她根本沒因為涉及極端主義而被判有罪。於是，檢察官開始緊張地翻閱卷宗。艾斯蒙特接著說：「不是，」魯薩科娃是因違反審查法被判刑，然後她點出：「這樣一來，執法人員就違法了。」議會在三月一日提出訴求，但審查法是在三月四日才生效，訴求內容甚至沒有提到武裝部隊，因此，魯薩科娃根本不可能違反審查法。引述艾斯蒙特的說法，「根本沒有非法行為。」在世界上的每一個正規法庭上，如果調查過程如此草率，魯薩科娃會立即被宣告無罪，在俄羅斯卻另當別論。答辯結束後，法官休庭討論不到十分鐘，然後帶著一疊顯然早就準備好的檔案回到法庭。她宣讀裡面的內容：「魯薩科娃犯下歧視俄羅斯武裝部隊的非法行為。」

從審判中能學到一件事：如果當權者說一個人有罪，那就是有罪，再怎麼上訴也無法拯救被告。俄羅斯的司法受害者曾經可以再提起上訴，最後還能向歐洲理事會申訴，現在已經不可能了。二〇二二年三月起，俄羅斯已不再是歐洲理事會成員並拒絕執行國際協議。普丁星球脫離地球上任何司法管轄範圍。

隨著戰爭的拖延，極端的統治政權日益鞏固。二〇二二年夏天，針對政治人物、人權倡議者和記者的審判倍增。在兩個開庭日期之間，我在俄羅斯西北部城市普斯科夫會見了受人尊敬的俄羅斯統一民主黨政治人物兼人權倡議者列夫．史羅斯伯格（Lev Schlosberg），他也不免俗遇上了「歧視武裝部隊」的官司。他擅自在 YouTube 評論二〇二二年三月俄羅斯在布查的侵略行動，他既沒有說是「犯罪」，也沒有將這些行動歸咎於俄羅斯軍隊，他只說：「這改變了世界上許多事情。」這樣就已經越界了。在俄羅斯，國防部和底下的宣傳管道壟斷對布查行動的任何評論，調查人員問他：「你為什麼要談論布查？」他回答：「因為全世界都在討論這件事。」這句話也被用來對付他。他問我：「你知道俄羅斯的問題是什麼嗎？我們的法律和判決完全是兩回事。」他所屬的俄羅斯統一民主黨是俄羅斯唯一一個反戰的政黨，但是，俄羅斯統一民主黨無權為戰爭發聲。「我們仍然可以做為一個政黨，但我們的立場被禁止。」

俄羅斯聯邦偵查委員會針對和史羅斯伯格一樣的反對派政治人物，以及葉卡捷琳堡前市長葉夫根尼．羅伊茲曼（Yevgeny Roizman）提起訴訟，他被指控違反審查法。由於審判變得越來越不嚴謹，許多俄羅斯人心生恐懼，之前提到的莫斯科女性政治人物決定暫時不再談論特殊軍事行動，她也申請了申根簽證，以便在有疑慮的情況下能迅速前往歐洲。出於對政府的畏懼、擔心受到報復或是被強制徵召入伍打仗，自三月起已有數十萬俄羅斯人透過這種方式離開普丁星球，其中不乏思想敏捷開放的學者、記者、藝術家和資訊技術人員。這位女性政治人物對我說，做出這樣的決定並不容易。「我的人生全都在俄羅斯，我擁有的房子、我的孩子和我的退休金。」但是，或許有一天不得不離開這裡。

對西方世界的矛盾情懷

對許多俄羅斯人來說，離開的路越來越艱難。二〇二二年九月底，普丁限制絕大多數的俄羅斯男性出境，因為他需要人力加入烏克蘭的戰爭。戒嚴令實行之後，部分俄羅斯地區禁止人民出國。不幸的是，歐洲國家協力防堵普丁帝國。一切就從二〇二二年三月開始，當時歐盟國家在中東歐國家的敦促下，對俄羅斯實施空域禁令，普丁也隨即提出反制裁，空中交通因此癱瘓。從那時起，俄羅斯人只能搭乘非常昂貴的飛機，經由伊斯坦堡、杜拜甚至更遠的地方飛離俄羅斯；亦或改走陸路，經由愛沙尼亞、拉脫維亞和芬蘭前往歐洲。位於東歐的歐盟國家從二〇二二年八月底開始，大幅減少或停止發放簽證給俄羅斯人。包含俄羅斯反對派人士在內的許多人因而受到影響，他們本來在政局動盪時可以藉由申根簽證快速離境。歐盟國家逐步加強對俄羅斯公民的限制，「因為一個人無從選擇的國籍而排擠他，這麼做實在太可恥了。」做為律師的艾斯蒙特當著我的面不滿地表示。西方國家任憑極端政權囚禁人民，沒有人記得冷戰時期的那一課；當時，自由的歐洲向不得不逃離極端政權的俄羅斯人、愛沙尼亞人、拉脫維亞人、立陶宛人、波蘭人、烏克蘭人和東德人敞開大門。

歐洲仍是俄羅斯人既嚮往又仇恨的對象。對那名女性政治人物和錄音工程師而言，歐盟是最後的希望，在有危機時能躲避追捕的地方。儘管歐洲政府在普丁執政時期犯下種種錯誤，歐洲仍是俄羅斯獨裁之外另一個自由開明的選擇。反倒是我在原物料公司上班的朋友似乎越來越討厭歐洲，夏末的某一次碰面裡，我們沿著莫斯科河的支流散步，兩人一邊小聲的爭論起來，我問他不覺得戰爭拖得太久，犧牲了許多人命嗎？他回答我：「這次的軍事行動是無可避免的，因為烏克蘭即將在西方國家幫助下攻擊俄羅斯。」這是俄羅斯政府為中央決策者普丁脫罪的一種辯解：戰爭不是一種選擇，而是一種命運、機緣和沒有辦法擺脫的天意。我的朋友說：「普丁本人總是說戰爭即將來臨。」他無法理解歐洲的「俄羅斯恐懼症」。他所指的是什麼呢？西方正在進行一場反對俄羅斯人、反對俄語、反對文化的運動，這些國家供應軍備給烏克蘭，「德國人為什麼要提供武器給納粹分子？」他嚴厲地質問我。「難道他們沒有汲取二戰時的教訓嗎？」他為許多無法免於死難的人感到遺憾，我回答他當然，這是俄羅斯向住宅區開火造成的。他駁斥說，那是西方國家仇俄的偏見之一，「法西斯分子用西方的武器攻擊俄羅斯人和烏克蘭人」，西方國家用制裁的方式宣戰。這種無止盡的自我憐憫著實引起我的注意：俄羅斯入侵烏克蘭，俄羅斯軍隊轟炸烏克蘭的城市，但他們卻自稱是受害者。他說：「侵略者是西方國家，因為他們攻擊俄羅斯。」國家宣傳機器提供現成的台詞給像我朋友這樣的俄羅斯人，每次談話都在固定不變的循環模式下結束。

二〇二二年莫斯科的街景如實反應出俄羅斯和西方國家的關係破裂。普丁宣稱烏克蘭的軍事行動不會使人民的生活受到任何限制，反而給政府帶來困擾。特別是在普丁的執政底下，首都已發展成為西方品牌的秀場，莫斯科人開著德國豪華轎車，穿著義大利名牌，穿著英國鞋子和到法國餐廳用餐。在十九世紀，西方的生活方式曾是沙皇宮廷內的特權，在過去二十年裡已經成為家常便飯。因此，許多西方企業在二〇二二年撤出俄羅斯市場擾亂了普丁星球看似正常的表象，特別是那些有錢負擔得起這種生活方式的俄羅斯人受到的影響最大。俄羅斯以不屈服和全面性的努力回應西方企業的撤資，用俄羅斯商品、俄羅斯連鎖商店和俄羅斯科技打造出更好的消費環境，政府之所以有錢這麼做是因為二〇二二年的石油出口收入高出預期。中國和南亞國家提高了俄羅斯石油的進口量。然而，俄羅斯追趕的典範不是中國，而是歐洲和美國，普丁不斷散播對西方國家的仇恨，卻放任俄羅斯無上限的模仿西方國家。二〇二二年七月，他讚揚蘇聯情報人員在冷戰期間竊取西方的技術計畫，揭露商業機密並試圖利用偷來的知識超越西方國家。複製意味著勝利。

以表面西化維護假象

就從取代連鎖速食餐廳，例如美國麥當勞開始。一九九九年，麥當勞在普希金廣場開幕成為蘇聯開放和新生活模式的標誌性時刻，現在麥當勞消失了，「美味就是這樣」（Vkusno i tochka）是新的俄羅斯速食連鎖品牌，聽起來有一點像是命令。起司漢堡幾乎重現夾在鬆軟麵包裡麥當勞肉片的美味祕方，位在莫斯科普希金廣場上的新分店布置極為典雅，採用黑色鏡面玻璃裝點門面，門口擺了大型的熱帶植栽，店裡配置與人同高的螢幕，客人能自己在上面點選餐點，用行動支付結帳後，托盤就已經放好在取餐櫃檯。「我們做給你們看！」是這家新品牌速食店想向西方國家傳達的訊息，可惜他們看不見，因為西方遊客不會再來了。然而，在我到訪這家店不久之後，「美味就是這樣」就負評連連，客人在 Telegram 和臉書上抱怨他們的麵包發霉，網路上笑稱這是「霉味漢堡」，其他客人則是在起司片裡發現蟑螂和昆蟲的腳。

儘管如此，這家連鎖店打頭陣取代了俄羅斯再也無法觸及的西方品牌。從此，星巴克被稱為星咖啡，可口可樂也中止了在俄羅斯的產線。俄羅斯把它改名為「酷可樂」（Cool Cola!），芬達汽水變成「芬西」（Fancy），雪碧變成「Street」。超市裡的菲達乳酪來自俄羅斯，帕瑪森起司來自白俄羅斯，巴沙米可醋來自莫斯科近郊。品牌消失了，但生活的氛圍還在。事已至此，我不禁想問為什麼普丁星球的人民不乾脆提倡俄式生活模式，好比：「多喝點克瓦斯[22]！」讓這些替代性商品都仿照波坦金的手法。十八世紀的征服者格里戈里·波坦金（Grigori Potemkin）在新占領的土地上，用幾乎無人居住的房子欺騙沙皇葉卡捷琳娜一世，這些偽造的建築讓人聯想到子虛烏有的西方文化。

這種拚命複製的手法和俄羅斯政府發動戰爭的方式有極大的關係。士兵要盡可能不引起多數俄羅斯人注意的方式開槍、占領和掠奪。俄羅斯人民不必改變，反而要維持他們鍾愛的西方生活方式。但是，假裝太平盛世的日子總有盡頭。

22. Kvass，以黑麥發酵而成的低酒精飲料。

宜家家居的退出震驚了俄羅斯的消費者。這個位在俄羅斯大城市郊區的大型商場同時也是郊遊的去處、孩子的遊樂場以及撿便宜的好地方。為了搶購最後的商品，宜家家居的員工在結束營業之前湧入自家賣場。宜家家居無可取代，只能有樣學樣。來自加里寧格勒的拉祖里特（Lazurit）家具店在展示空間擺放和宜家家居類似的家具，風格簡約且現代，不過沒有餐廳、兒童遊戲區和廚房用具。但商品名稱卻很西化：桌子命名為但丁、沙發名為里斯本或蒙大拿、扶手椅叫做蘭斯或是卡美洛。以當地的標準來看很簡約，但坐起來卻十足俄羅斯風格：太軟也太寬。

普丁的俄羅斯重溫國家的古老原則：表面的西化。名稱、設計和外表看似西化，底下仍然是貨真價實的俄羅斯概念，如同十八世紀初彼得大帝推動改革，其中一部分就是針對外表，實行剃鬍鬚和新的服儀規定。不過，普丁手中的俄羅斯還沒有彼得大帝實際推行如此般深遠的改革，認為自己和彼得大帝站在同一陣線的普丁，只做表面工夫就滿足了。

葉夫羅佩斯基（Yevropeysky）購物中心是莫斯科的時尚門面，直到入侵烏克蘭之前，歐洲各大設計師品牌都在這裡亮相。二〇二二年夏天，購物中心從內部開始受到戰爭危機的影響，多數商店仍舊維持營業，但關門的也不少。一些西方國家的製造商在玻璃門上貼出告示，「由於目前的情況」暫停營業直到另行通知。然而，俄羅斯品牌卻躋上了檯面：像是聖彼得堡時裝設計師阿萊娜・阿赫馬杜麗娜（Alena Akhmadullina），或是以皮草貿易起家的品牌冰雪女王（Snezhnaya Koroleva）。

建立一個從俄羅斯角度出發，不會馬上失去價值卻又能與西方品牌平起平坐的俄羅斯品牌，挑戰就在這裡。因為，雖然俄羅斯是泱泱大國，許多俄羅斯人仍懷有傳統的自卑情結，認為自己不符合西方的標準。為了證明事實並非如此，普丁在十年前委外生產了一輛豪華汽車來接送「國家第一號人物以及其他受國家保護的人員」。

俄羅斯國產汽車「Aurus」於是誕生了。在市中心附近高樓林立，充滿未來感的莫斯科市裡，有一個該汽車品牌的產示中心，裡頭展示了用里海藍和陶瓷金屬雙色烤漆的街頭豪華房車 Aurus Senat S600。見到這輛車外觀的第一印象：看起來就像勞斯萊斯 Ghost，巨大的鍍鉻散熱器、尾燈、棱角分明的側導板，一切看起來就像用３D列印複製出來的高端品牌 BMW；內部的印象：彷彿坐在一輛坦克車裡，但配備頂級米色皮革座椅和裝香檳的冰箱。銷售人員滔滔不絕地唸出了數據：引擎為五九八馬力，八缸，重量超過三噸，一百公里油耗不到二十公升。普丁本人駕駛的是加長版 Aurus 裝甲車，但沒有相關數據，這是國家機密。但我聽這位銷售人員說，他對祖國生產的高檔車感到非常自豪，除此之外，二〇二二年還有二十七款車型在俄羅斯上路。難道葉拉布加（Yelabuga）的俄羅斯汽車工廠生產了一款與勞斯萊斯和 Maybach 並駕齊驅的超級豪華俄羅斯轎車？

事情並非全然如此。一家德國跑車製造商在引擎部分發揮關鍵的助力，車載技術來自一家德國供應商。否則，前前後後的制裁恐怕會讓這樣一輛 Aurus 汽車難產。再不然就是葉拉布加的汽車製造商會生產精簡版的汽車，外觀看起來和新型汽車沒兩樣，但內部卻仍是二十年前的車輛技術。早在二〇二二年夏天，Aurus 引擎就不符合歐盟嚴格的碳排放量規定，導致無法在歐盟地區銷售。因為它又再次重演歷史：表面西化。

俄羅斯的駕駛當然早就發現這一點。二〇二二年夏天，西方汽車的零件到處都缺貨，福斯、賓士和雷諾等西方企業的工廠停工，連俄羅斯的拉達汽車產線也停擺。能讓拉達成為新一代汽車的許多西方零件：安全氣囊、ESP 車身動態穩定系統、ABS 防鎖死剎車系統都短缺，因此一度買不到拉達汽車，直到一款技術倒回三十年前機械汽車世界的型號問世。

為了不要讓這件事引起騷動，腦筋轉得很快的國家宣傳機器在莫斯科的當代歷史博物館規畫了一場展覽，讓備受打擊、充滿愛國情操的科技自信在二〇二二年夏天得以重振。「成就之國」展覽將十九和二十世紀突破性的發明視為俄羅斯獨自的功勞，展覽以彼得大帝的名言為標題：「沒有競爭對手是大自然賦予俄羅斯唯一的禮物。」在展覽上，燈泡的發明家不是美國的愛迪生，而是俄羅斯電力先驅帕維爾．雅勃洛奇科夫（Pavel Yablochkov）。液體火箭發明者不是德國火箭設計師華納．馮．布朗（Wernher von Braun）或是美國火箭工程師羅伯特．戈達德（Robert Goddard）和約翰．懷特賽德．帕森斯（John Whiteside Parsons），而是俄羅斯工程師謝爾蓋．科羅廖夫（Sergei Korolev）。不過，展覽沒有提到科羅廖夫從一九五〇年代才開始研究火箭，因為他之前被關在古拉格。還有，第一架飛機出自俄羅斯工程師亞歷山大．莫斯查斯基（Alexander Mozhaysky）之手，絲毫沒有提及德國航空先驅奧托．李林塔爾（Otto Lilienthal）、萊特兄弟和法國飛機工程師路易．布萊里奧（Louis Blériot）。「成就之國」是俄羅斯人受傷靈魂的慰藉。順帶一提，展覽的贊助商是俄羅斯宣傳工廠《今日俄羅斯》，主編是西蒙尼揚。

二〇二二年六月，首席宣傳西蒙尼揚試圖安慰失去西方生活的俄羅斯觀眾，並為普丁星球上與世隔絕生活下了定義。「有些人抱怨，自己的小孩現在再也無法在西方國家求學，無法見識這個美麗的新世界，因為他們將會活在一個封閉的國度裡。我要告訴他們：聽好了，我們應該要開心，大大地高興。這個美麗的世界正高速墜入地獄深淵，因此我們要謝天謝地，自己的孩子沒有在那種地方唸書。」有些人想問這種遠離西方的日子多久會結束？「各位，請聽我說，你們要習慣，因為會直到永遠！」

人民與統治者互不信任

二〇二二年夏天，國家宣傳機器和民族主義人士所做的事比統治者還多，一個猶豫的統治者。儘管普丁有各種的激進手法，他並不想要驚動人民，因此才會複製西方文化，用展覽安撫人心，上演一齣夏日裡正常平靜生活的戲碼。還有讓軍隊絕望地呼籲人民「自願」從軍，給軍人更好的待遇，在達吉斯坦、布里亞特共和國和車臣，當然還有在監牢裡徵兵。有很長一段時間，普丁情願把「特殊軍事行動」交給瓦格納傭兵團、非俄羅斯和俄羅斯窮困地區的士兵。

普丁替俄羅斯人民制定了一連串的紓困方案，補貼特定民生用品，提高退休金，並且利用中央銀行的數十億外匯升值盧布。二〇二二年夏天，莫斯科在克里姆林宮的馬內格廣場上慶祝花卉節，烏克蘭的城市卻遭到炸彈雨般的襲擊。俄羅斯歌舞昇平，烏克蘭戰爭亂世：「一切都按照計畫進行。」這句話就像祈禱經文一般複誦著。與克里姆林宮友好的脫口秀主持人兼政治學家謝爾蓋・馬爾科夫（Sergei Markov）下了一個結論：「普丁希望不打擾人民。在理想情況下，人民甚至全然沒有查覺到軍事行動，生活也沒有受到影響。」直到二〇二二年八月，俄羅斯人民沒有遇上全國動員徵兵，反而過著前所未有的麻痺和去政治化的生活。人人都可以讓別人代為思考，如果你願意的話，就像我在原物料公司上班的朋友或是我的女鄰居。俄羅斯獨立政治學家古德科夫將煽動宣傳、恐懼和遊戲的結合稱為「極權主義共識」。只要普丁不發動全體動員，這種情況就會持續下去。

普丁的猶豫不決和他過往的傷痛有關。他回想起二〇一二年重返總統大位時引發的軒然大波，他認為是美國情報局從中煽動。更何況，人民對他在二〇一八年提出的退休金改革感到不滿，特別是打擊了他十分介意的年長者，最後卻波及到他自己，因為他的人氣驟然下降。普丁從自願從軍的人數有限和俄羅斯人民對攻打烏克蘭越來越不感興趣就能察覺到，「特殊軍事行動」和二〇一四年併吞克里米亞的受歡迎程度不可同日而語。想加入戰爭的人不多，因為他們發現烏克蘭是一名強勁的對手。莫斯科、聖彼得堡和葉卡捷琳堡等大城市的居民早已生活在後英雄時代。人民不信任他們的統治者，統治者也不信任人民，這是電話訪查裡讀不到的訊息。

因為，儘管有種種的恐懼，並非所有俄羅斯人都會被嚇倒；他們沒有完全拋棄自己的想法、是非觀念，知道什麼是獨裁和自由。二〇二二年九月，駐烏克蘭的俄羅斯軍隊被迫撤退時，一群莫斯科地方議會的議員呼籲普丁下台，因為他的「治理模式無可救藥的過時」，而且阻礙了「俄羅斯和人民潛在的發展能力」，他們要求以叛國罪起訴普丁。不久之後，俄羅斯流行偶像歌手阿拉・普加喬娃（Alla Pugacheva）向眾人發難，她在一則推特貼文諷刺地請求司法部門「請把我納入心愛祖國的外國代理人名單行列」。她公開聲援因反對戰爭而離開俄羅斯的先生，她自己待在莫斯科並稱他的先生是「真正的愛國者」，他先生希望「我們的年輕人不必再為虛幻的目標犧牲，那些目標讓我們的國家受人鄙視，讓所有人的生活變得困頓」。

我在莫斯科親身經歷了公民發揮勇氣的代表性時刻，當時一名執法過當的警察被群眾喝斥。晚餐後，我騎著腳踏車途經十月廣場回家，那裡是俄羅斯內政部所在地。在這之前，一輛引人注目的汽車正好就出現在我眼前的道路，一九六八年伏爾加汽車生產的 GAZ 21，嘎嘎作響且廢氣沖天，但仍筆直的向前開去。駕駛是一名留著山羊鬍、身穿亮橘色連帽上衣的年輕人，他曾用磨床改造過這輛車，成品是一輛結合鉻、橡膠、鐵鏽和殘留藍色漆身的博伊斯式[23]藝術創作。我心想：「真是不錯的車子。」站在我身旁兩位年約三十歲的女子，手裡

23. 約瑟夫・博伊斯（Joseph Beuys），德國行為藝術家，主張人人都可以是藝術家。

各拿著一瓶啤酒等著過馬路，她們大概也與我有同感。我們目不轉睛地盯著這輛車，異口同聲地說出「kruto」，就是「超酷」的意思。但一輛「超酷」的車子開過普丁的莫斯科時，絕對會發生一件事。在每個路口，警察不免俗地揮動著指揮棒，要駕駛連同這輛伏爾加汽車停靠路邊，西方的豪華驕車暢行無阻，開祖國生產的伏爾加汽車的駕駛卻要被臨檢。我和那兩位等紅燈的女士一樣憤怒，和我不同的是，她們採取行動。兩人手持酒瓶，直接朝警察走去並且與他對質。警察不應該這樣阻攔駕駛，每個黑手黨都能經過這個地方，俄羅斯人就要被攔下來，他應該要儘速放行這位開伏爾加汽車的駕駛。這名警察嚇了一大跳，但幾乎無法回應，因為馬上就被態度堅決的女子打斷了。他能想到的，就是不要編藉口並且讓這名男子離開。警察默默地把證件還給駕駛，伏爾加汽車加速駛離，警察盯著地面，兩名女士繼續向前走。

二〇二二年夏天的尾聲，緊張和不安的氛圍在麻木的俄羅斯居民們之間滋長。越來越多的徵兆顯示，俄羅斯這端的花卉節和烏克蘭那裡的槍林彈雨，兩者之間的矛盾即將爆發。戰爭不能再隨意的持續下去，因為烏克蘭軍隊正在大舉前進。普丁沉悶的去政治化路線已無以為繼，九月中旬，烏克蘭突破哈爾科夫附近的俄軍防線，一周內收復的領土面積比俄軍在此前五個月內占領的還要多時，這個鬼魅般的美好夏日幻影就此破滅。當一支烏克蘭軍隊逼近時，俄羅斯軍隊開始逃跑，俄羅斯的宣傳機器形容這是由「毒癮者、趁機而入的暴徒和納粹分子」組成的軍隊。事情沒有「按計畫」進行，統統沒有。普丁沉默了兩週，然後他開啟了大規模的行動：動員俄羅斯民眾。

13 恐懼帝國：全國動員令

一位舊識認為我不該錯過這件事。在一場會議上，俄羅斯外交政策菁英想要談論一九六二年的古巴飛彈危機。位在莫斯科克里米亞橋邊的外交學院距離我的住所走路只要十分鐘，二〇二二年九月底，俄羅斯外交副部長謝爾蓋．里亞布科夫（Sergei Ryabkov）在此與地緣戰略專家商討核武威脅。我是在場唯一的外國記者，大廳裡幾乎座無虛席，室內只有宏偉的石灰泥天花板，沒有冷氣，氧氣很快就耗盡了。有些與會者低頭打瞌睡，直到聽到：「我們需要讓恐懼回歸！」話出自一位地緣戰略專家，他聲稱「世界建立在恐懼之上」。恐懼消失時，危險就逼近了。這一點在西方國家身上就能看得一清二楚，他們正提供軍備給烏克蘭，並以此為對抗俄羅斯的進攻據點。西方國家還不夠在意俄羅斯，「我們需要恐懼感，這樣他們才會再次對我們心生畏懼。」大廳裡鴉雀無聲，眾人面面相覷，接著鼓掌、歡呼，每個人都為說話的人喝采。「Strach」的意思是「恐懼」，大家心知肚明，恐懼是俄羅斯壯大的關鍵。

動員令引發恐懼浪潮

普丁偏愛拿恐懼感當工具。過去幾年裡，他逐步利用恐懼感讓許多人噤聲並且把他們驅趕出俄羅斯。不過，直到二〇二二年九月，俄羅斯人才知道什麼是真正的恐懼。首先是一個政策上的變動，澈底改變了自普丁上任以來的俄羅斯生活。這一切的轉折要從俄羅斯軍隊的大舉撤退說起。烏克蘭部隊一舉攻占哈爾科夫地區，結果俄軍被迫留下大量的坦克車、榴彈砲和彈藥。俄羅斯一下子成為烏克蘭最大的武器供應商。二〇二二年九月，普丁突然陷入了困境。他發動的戰爭卻讓他的軍隊嚐到苦果，恐懼的策略在烏克蘭發揮不了作用。

二〇二二年九月二十一日早上，普丁在沉寂一週以後現身電視上對美國和歐洲發出懲戒性的談話。他想利用核武威脅嚇阻及警告西方國家，接著他卻宣布一項讓人民驚恐不已的「部分動員令」，這就是政策上的轉變。原先的「部分」很快就成為全體動員，普丁派出數十萬名男性前往烏克蘭作戰，這是繼二月二十四日後第二次戰事升級。這一次，不止震驚了烏克蘭，也震驚了進入新時代的俄羅斯。從那時起，動員令指揮部追捕十八歲至六十歲各年齡層的俄羅斯男性，戰爭來到俄羅斯本土，恐懼緊追在後。

面對一連串在烏克蘭讓人抬不起頭的失敗，普丁使出了大絕招來回應：他要讓人民和這個世界感受到戰爭的極速進展。二〇二二年九月三十日，被俄羅斯占領的地區舉行模擬公投的幾天後，普丁召集部長、議員以及擁護民族主義的部落客和演員齊聚克里姆林宮的喬治大廳。他又開始了他的演說。這一次他指控西方國家是「撒旦主義」、「操弄性別」和「變態」，並聲稱他們意圖消滅俄羅斯。但實情是他想要併吞烏克蘭的四個地區，隨後舉行盛大的儀式，並在紅場舉行慶祝活動。當天我騎著腳踏車繞著克里姆林宮和紅場轉了一圈，只聽見歡呼聲。莫斯科河邊站著大批圍觀者，擠得水洩不通，廣場只保留給受邀的民眾。市中心到處都有巴士把群眾送往這裡，透過大螢幕，我可以和其他莫斯科市民一起關注紅場上發生的事情。普丁在克里姆林宮發表完他的併吞演說之後站上在聖巴西爾大教堂前，在紅白藍三色裝點的舞台上向民眾高喊：「一、二、三！」民眾用歡呼聲和齊聲高喊「俄羅斯」向他致意。一位俄羅斯演員呼籲對西方列強發動一場神聖的「人民戰爭」，受克里姆林宮邀請的人氣民族主義部落客弗拉德倫．塔塔爾斯基（Vladlen Tatarsky）嚴肅地喊道：「我們將征服所有人，我們將殺死所有人，我們將掠奪一切，隨我們開心。」

狂歡的夏天確實結束了。雨勢接續了幾個星期，對我來說，莫斯科似乎很壓抑，比平常更安靜、更冷清。九月時，我和朋友碰面，他把兒子送去土耳其，因為他在第一波動員名單內。我在第一章曾描述過，我朋友在普丁發表併吞演說前夕，成功說服他的兒子離開俄羅斯。他的兒子告別了在俄羅斯的生活、告別了家人、告別了工作也告別了祖國；抵達伊斯坦堡之後，他打電話給父親，他說飛機上許多俄羅斯男人一路都在哭泣，他也是其中之一。

這類恐懼的故事在俄羅斯不勝枚舉，在人滿為患的機場、邊境交通堵塞時，還有高加索山區。據俄羅斯情報單位俄羅斯聯邦安全局表示，至少有二十六萬名男性在九月逃離俄羅斯，流亡的俄羅斯獨立報紙給出的數字更高。因此，在第一波動員時，逃離的人數超出普丁想要徵召的人數，這代表有大批的人拒服兵役。於此同時，徵兵令從房屋修膳管理員、街角的警察和披薩外送員的手中送到俄羅斯男人的手中，憲兵闖入民宅強行抓走原本就手無寸鐵的平民，就連盲人都收到了徵召令。他們還從飯店、醫院、雜物間，以及已經在跑道上滑行的飛機上抓人。地區兵役站發生槍擊，街頭出現混戰，哭泣的孩童和婦女和他們的爸爸道別。為了抓捕人力，巴士穿梭在莫斯科城市，在莫斯科白俄羅斯火車站旁的一個兵力招募站，我看見手持徵兵令的男子遭到身穿制服的軍官怒罵和拳打腳踢。最初幾天，少數敢在莫斯科起身反抗的人收到了徵兵令，就像那一百八十位試圖從高加索的上拉斯越過邊境進入喬治亞的男子一樣，在那裡等候他們的不是邊境官員，而是憲兵。

眾人的恐懼實屬合理，因為傳來的消息讓人害怕。在斯維爾德洛夫斯克軍營的一個訓練中心，有三名義務兵在準備行動時死亡。一名心臟病發作，一名自殺，第三名被送回家之後，因為先前就已經罹患的肝硬化而過世。莫斯科附近的一個基地裡，現役軍人和新進士兵發生激烈的鬥毆事件。老兵向新兵要求他們帶來的外套和手機，被動員的士兵在社群媒體上表示，他們只接受一天的訓練就上前線了。教官建議他們應該打包睡袋、藥品和包紮用具，還有用作保暖鞋底的衛生棉——還有棉條，之後可以用來為傷口止血。他們抵達被占領區時，拍攝了自己餐風露宿的生活，他們必須在野地裡過夜，用營火加熱自己帶去的食物；其他人則展示分配到的生鏽步槍。十月中旬，在烏克蘭邊境附近的訓練營區，穆斯林士兵和東正教長官發生槍戰，造成十幾人死亡。同時，軍隊也不得不坦承，許多被動員的士兵才抵達前線不久就陣亡了。所有的故事拼湊出一個訊息：事情並沒有按照普丁的計畫進行。和之前的戰爭一樣，被動員的都是毫無經驗的士兵，後果就要由掌權者承擔。

透過這次動員，普丁打破了自己過去二十年來的政策。為了他的外交大冒險，普丁從人民那裡得到某種授權，他用石油和天然氣收入來安撫人民以作為回報。同時，他在車臣、喬治亞、敘利亞發動戰爭，在利比亞、西非雇用傭兵，又以在烏克蘭最甚。俄羅斯人反而去上班、去餐館和度假。這就是俄羅斯人民和總統之間的協議，即使在二〇二二年夏天的戰爭期間也是如此。普丁的軍隊摧毀了馬里烏波爾和基輔的郊區，還轟炸了烏克蘭的城市；莫斯科人卻在莫斯科河上隨著現場樂隊跳舞並乘坐摩天輪。然後，普丁撕毀了與人民之間的社會契約。自由派政治家史羅斯伯格說：「就在九月二十一日，俄羅斯人才明白二月二十四日發生的事。」戰爭對他們來說曾是電視上的節目，像是一場永不落幕的連續劇；對戰場上的男人們而言，卻變成一場奪命的實境秀。不過社會契約也讓普丁的「計畫」泡湯了。到目前為止，他告訴他的人民，一場「特殊軍事行動」正在烏克蘭進行，計畫周密且有條不紊。這個假象卻無法再維持下去，隨著俄羅斯入秋，花卉節的慶祝活動沒有了，莫斯科天空的煙火也消失了。俄羅斯人漸漸覺察到一個新的事實。普丁奪走了自戈巴契夫和葉爾欽時代以來，俄羅斯人迄今認為最重要的成就：旅行自由。從今以後，屆兵役年齡的男性只能在特殊例外情況下離開俄羅斯，這個國家關閉了邊境，恐懼感流竄在每個家庭裡。

自願走入無退路的困局

對身處克里姆林宮地堡的普丁來說，情況並沒有那麼糟。他本人出訪與他交好的政權，明斯克、北京、大馬士革，他就心滿意足了，他見過一切，擁有一切，也體驗了一切。普丁看起來像一個極度老派的男人，俄羅斯人類學家亞歷山德拉·阿爾希波娃（Alexandra Arkhipova）在秋天貼切地描繪了普丁的形象。普丁的演講讓她不禁聯想到「俄羅斯國家鐵路三等車廂裡的老婦人」，她激動地談論著邪惡的西方國家、變性、同性戀、自由派分子和沒有禮貌的年輕人，因而惹惱了周圍的乘客。從普丁的口中冒出老年人對於變化和未來的恐懼，年輕的俄羅斯人現在為了他日後能被載入史冊而犧牲生命。

上一次出現普丁這樣的動員規模是在對抗希特勒時的偉大衛國戰爭。烏克蘭戰爭過了六個月之後，損失的兵力比一九七九年起持續了十年的阿富汗戰爭還要高出數倍。俄羅斯在秋天面臨了一場自二戰以來最嚴重的國家悲劇。導致這場悲劇的是他們的元首，他做出一連串難以理解的錯誤決策，把國家逼入絕境。二〇二二年一月，戰爭危機在即，他仍不顧一切警告決定發動攻擊。在襲擊時，他決定義無反顧毀滅基輔；戰爭期間，他決定編造不影響人民的「特殊軍事行動」謊言；軍隊撤退時，他決定發出動員令，還堅稱這不是戰爭。二十多年來，普丁已經習慣在可控的戰役中獲勝，卻在第一次對鄰國發動真正的大規模戰爭時節節敗退。

政治學家塔季揚娜・史塔諾瓦亞（Tatiana Stanovaya）指出，普丁在一個擁有眾多選擇的主導優勢之下，自願走向一個不堪一擊、毫無退路的困局。許多人都會感到吃驚，史塔諾瓦亞說：「絕大多數的俄羅斯菁英從來沒有像普丁這般展現對烏克蘭的痴迷，眾多選民不認同他想犧牲上萬俄羅斯人生命的決心；他彷彿在追求一種劇情，裡面只有他願意不惜一切代價，『和敵人共存亡』奮戰到底。普丁狂躁的行徑裡有著揮之不去的自殺式絕望苦澀滋味。」

二〇二二年秋天，人民越來越懷疑統治者的智慧。普丁的人氣下滑，然而民調結果可信嗎？我自己注意到，人民對這場戰爭的支持度和對普丁的著迷程度正慢慢減弱，或許只是湊巧出於經驗值。九月底，我去了莫斯科的清塘地鐵站，Telegram 上的新聞頻道宣布要在那裡舉行示威活動。這是一場鬧劇。大批的警方和記者在綿綿細雨中等待著沒有現身的示威者。過了一會兒，在離地鐵站不遠的一條小路上，我碰到一名正低聲咒罵的女士，她是一名母親，有兩個正值兵役年齡的兒子。她對我說：「他們欺騙了我們。」他們說：這不是戰爭，沒有死傷，紛爭只是暫時的。「都是騙人的！」普丁現在宣稱是「部分動員」，但他們一定想盡辦法抓住能抓的人。她問說：「為了什麼？一九四一年我們被德國襲擊，現在卻換我們攻擊另一個國家，而且還失敗了。」許多人都是這麼說，但他們認為當權者並沒有聽見他們的心聲。二〇二二年十月，在一場晚宴上，我和一名俄羅斯外交官、他的太太和一名莫斯科藝術家同桌，為了保護後者，我不會提及任何人的名字。一切就從外交官的太太大嘆了一口氣開始：「唉，到底為什麼要攻擊烏克蘭呢？我們明明一直過著很好的生活啊！」這位外交官跟太太和這名藝術家詳細地解釋不得不打仗的理由。為什麼普丁不願再看著頓巴斯地區的人民死去，為什麼西方國家不聽話，現在還用武器助長戰爭。又是普丁一貫的說詞。這位藝術家打斷他的話：「我來自頓巴斯，」沒有什麼事是不能避免的，「沒有證據能證明頓巴斯發生了槍擊和種族滅絕。」事實上，當地籠罩著一種緊張的平靜。想打仗的不是烏克蘭，是俄羅斯政府；這是入侵，不是軍事行動。藝術家就這麼脫口而出了。不知何時，外交官陷入了沉默，只剩他的太太還繼續不停地嘆氣。

人民的質疑不容忽視，任何的慶祝活動、演講和典禮都無法消除這些疑慮。併吞烏克蘭的歡呼聲只維持一天，因為烏克蘭的武裝部隊持續收復自己的領土。普丁的發言人不得不公開坦承自己也不知道併吞的範圍在那裡，很顯然政府已經無計可施。為了保護普丁，國家宣傳機器開啟了修復模式，但是要從什麼地方著手呢？《今日俄羅斯》的總編西蒙尼揚警告，「動員過程會犯下許多錯誤」，必須即刻修正；擁護普丁的極端思想主持人索洛維約夫在他的節目中建議，應「槍斃」募兵中心的「不誠實的動員委員」。可是這種說法無法讓任何人放心。政府利用手機簡訊通知男性兵役「暫緩」了，以平息民眾的不安。就連我這個德國人也在我的俄羅斯門號裡收到這樣的簡訊，我為此輾轉難眠。最後，普丁決定讓自己的軍隊替他一手策畫的行動背黑鍋。

事情的起因是，二〇二二年十月，俄羅斯赫爾松占領區一位迄今鮮為人知的副代表獲准談論俄羅斯軍撤出烏克蘭的消息：「允許撤軍的國防部長應該自盡。」根據俄羅斯審查法，

「誹謗」武裝部隊最高可判十五年的監禁。但是，基里爾·斯特雷穆索夫（Kirill Stremousov）並沒有遭到關押，反而受到莫斯科的讚揚。在莫斯科的杜馬議會，普丁黨內一位具有影響力的議員詢問一百五十萬元的軍備到底在何處？國家宣傳機器和軍隊領導階層的騙子高聲疾呼：「停止說謊！」沒有人受到懲罰。

打擊軍隊形象以求自保

為了自保，普丁任憑陰險的政客和宣傳人員擊垮軍隊。二〇二二年十月，俄羅斯軍隊因突然放棄數千公里的土地、損失坦克車和子彈而受到譴責，他們被指責未能保衛從俄羅斯本土通往克里米亞的大橋，這座橋在九月時仍是普丁心目中永恆的象徵，十月卻受到襲擊而嚴重受損。兩名普丁心腹的批評言論特別引人注意，他們帶頭建立了整支私人軍隊。車臣領導人和惡名昭彰的民兵領袖拉姆贊·卡德羅夫咒罵俄羅斯駐烏克蘭的指揮官「無能」。卡德羅夫的軍隊在二〇二二年春天前進基輔時參與作戰，戰況慘烈，但沒有成功。卡德羅夫在另一個私人民兵團裡找到了盟友——瓦格納民兵組織的創始人兼首領葉夫根尼·普里格津（Yevgeny Prigozhin）。他的傭兵團多年來在非洲、敘利亞和烏克蘭作戰，同時被指控犯下多項戰爭罪。二〇二二年夏末，普里格津在一處囚房拍攝自己招募殺人犯和性侵犯加入戰爭的畫面：「誰要是退縮、投降、強暴就必死無疑。我們對性犯罪的判斷十分明確，不過還是可能出錯。明白嗎？那就在這裡登記你們的名字。」在普里格津看來，俄羅斯軍隊的作戰方式「守舊」且「無效」。他自己也和俄羅斯軍隊爭奪被監禁的罪犯，軍隊和瓦格納民兵組織雙方都在普丁星球的牢房裡招募自願兵。軍隊用有條件釋放為誘餌，普里格津則是承諾：「你們可以對烏克蘭人為所欲為。」卡德羅夫和普里格津，他們代表著俄羅斯全面開戰的一方。

從他們對軍隊的批評內容不難發現他們避開了某個人，那個人在沒有必要的情況下發動戰爭，要為進攻基輔失利負責，以及用一種讓每個人不知所措的零散管理方式下令行動：普丁。他們之所以無情地批評軍隊和參謀總部，核心的動機是要將所有疑慮從史上最偉大的領導人轉移到無能的將軍和國防部長身上，宣稱他們欺騙了領導人。普丁先放任這些私人民兵自由發揮，並且允許他們破壞軍隊的形象。

在莫斯科謠傳著普丁對正規軍以外的替代作戰部隊越來越感興趣，國營媒體更是強化這樣的印象。由俄羅斯一台的基謝廖夫所製作的煽動性節目《本週新聞》（Vesti Nedeli），在二〇二二年十月中旬播放一段卡德羅夫民兵在格羅茲尼閱兵典禮的長篇幅報導。記者的鏡頭掃過整齊排列、留著長鬍子的士兵團。俄羅斯一台的特派記者滔滔不絕讚揚軍隊的紀律和作戰精神，身上配戴勳章的卡德羅夫對著鏡頭沾沾自喜地說：「我們的年輕人不想再看到國家處於危險之中，我們會凱旋而歸。」

這樣的承諾直接攻擊了位在莫斯科伏龍岑斯卡亞堤岸的國防部，隱身在堅固建築裡的是謝爾蓋・蕭依古（Sergei Shoigu），和普丁一同在針葉林裡採菇和圍坐在火堆旁的長年盟友。這位國防部長和他的參謀總長瓦列里・格拉西莫夫躲起來不現身。沒有人知道他們的消息，但他們也完全不需要出聲，只需要忍耐下去。作為活生生的盾牌，他們的功用是攔截對失敗行動的所有批評，這樣就不會波及到普丁，至少普丁讓蕭依古暫時鬆了一口氣。烏克蘭的軍事行動有了一個新的總指揮官，以殘暴和英勇出名的謝爾蓋・蘇羅維金將軍。在一九九一年的政變時，二十四歲的他在莫斯科的阿爾巴特區指揮坦克車輾壓三名示威者而一舉成名。蘇羅維金曾在車臣和敘利亞的戰爭中服役，他參與了掩蓋化學武器的行動，摧毀擁有百萬人口的大城市阿勒坡。烏克蘭對他來說也不陌生，二〇二二年四月到十月期間，他負責烏克蘭南邊的戰線。莫斯科媒體一致報導了蘇羅維金在參謀總部進行可怕的「工作會談」，一名下屬隨後被迫舉槍自盡。蘇羅維金又被稱為「末日將軍」，從此負責解決軍事行動的問題。

用巡航導彈和長程飛彈無限制地轟炸烏克蘭城市，就是俄羅斯解決問題的方式。普丁在十月任命卡德羅夫為「俄羅斯近衛隊」上將，卡德羅夫很高興並在推特表示「滿意至極」。宣傳頻道像施放跨年煙火一般慶賀攻擊行動，一名主持人還親自拍攝自己頭戴棒球帽，身穿印有「俄羅斯軍隊」字樣的睡衣在陽台跳舞的畫面。連脾氣暴躁的赫爾松副州長斯特雷穆索夫也認為：「現在我們要開始像大人一樣，與不願意聽從我們的那些人交談。」為了進行「大人的對話」，軍隊投入了十分昂貴的巡航導彈，還有經常打不中目標的老舊蘇聯炸彈。這種作戰方式對前線的烏克蘭士兵是好事，但對住在建築密集城市裡的平民來說一場災難。

有跡象顯示，二〇二二年秋天，俄羅斯的攻擊指揮改變了策略。他們清楚地意識到，攻占整個烏克蘭的機會渺茫。他們現在率領大批動員的士兵在前線後方挖掘坑道，準備進行地面上的壕溝戰。俄羅斯的空軍摧毀了烏克蘭城市的基礎建設，因為俄羅斯人不再指望在可預見的將來能接管它們。二〇二二年十月，前任將軍兼統一俄羅斯黨議員安德烈・古魯廖夫（Andrey Gurulyov）這樣描述新的作戰策略：「一旦他們沒有水、沒有下水道、沒有電力、沒有錢，他們就無法買食物；不能煮飯、不能工作也活不下去。一波難民就會湧入西方國家。」俄羅斯的宣傳機器被交派播放烏克蘭的悲慘畫面，替莫斯科的掌權者創造一個新的戰爭說詞：只要烏克蘭人的處境比俄羅斯人更糟糕，還是可以忍受戰爭持續下去。製造混亂就能勝利。

復仇行動不如所願

在俄羅斯，普丁一心一意把他個人的過錯歸咎到其他人身上，沒有人可以確保自己不會遭到波及。他加大了恐懼統治的手段：鎮壓在街頭群聚的人民、逮捕反戰人士、拘留民族主義部落客，在克里姆林宮看來，他們誇大了消滅烏克蘭的要求，也扶植支持普丁路線的民族主義政治人物。審查法只在某些情況下發揮作用，魯莽的民族主義分子則被派往前線。赫爾松地區的副代表斯特雷穆索夫在一場可疑的車禍中喪命。在普丁對烏克蘭、西方國家和自家國民發動消耗戰之中，人民對自己命運的長期不確定性逐漸成為常態。俄羅斯全國上下行政部門由所謂的作戰會議和緊急狀態委員會領導，工業轉變為戰時經濟，許多地區實施戒嚴令。在俄羅斯南部，普丁下令在城市裡挖掘戰壕，因為據說烏克蘭可能逼近俄羅斯。一開始是他個人的戰爭，現在變成人人對抗西方敵人的「全民戰爭」。

為了這場戰爭，普丁不惜賭上他過去二十二年所取得的一切成就。他彷彿是一名有妄想症的企業家，明明已經擁有極為成功的商業模式，卻在職涯結束時走進賭場，賭光了他的退休金和給孩子的遺產。他從前引以為傲的是傾注心力維持俄羅斯的政治、經濟和文化的穩定。一場俄羅斯世代相傳的國家悲劇正在醞釀中，至少對那些還留在俄羅斯的人而言是這樣，因為數百萬年輕知識分子已經離開。普丁宣布發動「人民戰爭」並且展開復仇。報復沒有如他預期投降的烏克蘭，沒有如他所願英勇奮戰的俄羅斯軍隊，還有不得不在俄羅斯偉大祭壇上犧牲生命的年輕人。普丁是否會粉碎他的成就、他的統治或者整個國家，在二〇二二年秋天仍是未知數。

二〇二二年八月三十日，前蘇聯共產黨總書記及蘇聯總統戈巴契夫逝世。普丁指責他導致蘇聯解體，也沒有出席這位前輩的喪禮。反倒是有數千位民眾拿著花前往戈巴契夫的靈柩悼念，他的棺木就停放在國會旁具有歷史意義的工會大廈裡的會議廳。為了和戈巴契夫道別，他們排了好幾個小時的隊伍，然後又折返回來，佇立在諾沃德維奇墓園許久，再一次和戈巴契夫說再見。整群花海包圍住戈巴契夫的遺體，如果普丁也添上一束就看不見棺木了。

一位不知名的哀傷莫斯科人留下的卡片吸引了我的目光，一張白色長方紙卡躺在紅色康乃馨和玫瑰花束上。卡片上，藍色墨水配上漂亮的西里爾字母寫著：「感謝您，戈巴契夫，感謝您賜予我們的自由、希望和沒有恐懼的生活。」

14 聖戰：普丁的西方復仇記

都是別人的錯。一九九〇年代，即使這位默默無聞的男人是當時強大俄羅斯情報局負責人，也幾乎沒有人注意到他。一九九九年八月，這個男人被任命為總理時讓許多人感到意外。身為總統，他為了替車臣的戰爭辯護，建議西方國家組成聯合反恐聯盟，但美國禮貌性地回絕了。在美國介入伊拉克戰爭時，他自覺被冷落了；雖然他絕對不是唯一的一個，但他只提到自己。不久之後，美國總統稱呼擁有核武的俄羅斯是「地區大國」。當俄羅斯人抗議他的統治方式時，他責怪是美國人的錯；他試圖入侵並消滅烏克蘭，但西方國家卻軍援這個「被發明的國家」回擊他；二〇二二年，當他為英國女王伊莉莎白二世逝世向查理國王三世致哀時，唯獨他因為入侵烏克蘭沒有受邀出席喪禮，而各國代表都到場了。二〇二二年九月底，針對進一步併吞烏克蘭領土所發表的激動演說是他對西方國家一次嚴厲的控訴，一個深受委屈之人大聲喊出的內心戲。感到被羞辱是這位俄羅斯統治者主要的性格特徵，這些經常被幻想出來的情節是西方國家對普丁的重要影響之一。

除此之外，要影響這個男人並不容易。他坐在莫斯科和黑海的隔離城堡裡，自從疫情爆發以來，要見上他一面變得越來越困難，訪客必須先接受嚴格的篩檢或是長時間的隔離。二〇二二年五月的閱兵典禮上，當我在紅場的一個看台上遠遠地看見普丁時，我已經連續三天做了三次核酸檢測並且戴上口罩。在看台上，他和將軍及部長們保持安全距離。食品化學家監控他的飲食，給他的資訊都會事先分類，以往的密友們告訴我，普丁喜歡看國家電視台，很少使用智慧型手機也幾乎不上網。二〇二二年，他還遠距和德國總理蕭茲或是法國總統馬克宏通電話，現在他經常拒接來自巴黎的電話。他多年前起就過著隱居的生活，有時在莫斯科，有時在索契（Sochi）或偶爾在他的達恰。普丁活在一個封閉的世界裡。

對外的復仇

某些西方人士認定普丁的軍事行動是區域戰爭，對這個世界來說並不重要。他要的只是併吞烏克蘭，反正是一個位在俄羅斯勢力範圍裡的國家，在一九九一年之前都由俄羅斯統治，彷彿這樣還不算太糟。然而，這種對特定目標的闡釋正是一個危險的錯誤，導致我們再一次低估了普丁。普丁的野心遠不只如此，和西方國家抗衡的過程中，他一直依循二〇一二年重返總統寶座後任期內的核心政治方針：復仇和奪權。

早在二〇一八年三月，普丁就在一句話中透露了他在世界舞台上的野心。在鄰近克里姆林宮的馬術廳對全國發表演說時，他指責美國和全世界企圖利用軍備升級和制裁打壓俄羅斯，但他們嘗試未果。「沒有人想和我們對話，他們也不聽我們說，現在就讓他們聽吧！」普丁大喊著，隨後在一部影片裡，新型高超音速洲際導彈和巡航導彈組成的艦隊以迅雷不及掩耳的速度飛過觀眾席。一群議員、國家和教會代表紛紛以熱烈掌聲回報。西方國家沒有能耐面對俄羅斯的新武器，普丁勝利。

表面上，普丁是為了報復許多想像出來的羞辱。實際上，長期以來他對平起平坐的要求，在他第四個任期內轉向享有優勢；現在，他想透過戰爭（軍事和多重戰略）達成這一點。二〇二二年七月七日，普丁在議會各黨派領導人面前說：「如果西方國家想要挑起衝突，以便進入新的抗爭階段並形成對俄羅斯的威懾，他們達到目的了，戰爭已經開打了。」普丁這位俄羅斯頭號復仇者，在二〇二二年宣告和西方國家對決。他發動這場謀劃已久的衝突無非是為了主導世界，如同一九五六年蘇聯共產黨第一書記赫魯雪夫曾經的夢想，他想要消滅西方國家。但是，因為普丁設定的要求太高，也會危及他的政權和他個人的生存。二〇二二年五月九日，普丁在紅場上對著行進中的核武和坦克部隊說：「在命運存亡的一刻保衛祖國始終是一項神聖的事！」由此，他勾勒出對抗西方國家背後的概念。普丁又是如何發動這場戰爭的？

普丁以俄羅斯的安全當作無預警入侵烏克蘭的理由，二〇二二年五月九日，他在紅場上表示自己是對即將到來的攻擊「先發制人」，「有人預備要入侵我們歷史上的領土，包括克里米亞。」他要趕在西方國家經由烏克蘭攻擊俄羅斯之前先超前部署。於是普丁發動了攻擊：這位俄羅斯統治者在二〇二一年十二月的一份最終備忘錄中要求北約停止東擴，拆除過去二十五年北約在歐洲的建設，還有撤出在歐洲境內的美國核子武器，並停止在俄羅斯周邊的軍事演習，當然他也指烏克蘭，還有烏克蘭以外的地區。在二〇二一年十二月底的年度記者會上，普丁對莫斯科記者表示北約正一步步推進，並建立新的軍備系統基地：「在東部、南部、北部，當然還有西部。」從地圖來看無法證實這一點。北約最近一次的東擴戰爭爆發距今已經近十八年；直到二〇二二年，俄羅斯長達五萬七千六百八十公里的邊界，其中與挪威、愛沙尼亞和拉脫維亞等北約成員國比鄰八百公里；波蘭、立陶宛與俄羅斯的外飛地加里寧格勒接壤約四百公里；芬蘭和俄羅斯邊境接壤長達一千三百公里，它在俄羅斯入侵烏克蘭之後才申請加入北約。這一切看起來都不像是包圍。

普丁刻意向外界灌輸西方國家對俄羅斯的誤解，許多人認為，普丁只是針對美國和北約。如果西方國家展現另一種態度，理解並回應普丁的擔憂和需求，他的姿態就會跟著改變；如果北約國家不要援助烏克蘭，普丁就會馬上停止對抗西方國家並恢復供應天然氣。這種假設並不正確，此外也貶低和錯估了俄羅斯。俄羅斯是世界強權，擁有遼闊的國土和主權，不會回應其他國家，而是主動採取行動，這就是普丁的行事風格。

對內的復仇

普丁個人的激進風格並不是為了回應外部事態的發展，而是回應受威脅的國內權力。他的新民族主義之路始於二〇一一和一二年間，群眾抗議他重返克里姆林宮所舉行的示威活動之後。二〇一四至一五年間，先是烏克蘭人罷免了集權貪污的總統，並有意讓國家民主化，此舉成為俄羅斯的威脅，接著俄羅斯占領了克里米亞和頓巴斯部分地區。然而，過了幾年，併吞克里米亞的狂喜就消散了，普丁的支持度自二〇一八年以來就一路下滑。他開始尋找下一個新的敘事方式，在和西方國家長年對抗以及爭奪世界領導地位之中，他找到了。不過，他的動力卻是來自國家內部。

普丁和西方國家的衝突是他在二十年前發起俄羅斯劇烈革命的其中一環，國家情報局、軍隊和宣傳機器也助他一臂之力。他們共同策畫了一場暴動：推翻一九九〇年代當時已成立及簽署的各項條件，反對享有選舉自由的開放俄羅斯，否認俄羅斯在條約中允諾和平共處並尊重歐洲邊界。普丁和他的追隨者要替他們眼中錯誤的事態展開復仇。第一步就是對內澈底改造自己的國家，一開始先測試和挑戰國內的底線，接著向外。由於普丁統治的並非一個小國，而是核武大國，現在他要撼動歐洲以及我們長達三十年認為安全的世界。

普丁對最後一任蘇聯總統的態度反應出他有多麼厭惡這個世界。二〇二二年八月底，解放英雄戈巴契夫逝世，普丁既沒有出席這位前輩的悼念儀式也沒有參加喪禮。他的弔唁信讓人想起一張成績不佳的學徒證書，上面寫著：「一直都很努力。」普丁展現出國家安全機構對戈巴契夫開放和撤軍條約的蔑視。他也是普丁的復仇對象。戈巴契夫曾批評普丁不想按照憲法規定在兩任總統任期屆滿後卸任。普丁的發言人德米特里・佩斯科夫（Dmitry Peskov）隨後嘲諷受西方國家尊敬的戈巴契夫：「一個解散偉大國家的前任國家領導人，居然建議解救俄羅斯免於這種命運的男人下台。」普丁下令關閉由戈巴契夫共同創辦並持股的媒體《新報》。他指責這位蘇聯領導人丟失了帝國並出賣國家。一九九一年針對戈巴契夫政變，當時俄羅斯的開放勢不可擋：自由的討論、政府中自由派政治人物的崛起、充滿活力的公民社會和獨立民營企業的出現，特別讓普丁和他的智囊團感到不安。在二〇一七年的一場新聞發布會上，普丁將一九九〇年代描繪成是一灘「渾濁的水坑」，「放任寡頭在其中撈取他們的好處」。

普丁統治下的俄羅斯成為另一種樣貌的國家，各種鎮壓一波波打擊了各行各業。積極參與政治活動的人都可能被貼上外國代理人標籤或被定罪為恐怖極端分子；政治對手遭流放，公民社團組織受到國家掌控或者解散，這些都不是「國家內部事務」。二〇二一年十二月的年度記者會上，普丁自己透露了內外事務的相互作用，當時，人權團體「紀念」正面臨審判。普丁表示俄羅斯遭到威脅，但是「只能從內部瓦解，無法從外部擊退」。他認為內部的危險已經在二〇二一年底排除。從那時起，他開啟了對外的復仇行動。

讓俄羅斯邊界沒有盡頭

普丁宣戰的關鍵在於他認為西方國家軟弱無能和分崩離析。獨裁政權之下的「穩固社會」令他感到強大；另一方面，西方為了國與國之間的競爭、社會的鬥爭、性別的紊亂和移民問題焦頭爛額。普丁希望將俄羅斯的鋼鐵武裝團結帶入戰場，對抗西方不堪一擊的多樣性，他已經準備多時。俄羅斯的菁英早就迫不及待要震撼西方世界，美國川普的上台、法國的黃背心運動、德國的反傳統人士和普丁的追隨者、民族主義和民粹在許多歐盟國家崛起，都為莫斯科帶來了希望和滿足。自從二〇二一年六月和美國總統拜登在日內瓦高峰會碰面以來，普丁本人彷彿確信自己在精神上或身體上都更強大了。二〇二一年拜登的情況似乎走向下坡：黨派分裂、改革停滯，還有同年八月阿富汗災難性的撤軍。在普丁看來，北約國家對阿富汗長達二十年的干預在混亂中結束，也表明西方不再有能力採取嚴謹的軍事行動。他的攻擊並不是對西方國家行動做出回應，而是他評估開戰的時機成熟，這是他邏輯推演的結果。

普丁幾乎不再認真看待歐洲和其跛腳的多元主義。自從號召歐盟在二〇一四年克里米亞危機時共同制裁俄羅斯的梅克爾卸任後，歐盟似乎群龍無首了。莫斯科嘲笑新任德國總理蕭茲是「丑角」，無法掌控他的紅綠燈聯盟；莫斯科菁英們心滿意足地看著法國總統馬克宏如何對抗左右翼分子，以驚險的些許票數領先他的對手、普丁的好友瑪琳・勒朋獲得連任；此外，馬克宏還失去了國會的多數席次。許多歐洲國家依賴俄羅斯的天然氣，德國一半以上和義大利三分之一以上的天然氣進口都來自俄羅斯，這一點普丁清楚得很，因此他心想，這些國家幾乎無法抵擋俄羅斯的進攻。

普丁對一九九〇年代秩序的反抗襲捲了整個歐洲，他想要讓歐洲擺脫美國的監管並接受俄羅斯領導。外交政治家和俄羅斯聯邦委員會副發言人康斯坦丁・科薩切夫（Konstantin Kosachev）在二〇二一年一月表示，歐洲受制於「外來的意圖，歐洲是他們想從我們手上奪走的大陸，我們是未來歐洲的典範，一個從里斯本到海參崴的主權統一大陸。」這句話正好切中俄羅斯的要求。普丁要美國撤出核子武器無非是意味著要終結核武的保護義務。要求北約停止擴張與其說是針對幾乎不可能入會的烏克蘭，倒不如說是壓制歐洲國家的行動自由。諷刺的是，普丁入侵烏克蘭卻達到了反效果：芬蘭和瑞典在不久之後就申請加入北約。然而，莫斯科人對北約東擴的不滿本來就是掩蓋其他重大計畫的煙霧彈。在普丁新的秩序裡，美國不應該在仰賴俄羅斯的脆弱歐洲土地上再找到一席之地，俄羅斯宣稱擁有這塊大陸的全面領導權。

普丁不想要重返冷戰時期的穩定結盟和協議，他努力朝向二十一世紀的失序年代邁進，此時軍事力量和國家團結高於一切。普丁時時掛在嘴邊的話：「我們以擁有主權和自給自足的強大國家為榮。」他想利用軍事威脅、網路攻擊和原物料價格戰不斷向西方國家施壓；在長期的緊張局勢裡，他打算主導國際的進程秩序。他的策略遵循了一個俄羅斯廣泛流傳的經驗法則：「畏懼我們的人也會尊重我們。」根據民意基金會問卷調查顯示，戰爭爆發之際，至少有百分之八十六的俄羅斯人認為俄羅斯在世界上「令人恐懼」；接近四分之三的人認為俄羅斯「受人尊重」。在俄羅斯，受人欽佩和信任反倒不值得追求，恐懼感是俄羅斯領導階層源源不絕的權力來源，也是普丁在爭奪歐洲之戰的指望。

普丁無法忍受的是一九九〇年的巴黎憲章，以及不可侵犯歐洲邊界和安全的眾多條約，俄羅斯和烏克蘭簽署其中兩項，以換取他們的核子武器。普丁認為，那是歷任領導人在俄羅斯國力衰弱時所做出的讓步，而他已經準備好下一回合的對抗。早在二〇一六年，他就在俄羅斯地理協會說過那句令人難忘的話：「俄羅斯的邊界沒有盡頭。」

北約變成頭號敵人

普丁利用兩種方式動員俄羅斯人民對抗西方國家。一方面，他可以用烏克蘭被西方「利用當成反俄羅斯計畫」，藉此宣稱自己不得不攻打烏克蘭；另一方面，利用西方國家可以喚起過去蘇聯對自由資本主義和開放社會的所有仇恨情緒。比起和兄弟烏克蘭內部想像出來的「法西斯分子」進行矛盾的抗戰，多數俄羅斯人更能理解針對美國和其聯盟的民族自決。有鑑於二〇二二年夏天以來俄軍屢屢受挫，搖搖欲墜的「特殊軍事行動」需要更多新的解釋。攻擊行動經過半年以後，俄羅斯武裝部隊無法再下一城，只有人員的傷亡、難以啟齒的「編隊調整」、撤換指揮官和無預警的策略轉向。和烏克蘭的戰爭持續越久，普丁在演說提起烏克蘭的次數就越少，反而提到「西方集團」或是「北約集團」。真正的敵人就在西方，他沒有形體和知覺，只是四個沒有生命的字母；一個沒有名字的妖怪，威脅俄羅斯的強大對手。這就是普丁的論述。

二〇二二年九月，事情越演越烈。在烏克蘭軍隊的進攻之下，俄羅斯部隊倉皇逃離哈爾科夫地區，同時也再次失守盧甘斯克（Luhansk）的部分地區，接著是赫爾松。很多事不如普丁所承諾的「按照計畫」進行，受情勢嚴峻所逼，他不得不發布動員令。普丁的行動從雇用傭兵和合約兵的境外戰爭，轉變成為人人被迫拿起武器的人民戰爭，這時需要一個全新的理由，普丁突然提起「生死之戰」。二〇二二年九月二十一日，他在發布動員的談話中宣稱：「西方國家的目的是削弱、分化，最後摧毀我們的國家。」他帶領人民加入終極生存之戰，目前的戰場還是烏克蘭。普丁還說：「他們把對俄羅斯的所有恐懼化為武器……尤其是在烏克蘭，他們早就安排烏克蘭的命運，要做為反俄羅斯的橋頭堡，還把烏克蘭人民當成炮灰，並唆使他們和我們國家交戰。」

二〇二二年，莫斯科普希金廣場附近的當代歷史博物館舉辦的展覽「北約——殘酷的編年史」仔細地向民眾傳達了這些訊息。在展示櫃和看板上，策展人違背歷史真相，聲稱北約入侵越南，干預巴拿馬和格瑞那達的內政，引發智利國內的政變，並引爆了廣島的原子彈，而北約其實是在事件發生經過四年後才成立的。這場展覽的幕後推手是俄羅斯外交部莫斯科國立國際關係學院（MGIMO）、新聞媒體《塔斯社》及《今日俄羅斯》、俄羅斯歷史協會以及國防部。在這裡，我看到父母帶著孩子在展示櫃和看板前度過週末；學生、退伍軍人、中國和非洲的遊客圍著一枚來自西方軍火庫的反坦克飛彈，據稱是俄羅斯部隊在烏克蘭掠奪的戰利品。這證明了俄羅斯發動戰爭的對象不是烏克蘭，實際上是針對四個字母的組織NATO。一個裝了戰爭勝利品的展示櫃應該可以解釋「北約」、納粹分子和烏克蘭之間的相互關係，然而證據顯然不足。現場只見一個畫有納粹黨衛軍符號的黑色摩托車安全帽；一面烏克蘭的門牌上印著「亞速」，這個直到二〇一六年由極右翼分子主導的組織，在馬里烏波爾戰役期間堅守在戰況激烈的鋼鐵場裡；旁邊放著毫不相干的烏克蘭和美國國旗。導覽員跟孩子和家長解說展示櫃裡的物品時說：「烏克蘭是北約對付俄羅斯的計畫。」在這之前還有一九九九年的科索沃戰爭、二〇〇三年美國襲擊伊拉克，以及二〇一一年法國和英國武裝干涉利比亞等其他計畫。如今烏克蘭是西方國家部署的區域，在這種說法之下，烏克蘭人只是北約遠端控制的作戰機器人，而不是一個獨立自主國家的人民。在此就能聽到歷經烏克蘭戰事失敗的數個月後，俄羅斯言論風向變了。從二〇二二年夏天起，無中生有的烏克蘭「納粹」不再是頭號敵人，北約才是。二〇二二年九月二十一日，在動員符合兵役資格的俄羅斯公民演說上，普丁刻意避談在對戰俄羅斯侵襲時，烏克蘭人的高戰鬥力和積極性，以及他們的出奇制勝。他謊稱俄羅斯在烏克蘭與整個北約作戰，目的是為了替俄羅斯的疲乏無力找說詞。

北約是普丁心目中最理想的敵人。秉承他的精神，展覽為所有年齡層和不同品味的人提供了解釋：對年輕的俄羅斯人來說，北約是邪惡的組織，在他們出生之前就一直肆虐這個世界；對老一輩的俄羅斯人來說，北約是熟悉的老對手，蘇聯在冷戰中敗北後，它就像章魚一樣不停擴張；西方左派把北約看成是美國統治世界的工具；對全球南方國家來說，北約是一個軍事集團，打著看似宣揚自由的名義，將西方的殖民主義延續至未來。

矛頭也指向德國

二〇二二年八月，獨立民意調查機構列瓦達中心訪問俄羅斯民眾，誰應該要為戰爭負責，調查結果顯示：認為美國和北約是罪魁禍首的人超過百分之七十，百分之十七的人認為是烏克蘭，僅有百分之七的人認為是俄羅斯。普丁的洗腦策略奏效了。同時，德國昔日光鮮亮麗的形象也跟著崩壞。多年來，德國在俄羅斯一直是最受歡迎的國家之一，突然間被當成敵人。根據列瓦達中心在二〇二二年六月的調查，百分之三十七的受訪者將德國列為「非常敵對的國家」。二〇一九年八月，仍有百分之六十一的受訪者認為俄羅斯「和德國的關係良好」；二〇二二年五月，認為兩國交惡的人已達百分之六十六。數字呈現上升趨勢。戰爭連帶損毀俄羅斯與德國曾經友好的關係。與其說德國在俄羅斯的聲望迅速下降跟俄羅斯人民實際的感受有關，倒不如說政治人物和宣傳機器有針對性的譴責才是癥結點。前任總統、現任國家安全會議副主席梅德維傑夫的言論尤其引人注目，他栽贓德國政府對烏克蘭有一定程度上的殖民利益，並在二〇二二年五月諷刺地說：「早在一九三〇年代末期就有人如此評估過了。」二〇二二年九月，因為德國提供致命武器給烏克蘭，他再度指責德國「對俄羅斯發動混合攻勢」。他要讓德國政府明白：「德國此舉是敵對國家才有的行為。」

我晚上在莫斯科瀏覽俄羅斯電視頻道時發現，政府各個部門都同意這個說法。《今日俄羅斯》的社長基謝廖夫讚賞快速剪輯了烏克蘭亞速戰士、二次大戰的納粹士兵和德國總理蕭茲對國防士兵演講的影片。二〇二二年七月底，激進派主持人索洛維約夫說「德國外交部長安娜琳娜·貝爾伯克非常適合穿納粹制服」，而且事實證明，總理蕭茲是「當之無愧的納粹接班人」。蕭茲穿著西裝和皮鞋笨拙地爬上獵豹坦克的那一幕，對索洛維約夫來說是一種十足的享受。在節目上，他裝腔作勢用德國口音譏笑說：「蕭茲可不是這種名不見經傳的領導人。」看著蕭茲在防空坦克上的照片，他又評論：「蕭茲現在是瘋了不成。」接著他展示出希特勒站在坦克車上的黑白照片，「他竭力仿效他的偶像留著小鬍子！」蕭茲正在培訓「班德拉派」[24]，這是烏克蘭民族主義者的俄文代號。這種劣質的宣傳訊息很快就說服了俄羅斯的男女老少：德國人武裝烏克蘭法西斯分子，就跟他們在一九四一年至一九四五年偉大衛國戰爭時的行徑如出一轍，他們沒有記取歷史的教訓。宣傳的後座力之大，二〇二二年下半

24. Banderovtsy，此名稱源自於烏克蘭民族主義組織（OUN）創始人斯捷潘·安德烈耶維奇·班德拉（Stepan Andriiovych Bandera）；該詞被烏克蘭人用來形容納粹占領期間發起地下革命的人。

年，當我在街上與莫斯科人交談時，只要表明自己是德國人，就會一次又一次聽到同樣的抱怨：「你們怎麼能把武器交給法西斯分子？」在九月中旬的索洛維約夫廣播中，普丁政黨的杜馬代表、前坦克指揮官古魯廖夫建議用核武消滅德國政府。他的建議沒有挑起不滿的情緒，索洛維約夫、基謝廖夫和他們的同夥們已經澈底洗腦人民。這些宣傳機器保障普丁免受人民群起反抗，他們為此播下民族仇恨的種子。

讓人不得不注意，在戰爭之前，某些隔岸解讀俄羅斯現況的德國人過度同情普丁，他們認為德國政府支持烏克蘭才導致俄羅斯發動攻擊。這是很嚴重的誤解，因為針對歐洲，特別是針對德國的多方面攻擊，並非從二〇二二年才開始。二〇一五年四月，俄羅斯情報機構格魯烏（GRU）的駭客集體攻擊德國聯邦議院，時任總理梅克爾的辦公室也成為目標；二〇一八年二月，位於柏林的外交部遭遇大批的網路攻擊，俄羅斯的駭客軍團也瞄準了德國企業和公共事業單位。此外，他們還滲入法國的總統大選支持民族主義候選人勒朋，俄羅斯情報局更下令在柏林射殺反俄羅斯政府勢力。普丁投注大筆資金，透過推動民族主義政黨來分裂和擾亂歐洲，最明顯的莫過於俄羅斯在能源方面所發動的混合攻勢。

普丁對德國和歐洲發動的天然氣戰爭，以及隨後在二〇二二年夏天出現的價格衝擊其來有自。一切始於二〇一五年，隸屬社會民主黨的時任經濟部長西格瑪．嘉布瑞爾批准俄羅斯天然氣工業股份公司，有目的性地收購德國最大的天然氣儲存槽。俄羅斯的能源公司收購德國不可或缺的能源基礎設施、管線和配送站、公用設施，以及位於斯維特（Schwedt）的大型煉油廠，它負責輸送石油給大部分德東地區。這麼做的目的是擴大俄羅斯對德國的影響，在衝突發生時就有足夠的籌碼向歐盟最大國施壓；同時，俄羅斯政府利用德國政治人物和能源管理人員散播俄羅斯是可靠天然氣供應商的言論。二〇二一年，就在俄羅斯入侵烏克蘭的前一年，普丁下令收割這個陷阱。起初，俄羅斯天然氣工業股份公司在二〇二〇至二一年寒冷且多雪的冬天後，限制對歐洲市場的天然氣供應量。天然氣的需求量大——如果俄羅斯天然氣工業股份公司提高供應量，就會有更多的收入；但這不是克里姆林宮在政治上所樂見的。人為的能源短缺造成二〇二一年歐洲的天然氣價格大幅上漲，包藏惡意的驚喜就在秋季降臨。俄羅斯天然氣工業股份公司旗下，位於德國薩克森邦最大的天然氣儲存設施，在二〇二一年冬季之初僅有百分之十八的儲存量，連同其他俄羅斯壟斷的天然氣儲存設施也幾乎空空如也。原因在於，早在二〇二一年，俄羅斯天然氣工業股份公司就大幅削減供應量並且扣押必要的天然氣，在俄羅斯入侵烏克蘭之前就已經發生。

普丁長期的能源限縮政策在二〇二二年夏天又再升級。一開始，他不顧合約規定，要求各國以盧布支付天然氣費用；接著，他下令眾多管線，包含在烏克蘭、波蘭和位於波羅的海北溪一號，減少輸往歐洲的天然氣。他與德國玩起了貓捉老鼠的遊戲，宣稱渦輪機無法運作、經常性的故障維修，以及缺乏將檢修過的渦輪機重新進口到俄羅斯的文件等做為理由。九月起，普丁對德國實施實際的天然氣禁運，他先前對其他歐盟國家也如法炮製；九月底，兩條北溪天然氣輸送管內部加起來共四條支線，其中三條因受襲擊而破裂，普丁沒有回應西方向烏克蘭供應武器，反而繼續執行他長久以來的天然氣限縮政策。俄羅斯都在公開談論這件事，但在德國卻乏人問津。在俄羅斯的電視節目上，克里姆林宮顧問和重量級評論員長期以來一直建議懲罰歐洲的「服從美國」行為。二〇二二年攻擊烏克蘭前夕，軍事評論家伊戈爾．科羅琴科（Igor Korotchenko）就曾呼籲俄羅斯政府「掐住歐洲的要害」。接著，他直言不諱地表示：「讓他們感覺到我們強硬的手段，而我們能感受他們因恐懼狂跳的脈搏。」二〇二二年夏末，他所言也真的應驗了，因為天然氣價格暴漲和高通膨，德國的一些商界代表、政界人士和公民陷入恐慌。普丁和他的宣傳機器們聽到這些消息歡欣鼓舞，他們在電視上不厭其煩地描繪工業將如何遷出德國、失業問題、貨幣貶值和沒有暖氣的房子如何讓人民陷入絕望。

意圖與歐洲大陸切割

在普丁的每一場演講裡，他總是聲稱自己對抗的是美國和它「統治世界的迂腐主張」。但是，他只能在有限的範圍內和美國交手，因為美國本身出口天然氣、擁有核子武器，而且還能在世界各地部隊部署自己的部隊，普丁能做的不外乎是進行網路戰或干涉美國大選。因此，他的攻擊主力集中在歐盟，尤其是針對德國。歐洲大陸成了他的戰場，他用軍隊和武器攻打烏克蘭，目前則透過各種管道打擊歐盟。早在二〇二二年夏季開始時，這位俄羅斯領導人就試圖摧毀歐洲大陸上的和平共處、生活水準和生活態度。在普丁的演講中，對歐洲和平和生活方式的仇恨溢於言表。二〇二二年三月，他指責支持歐洲態度的俄羅斯人有「奴隸心態」。「少了鵝肝、生蠔和性別自由，歐洲人就活不下去了。」普丁譏諷地說：「顯然他們自認是上層階級和優良民族之一。」他挑起俄羅斯人的反感，並煽動對歐洲文化的厭惡。

普丁史無前例地拉開俄羅斯與歐洲之間的距離，就這樣，他跨入了新的歷史進程。過去，俄羅斯經常與其他歐洲國家發生衝突或戰爭，但它在歐洲始終有盟友，一直是歐洲大陸的一部分。沙皇彼得大帝對戰瑞典數十年，但在一七〇〇年至一七二一年的北方戰爭中，他知道丹麥與挪威、薩克森和波蘭都與他站在同一陣線；在一八一五年之前，亞歷山大一世一直和拿破崙作戰，有時還與英國結盟，並在解放戰爭中和普魯士及奧地利共同對抗法國；一九一四年，尼古拉二世和法國及英國並肩對德國發動戰爭；二次大戰期間，史達林加入反納粹聯盟，和英國及美國抵抗德國的入侵；蘇聯政府則在華沙公約組織和半數歐洲國家結盟。如今，撇除白俄羅斯獨裁者盧卡申科出於對自家人民的恐懼而向普丁尋求庇護不談，俄羅斯在歐洲獨樹一幟。像現在這樣孤立於歐洲之外，在俄羅斯史上前所未見。這是普丁的傑作。

這樣的孤立不僅限於政權和政治方面。一道新的鐵幕降臨在俄羅斯與歐洲的邊界，將來，無論是遊客或是藝術家還是民間代表，幾乎不會再有歐盟國家的人到訪普丁的帝國。俄羅斯人民也一樣，俄羅斯對多數人實施旅遊禁令，加上歐洲簽證規定限縮之後，他們再也無法前往歐盟，除非他們在當地有親人或是有迫切的人道理由。邊境關閉了，俄羅斯和歐洲的交流可能會大幅停擺。從戰爭爆發以來空中交通斷航，火車、卡車和私人汽車也不再通行於兩地，僅維持最低的貨物運輸量；博物館也不再安排藝術品的交流，幾乎不會有音樂家出現在任一方的土地；往後，歐洲人再也不認得莫斯科和聖彼得堡這兩座城市。只要普丁的復仇政權繼續執政，俄羅斯人心目中的歐洲可能就只剩下網路上羅馬、巴黎、巴塞隆納或柏林的照片，以及俄羅斯畫廊裡歐洲藝術家的畫作，俄羅斯城市裡的西歐建築圖像，還有父母和祖父母的旅行記憶。除了白俄羅斯之外，俄羅斯統治菁英與所有歐洲國家畫清界線；長達幾世紀屬於歐洲一部分的俄羅斯，如今被普丁強迫和歐洲說再見。

中國與其他新盟友

現在，普丁和他的政治操盤手轉而宣揚起和中國結盟。俄羅斯部隊和中國軍隊定期舉辦雙邊的軍事操演；二〇二二年九月，俄羅斯甚至邀請與中國較勁的印度參加遠東演習。俄羅斯各大城市紛紛展現出對中國的開放態度。餐廳送上印有中文的菜單；因為德國汽車短缺，汽車美容店裡占據著越來越多的中國豪華房車；機場裡有俄文、英文和中文的廣播，就是沒有聽得懂中文的中國人。二〇二二年九月，在烏茲別克舉行的上海合作組織（SCO）峰會上，普丁大讚中國在世界上的「平衡立場」。回到俄羅斯國內，普丁的政治操盤手在莫斯科齊聲歡呼，與克里姆林宮關係密切的總統顧問謝爾蓋・卡拉加諾夫（Sergey Karaganov）得意地說：「我們面對的是失去自己地位、氣得跳腳的西方國家。」「新冷戰」勝券在握，「中國力挺俄羅斯，俄羅斯人民已經忍無可忍；和道德敗壞的西方相比，俄羅斯擁有真理。」

九月三十日，針對併吞烏克蘭占領領土的談話上，普丁以西方的式微為主題。那不是一個嚴肅的場合，而是充滿了詛咒，一個著了魔的人發表了一場憤怒的演說。普丁指控西方強迫進行「性別行動」，舉行「變態」和「撒旦」儀式，這是「敗壞」和「滅絕」的行為；他提到在烏克蘭的「人類實驗」。到目前為止，這是針對歐洲和西方國家最具意識形態色彩的仇恨言論。長達幾分鐘的時間裡，夾雜著真假事實和謊言，普丁高談闊論殖民歷史。他以左翼殖民批評家的姿態主張西方已蓄勢待發，「西方不惜一切維護新殖民體系，犧牲世界做為自己生存的代價；同時，藉由美元和科技的優勢掠奪世界。」這些不當的財富幾乎都是「世界獻給霸權的貢品」。普丁還說，西方「把我們視為殖民地，是一群沒有靈魂的奴隸」。他還不忘向中國和亞洲、非洲和拉丁美洲喊話，並利用俄羅斯「領導了二十世紀的全球反殖民運動」的誤導性言論，標榜自己是全球南方的盟友和龍頭。

事實上，二〇二二年俄羅斯成功地在許多亞洲和非洲國家推廣自己的觀點。伊朗折價出售無人機和其他飛彈給俄羅斯，對烏克蘭城市發動恐怖戰爭。透過武器交易，普丁把東歐和中東地區的戰爭及衝突根源結合在一起，對西方的普遍不信任、重新被點燃的南半球殖民統治記憶，以及中國和美國的角力戰，讓俄羅斯的立場在一連串國家中看起來不像在西方那樣牽強附會。在「北約——殘酷的編年史」展覽上，我也感受到了這一點。在展示亞速戰士遺物和美國國旗的櫥窗四周，站著中國人、烏茲別克人以及四名馬利軍官，他們都就讀莫斯科著名的國防部軍事學校伏龍芝軍事學院。我和這四名馬利軍官攀談時，他們正仔細觀察繳獲的西方反坦克飛彈。來自馬利首都巴馬科的一名三十三歲軍官讀著告示牌上關於在伊拉克和阿富汗的「北約戰爭」簡介。他想起了法國人，他抱怨地說：「他們就是這樣對待我們！」他認為北約在烏克蘭的所作所為「一點都不明智」。他尤其無法認同西方提供武器給烏克蘭軍隊，「法國人和美國人到處插手別人家的事」，這是俄羅斯勢力範圍內的一場地理政治鬥爭，美國人想和俄羅斯爭奪烏克蘭。

「我們會獲勝」

勢力範圍、美國人、俄羅斯人、統治世界：被轟炸的烏克蘭人民和他們的願望並不存在於他的世界觀裡，因此，普丁的故事在一個缺乏同理心的世界裡能一個接續一個，許多人也忽略了其中的矛盾。今日，普丁譴責列寧的蘇聯是多元民族國家，又效法史達林的蘇維埃俄羅斯帝國民族主義；他聯合印度人和非洲人挺身反對殖民主義，自己在布里亞特人、車臣人、圖維尼亞人和達吉斯坦人組成的殖民軍隊幫助下，向烏克蘭發動殖民戰爭。對歐洲的厭惡和對西方的憎恨讓這些人團結起來，對許多非洲人和阿拉伯人來說，這種反感源自於殖民歷史和西方國家的接連干預，特別是對美國、英國和法國。不過，光是這個解釋還不能滿足本身就是殖民國家的俄羅斯，也因此才加入了聖戰這種更高層次的說法。

普丁於二〇二二年五月九日親口在紅場上宣布了這一點，並表示「保衛祖國是一項神聖的事業」；二〇二二年九月三十日，在同一地點舉行的併吞烏克蘭慶祝活動上，他任命的發言人呼籲對西方發動「聖戰」。史達林曾在二戰時也曾這樣說過，當時有一首流行歌曲唱到了「聖戰」；沙皇尼古拉一世也是如此形容十九世紀和英國及法國搶奪克里米亞的戰爭；普丁領導下的俄羅斯政府全體上下也口徑一致。俄羅斯東正教牧首基里爾在勝利日時，於基督救世主主教座堂替「俄羅斯力量」祈禱，俄羅斯「從未侵略過其他國家」，受普丁恩惠的牧首表情肅穆地說，願上帝保護「神聖的俄羅斯邊界」不受「外族」的侵擾。普丁發布動員令之後，基里爾呼籲人民不要畏懼死亡：「犧牲自己可以淨化靈魂，清除一生中所有的罪惡。」普丁的菁英政治操盤手之一、杜馬代表瓦亞切斯瓦夫．尼科諾夫（Vyacheslav Nikonov）把與北約的對決定義為善惡之間的形上學之戰。「我們發動的是一場聖戰，只能贏不能輸。」

現在只需要說服民眾相信末日之戰的消息。普丁在二〇二二年九月底吞併烏克蘭的演講中表示，美國人給自己設定的目標不僅是遏制俄羅斯，而是「瓜分和消滅我們的國家」。車臣領導人卡德羅夫要求「西方去撒旦化」；國家電視台上，宣傳機器要觀眾做好準備，迎接更糟糕的情況發生。普丁的明星主持人歐嘉．斯卡貝耶娃（Olga Skabeyeva）在她的節目《六十分鐘》裡表示：「一場真正的戰爭已經開打，第三次世界大戰來臨。現在我們被迫不只針對烏克蘭，還要讓整個北大西洋聯盟去軍事化。」普丁呼籲和中國、印度和世界其他國家一起加入俄羅斯的抗爭，戰勝西方的「專制和獨裁」。他宣稱，美國死守著世界霸主的光環，但他們主張的世界秩序已經落伍了，「逐漸瓦解的西方霸權已經無法挽回」，美國終究會跌落世界的舞台。

由於俄羅斯軍隊在先前對烏克蘭的戰爭中出師不利，這樣的呼籲在二〇二二年秋天似乎顯得有些荒唐。因此合理地問：如果美國不願意呢？如果烏克蘭人強烈的自我動機和意志超過俄羅斯所有的殲滅企圖呢？如果西方國家的武器援助讓烏克蘭人能擊退俄羅斯軍隊呢？那麼，俄羅斯就會持續施加壓力。在對烏克蘭的戰爭過程中，普丁一再以動用核武威脅西方國家。早在二〇一八年他就曾半開玩笑半認真地說，一旦發生核武戰爭，俄羅斯人「將作為殉道者進入天堂，但他們（西方國家）則是直接死去」。二〇一八年，普丁和對手俄羅斯統一民主黨的政治人物格里高利．亞夫林斯基（Grigory Yavlinsky）會談時曾說過的一句話，至今還在莫斯科流傳。亞夫林斯基向我證實，他當時曾問普丁，是否知道自己的外交政策可能引發核武戰爭。「知道，」據說普丁不假思索就回答了，「而且我們會獲勝。」普丁是認真的嗎？這個終極的問題將留待在下一個章節裡分曉。

15 勝利或滅亡：普丁的最後一仗

二戰以來出現的全球最嚴重危機全因為一個男人。普丁誇口說，二〇一四年他獨自做了併吞克里米亞的決定；二〇二二年二月，他下令數十萬俄羅斯士兵入侵烏克蘭，並以核子武器威脅西方。包括人類生存在內的一切事物都掌握在他的手裡。

二〇二二年，普丁毫無顧忌地玩弄核武遊戲，這個自冷戰一直具有終極威懾作用的武器，除非遭到攻擊，否則沒有人能認真想像使用這些武器的可能性，至少在二〇二二年以前一直是如此。普丁不負責任的言論和他首次威脅使用核武，正好駁斥了一個早期經常聽到的想法，尤其是在德國：比起眾多潛在的激進派繼位者，普丁是更好的選擇。大錯特錯。普丁就是最糟糕的統治者，他自己就是激進派人士。多年來，認為普丁在俄羅斯國內眾多人物中採取溫和立場的看法，導致眾人對他的誤解和低估，在德國特別明顯。他承襲了像是車臣領導人卡德羅夫猶如軍閥般的民族主義激進立場，他沒有推動相互理解和經濟福祉的政策，反而有計畫和有目標地讓俄羅斯和這個世界陷入數十年來的空前危機，歐洲則因此經歷自二戰以來最嚴重的軍事對立。在這本書裡，我要回顧了普丁在這場戰爭中的幾個重要的時刻：

普丁的矛盾面向

普丁誤導了德國和眾多輕易相信他的政治人物。他延續了一九九一年對戈巴契夫發動政變人士的遺志，並摧毀了一九九〇年代的民主體制。以車臣的獨裁統治做為整體俄羅斯的藍圖，和全球的民族主義和獨裁者結盟。每天透過國家宣傳機器對人民洗腦，煽動俄羅斯人民對立並反對整個世界。恢復了蘇聯的執法和集中營制度，把國家變成一個具有極權主義特徵和領袖崇拜的獨裁政體。濫用俄羅斯歷史荼毒國家並替侵略戰爭辯護。下令對鄰國進行消滅行動，隔絕國家於世界和現實之外，粉碎所有俄羅斯人的未來。他對西方世界發動聖戰，並威脅一旦事情不按他的意願發展，全世界都要面臨核武毀滅。這些因素加在一起就足以引發人類歷史上最大的災難。普丁的統治變得越來越激進，俄羅斯成為全世界最危險的政權。

今日，這位俄羅斯總統看起來是一位強硬的思想家，但他的世界觀卻不是自己的。做為新一代的民族主義者，他在六十歲高齡時獲得了自己的思想體系。他操弄這個意識形態，隨心所欲地變化它，讓人無法辨識真偽。他想要打造一個效法蘇聯的國家，但僅限於其帝國輪廓，而非其社會形式。一種讓世界幸福的封閉社會主義理念對他來說是危險的，因為那會時不時證明他的矛盾，就像在蘇聯後期的國家態勢，社會主義夢想和真正的獨裁統治無法再共處。普丁想要保持靈活的態度，他同時代表民族主義和帝國主義思想；他看起來是大俄羅斯人，但又親伊斯蘭；他引用家庭價值觀，但從未與他的伴侶和孩子們一起現身，女兒們不得不否認他們的父親；他宣揚仇恨西方國家和歐盟，但奇怪的是，他卻緊緊抓著歐洲不放，不願意明確地讓自己的國家走向他和戰友們口中的亞洲未來。把這些矛盾聚攏在一起的，是一種因深仇大恨而產生的敵意。

普丁為俄羅斯人留下什麼？

對俄羅斯人來說，在不久的將來會出現這樣的問題：這位七十歲的統治者留下什麼給後代子孫？許多人都會想到，在二〇二一年之前，國家仍維持某種程度的繁榮，特別是政治上的穩定。然而，普丁在過去二十年的穩定政局，很大程度上得益於石油和天然氣的高價，現在也已經崩盤了。更進一步地說，他親手毀了自己的成功。二月份戰爭爆發，包括九月併吞占領的烏克蘭地區和發布動員令都是轉捩點。為了一場沒有意義的戰爭，普丁斷送了俄羅斯一整個年輕世代的生命，破壞了俄羅斯的工業和社會，掠奪了曾經充盈的國庫，使國家退步數年，甚至數十年，他為了個人的烏克蘭大冒險摧毀了一切。

按照普丁的年紀來看，無法再另起爐灶。不論是像創立俄羅斯帝國和推行改革的彼得大帝；或是把國土擴展至黑海，讓俄羅斯成為移民國家的凱薩琳大帝；以及廢除農奴制度的亞歷山大二世；還有以粗暴不法的方式和犧牲百萬人性命，留下蘇聯工業化的史達林，這些普丁統統做不到。普丁遺留下來的很可能盡是廢墟和灰燼。他長期的積怨和報復的欲望正阻礙著俄羅斯內部的發展，企圖殲滅烏克蘭將會讓俄羅斯自食惡果，復仇行動的後果會將是無止盡的災難。普丁缺乏一個真正實質的進程表，也沒有崇高的目標，更不用說是值得為之奮鬥的烏托邦了。

推翻普丁？

俄羅斯人會因此推翻他嗎？一九〇五年一月和一九一七年二月曾分別爆發過革命，當時俄羅斯即將輸掉重大戰爭，直到二〇二二年也沒有任何跡象顯示會有大模規群眾起義。但普丁會在沒有革命的情況下跌落總統大位嗎？俄羅斯史上沒有出現過真正的軍事或國家政變。一九九一年國家情報單位的策反揭露出蘇聯的解體，一七六二年沙皇彼得三世遭謀殺，一九六四年蘇聯共產黨最高領導人赫魯雪夫有條件的被迫下台，它們都和普丁的情況大相徑庭。二〇二二年，沒有國家跨台的徵兆，沒有反對普丁的菁英勢力，沒有寡頭的謀反行動，社會上也沒有能反抗普丁的重要獨立團體；二〇二二年九月底，幾場反對動員令的小型示威活動也被大批警力壓制住。隨著戰爭的進展，民族主義者占據媒體的話語權，呼籲加強攻擊火力和暴力對待烏克蘭人，卻沒有質疑過統治者。沒有東西可以威脅得了普丁的完全勢力，他自己就是唯一的威脅。

贏在人民的眼中

其實，普丁想要在俄羅斯的領導人歷史名冊上，在彼得大帝和史達林之間占有一席之地。隨著併吞克里米亞，他已經在不朽殿堂中為自己保留了一個位置。然而，自從二〇二二年入侵烏克蘭以來，他的政治存亡突然成為問題。普丁發動了一場自己無法掌握的戰爭，儘管他跟人民講述，這不是一場防禦戰爭，與一九四一年史達林統治下的蘇聯反抗希特勒的進攻不同。他選擇了侵略戰爭，一場「選擇之戰」，全部的責任都要由普丁承擔，他讓電視轉播出兵的決定。二月二十一日，普丁對著他最親近的工作人員、情報局負責人、國家安全議會主席和國防部長發表談話。他向大眾公開他的幕僚，為的是讓他們聽從他發動戰爭的決定並且共同承擔責任，普丁下令他們必須執行。在襲擊烏克蘭的戰爭裡，一開始由普丁擔任總司令，指揮官的汰換就跟戰略變化的速度一樣快。在「特殊軍事行動」中，普丁在某種程度上採取了微觀管理的做法，無論如何，針對西方的大戰完全是他的事。直到俄羅斯軍隊在烏克蘭接連失利，普丁才任命一位明確的行動總指揮官蘇羅維金將軍。普丁應該要為戰爭受挫負責，連同二〇二二年十一月從赫爾松黯然撤兵。不過，他計畫要迎接人民對他的歡呼，為了期待已久的勝利。

俄羅斯人民應該不會再有下一個普丁了。集中於一人的政權賦予普丁一種如同法老般的至高權力，不管戰爭或是和平、人民的生存和死亡都由他主宰。既然大家都知道這樣大權集於一人之身，他再也無法擺脫責任，普丁掌握了完全的權力。他的一名心腹曾說過：「沒有普丁就沒有俄羅斯。」這近乎是對獨裁統治的諷刺，但卻包含了一個核心概念。如果穩定政權的普丁倒台了，俄羅斯的金字塔就會開始動搖。如果只是人事變動，頂多是國家機構受到衝擊；但如果是菁英階層發生變化，可能會撼動整個社會。這樣的風險比以往任何時候都來得高，因此普丁不允許自己半途而廢、絕不妥協、絕不讓步也不許失敗。別人可以輸，但在人民眼中他只能贏。

能勝利嗎？

二〇二二年九月，普丁試圖動員男性公民扭轉俄羅斯軍隊在烏克蘭戰爭中的敗勢。大規模的兵力外加部分具備技術優勢的先進武器，這是俄羅斯與對手作戰的老方法。此外，普丁下令轟炸烏克蘭，造成大城市嚴重損毀。俄羅斯工業轉向生產軍火，大量供應武器彈藥，伊朗則提供無人機。至少在二〇二二年秋天，從長遠來看，這種效法木桶理論，重量不重質的戰略似乎能成功。

普丁的第二個重要敵人是西方國家。他預期西方政府會在難以承受的能源價格、疾速惡化的通貨膨脹、民眾抗議和右翼民粹力量的崛起壓力之下崩盤，或是轉向親俄羅斯政府。他打賭川普能重返總統大位，或是共和黨員之中的川普複製品能奪權上台；他希望藉由這樣的政權轉移能改變東歐的政治，西方國家也停止向烏克蘭供應武器。這一切都可能成真。

普丁要在二〇二二年獲勝不無可能，然而，俄羅斯軍隊從哈爾科夫和赫爾松撤兵後，失敗也是可想而知。口口聲聲說大國俄羅斯不會輸的那些人是錯的。歷史上不乏大國輸給所謂劣勢對手的例子，波斯帝國對上希臘城邦，羅馬帝國對上從北方入侵的日耳曼人，鄂圖曼帝國對上東南歐的叛亂民族，一九〇五年的日俄戰爭，以及後來的越戰。蘇聯和美國這兩個核武國家，也都在大國終結者阿富汗手中吞下敗仗。

因此，普丁可能會輸了這場戰爭。為了抵禦俄羅斯，烏克蘭建立了歐洲第二強大的軍隊，總統澤倫斯基在戰爭一開始就動員國家，派遣上萬名士兵組成訓練有素的部隊上戰場。二〇二二年夏末以來，這支部隊就成功收復烏克蘭東部及南部被占領的大片區域。普丁培養了一個強大的對手，和俄羅斯軍隊相比，烏克蘭部隊積極度高、動員力強，而且部分配有高科技軍備。

是否會使用終極武器？

為了因應可能的戰敗，普丁提出兩個讓人聞之色變的威脅：核彈和能源戰爭。二〇二二年九月二十一日的動員演說中，他再一次強調了核武威脅。他這麼做已經超出俄羅斯的核武規範，原本只有在俄羅斯生存受到威脅時才能動用這類武器。普丁以「我國領土完整性受到威脅」為由恐嚇將動用核武，並且宣布：「為了保衛俄羅斯和我們的人民，一定會動用我們掌握的所有武器。」接著，他自誇俄羅斯擁有比西方國家更「先進」的核子武器。「這不是虛張聲勢。」不久之後，普丁在一場盛大的儀式上併吞了在烏克蘭占領的土地。從那時起，每一次的反攻都可能被視為侵犯俄羅斯的領土，透過核武威脅，普丁試圖嚇阻烏克蘭奪回被占領的土地，也讓西方國家不再進一步軍援烏克蘭。但更糟的是，普丁持續增兵，不讓戰事趨緩。這不像他以往喜歡保留多種選項的作風，這個男人把自己逼得越來越激進。

二〇二二年，普丁和安全會議副主席梅德維傑夫以近乎誇大的方式利用世界末日當作威脅。在莫斯科，普丁、政治人物、脫口秀主持人、宣傳機器和政治操盤手每週都在預測核彈將摧毀倫敦、華盛頓或是柏林。這是心理戰的一部分，尤其能折磨具有核武末日歷史的德國人，同時讓他們反抗政府。這種策略也支持著「髒彈」和險遭襲擊的烏克蘭核電廠的言論。俄羅斯部隊策劃在核電廠周圍開戰，並且多次向核電廠或者四周掃射，目的是向歐洲表明，如果歐盟不儘速中止交付武器，末日之鐘即將響起。

然而，普丁真的準備好發動核武攻擊了嗎？二〇二二年初，他把俄羅斯核武的戰備等級提升至四級中的二級；二〇二二年秋天，他沒有進一步提高戰備狀態。在這期間，他甚至請發言人表示不應該一直討論核武。這是一個暗示嗎？事實上，在烏克蘭使用核武戰略的意義不大，核武適用於攻擊大型目標、整個軍團或是更大一點的城市。但烏克蘭的軍隊分布並不集中，用核武消滅烏克蘭的一整座城市也可能會波及俄羅斯的人民，更會傷及隨後必須占領這座城市的俄羅斯士兵，他們的戰力也會跟著減弱。還有另一點，普丁必須考慮一旦對西方國家發動核戰，俄羅斯會不會遭到反擊，他可不想謀殺自己。他的傳記作者菲奧娜．希爾將他描述為「生存主義者」，一個為自己的生存而頑強奮鬥的人，他一定要保有自己在俄羅斯歷史上的重要地位。一個蓄意發動核戰的統治者或許還能和希特勒一起在地獄的廚房裡削馬鈴薯，但肯定不會在人類歷史的萬神殿中獲得尊榮的地位。普丁的惡夢就是他的政治生涯告終，而他無法決定時機和情況。對他來說，終極武器也具備一定程度的個人威懾效果，因為使用這種武器也會達成相同的結果，只不過速度更快而已。

但不幸的是，使用核彈也是有道理的。不斷威脅使用核武卻無動於衷的國家，總有一天會遇到這樣的問題：不得不兌現威脅，以維持震懾的可信度；自己一再談論核武或讓人談論核武，都會降低使用核武的門檻，等同提高了意外發射核彈的風險。特別是因為普丁宣布可以用核武防禦在烏克蘭併吞的地區，因此大大增加了每個人的風險。最近的事實證明，普丁通常會選擇所有選項中最激進的一個。他是否會說服自己使用最後的武器呢？他是為了自己生存奮鬥的戰士。誰都難以預料，這位七十歲的統治者會在防核掩體裡做出什麼樣的決定。

對歐繼續打能源戰

二〇二二年夏天，普丁無法有效打擊美國，因而兌現他的第二個威脅：針對歐洲的能源戰爭。早在歐盟苦心協調長期制裁俄羅斯能源供應計畫生效之前，普丁就切斷了歐洲的天然氣。他不需要多數投票表決，在俄羅斯他就代表多數人。他的盤算是：西方制裁對俄羅斯產生全面性的影響之前，歐盟可能就因為昂貴的天然氣價格、通貨膨脹和暴動而運作失靈。歐洲，尤其是德國應該會成為俄羅斯對西方國家發動混合戰的主場，但這樣的算計行得通嗎？普丁經常誤判歐洲的弱點，並且一次又一次低估了歐盟。在過去，他沒有預料到會在二〇一四／一五年受到歐洲制裁，也沒有想到他支持的歐洲極右黨派會失敗，更沒有料想到歐盟在戰爭上堅決支持烏克蘭。當然，歐洲可能在未來的幾年陷入嚴重的經濟危機，並伴隨巨大的政治效應。但普丁也可能誤判了這次歐洲自我主張的力量，經由這次的戰爭，他在歐洲大陸的影響力已經大幅下滑。

向中國靠攏的隱憂

現在，普丁把和歐洲的相互依存關係換為向中國靠攏。以往與歐洲的關係上，他擁有許多操控的條件，但和中國的情況就不能相提並論了。普丁對中國內政的影響力趨近於零，不過，他在西方國家和世界其他地區並不受歡迎，中國是他唯一的出路。對中國在科技產品、金融和外匯交易主導權的依賴，以及對中國出口天然氣將大幅度限制俄羅斯的行動自由。早在二〇二二年九月的上海合作組織高峰會上，中國國家領導人就讓普丁體會到中國的優勢。俄羅斯在核武軍備上仍位居領先地位，但中國在幾年內就會趕上俄羅斯。普丁最痛苦的經歷將會是：做為俄羅斯天然氣的主要買主，北京從此就能向莫斯科議價。二〇〇八年，俄羅斯作家弗拉基米爾·索羅金（Vladimir Sorokin）在其著作《特遣隊的日子》（暫譯）中所刻畫的反烏托邦即將出現：一個由獨裁集團統治的落後準殖民地、完全依靠中國技術和消費品生存的俄羅斯。做為中國的衛星國，普丁星球將失去他的主權。

除此之外，俄羅斯軍隊在烏克蘭暴露出的組織弱點，削弱了俄羅斯在整個亞洲的戰略影響力，這一點在二〇二二年秋天就看得出來。當時普丁不得不忍受塔吉克總統在一場於阿斯塔納舉行的後蘇聯國家高峰會上發表訓斥；連同哈薩克、亞塞拜然、亞美尼亞和其他國家也都和俄羅斯保持距離。中亞國家對俄羅斯的尊重和恐懼已經不如以往。難以想像，普丁還可以像從前一樣，在短短幾天內靠著派遣傘兵解決後蘇聯地區的衝突。在這些鄰國裡，對這位一味追求軍事實力的人產生越來越多的質疑，他因為戰爭失去了吸引力。

成也能源，敗也能源

但目前，普丁還能利用豐富的化石燃料礦藏來對付西方和世界。從來沒有一位俄羅斯領導人和普丁一樣，與這些燃料的關係如此緊密，他的統治生涯成就歸功於石油和天然氣資源。普丁的崛起始於二〇〇〇年代初期，當時石油輸出國組織（OPEC）在歷經一九九〇年代油價長期低迷後，商定了每桶石油的最低價格。在普丁任內，石油的價格屢創新高並提升了俄羅斯的經濟繁榮，他藉此向人民展現政績。因此，通往歐洲的石油出口有著舉足輕重的地位。儘管經歷了多次挫折，石油和天然氣仍幫助普丁擴展他的勢力；此外，這兩項能源支付了二〇二二上半年的戰爭開銷並減緩西方國家制裁帶來的衝擊。普丁認為自己能利用能源迫使西方國家屈服，但他可能還是想錯了。許多跡象顯示，能源戰爭是普丁的最後一戰，也是必輸的一仗。

因為隨著普丁在二〇二二年夏天對德國和大多數歐盟國家實施天然氣禁運，終結了石油長期帶給俄羅斯的好運。歐洲不僅是俄羅斯天然氣的最大買主，自然也是俄羅斯位於西伯利亞西部最大天然氣礦藏區的客戶。直到俄羅斯施實禁運之前，歐洲進口俄羅斯天然氣的數量高出中國的十五倍；然而，二〇二二年夏天以來，通往歐洲的眾多天然氣管線一直處於閒置狀態。隨著新一代的北溪管線系統的其中三條輸送管遭破壞，連帶粉碎了未來繼天然氣之後，還能輸送大量氫氣至歐洲的前景，只剩位於土耳其的輸送管還向東南歐輸送燃料，俄羅斯原料出口的獲利因此驟減。過剩的天然氣在俄羅斯北方的上空燃燒，形成巨大的火炬並飄散至大氣中，全球也跟著升溫。普丁為了個人對歐洲發動的混合戰，犧牲了氣候目標和俄羅斯天然氣工業股份公司，還有石化產業的招牌及國家的驕傲。因為除了歐洲的客戶，俄羅斯天然氣工業別無選擇。雖然也有一條管線通往中國，但它的容量不及北溪一號；再加上由於西伯利亞東部的天然氣資源不足，這條管線在二〇二二年也無法全力運作。為了填滿這條管線，必須將其連接到西伯利亞西邊的天然氣田，而處於戰時的俄羅斯國庫吃緊無法負擔這筆費用。根據獨立能源專家的評估，如果由中國出資舖設另一條由西伯利亞西部到中國的管線，至少需耗時十二年。西方的制裁拖延或阻礙了短期興建液化天然氣出口所需的氣體液化設備，而且該技術的許多供應商都在西方國家。

普丁只能對歐洲發動一次天然氣戰爭，也無法傷及美國分毫。曾經最大客戶早就調整了方針，現在德國主要向挪威、美國購買天然氣，不久之後或許也會向非洲或波斯灣國家購買；另一方面，普丁卻因為戰爭使得受到嚴厲制裁的天然氣工業倒退多年。接下來的龐大生意將交給波斯灣國家、美國、加拿大、澳洲等其他國家，以及來自非洲的新供應商接手。許多年後，如果俄羅斯為了同樣在全球天然氣市場擴張而升級技術時，其他的供應商早就瓜分市場了。同時，西方工業國家也因為戰爭加大了對生產再生和永續能源的投資。與波斯灣國家不同，俄羅斯幾乎沒有投資氫氣生產。後石油時代正在來臨，未來對石油和天然氣的需求將比現在更少。

普丁曾在二〇二二年五月表示，他發動的是一場預防性戰爭，因為北約打算攻擊俄羅斯，這當然是謊言，因為北約根本沒有這種意圖。不過，他確實在俄羅斯將來無可避免地失勢之前，發動了一種預防性的戰爭。普丁抗議失去重要地位所發動的軍事行動，可能是俄羅斯在充分利用石油和天然氣儲備之下，可以發動的最後一場戰爭。現在石油的出口量已經銳減，俄羅斯不得不壓低原油價格出售給亞洲國家，燃燒生產過剩的石油導致加速氣候暖化。除此之外，俄羅斯還能做什麼？世界的未來不再仰賴石油，如果俄羅斯只願意做販售潤滑油的便宜賣場，未來也不屬於俄羅斯。

混合戰與消耗戰

二〇二二年秋天還無法預測戰爭以及世界最危險的政權將如何發展。人們一再期盼會有反對普丁的起義並迅速結束戰爭，但這是不可能發生的情節。普丁固守著他的權力，不容許任何挑戰，針對西方國家的大規模熱戰隨時都可能發生。但若是如此，普丁不得不帶著委靡不振的軍隊捲入一場更大規模的軍事衝突，反而會陷他於不利。最有可能的是消耗戰，用炸彈和大砲攻打烏克蘭，用混合戰術、數位和能源武器對付西方世界。

從某些跡象可以看出，對烏克蘭和西方的攻擊可能是普丁的最後一戰，也是他隆重登上世界舞台的機會。他撕毀了與人民的社會契約，焚毀了過去二十年的石油財富，建立了一個恐懼的統治政權。最優秀、聰慧的人才離開了俄羅斯，這裡已經很久沒有真正的創新和發明。在戰時經濟的情況之下，俄羅斯的工業發出沉重的嘆息，石化燃料時代的即將結束，俄羅斯的收入縮水，這個國家只能一步步地更加依賴中國。針對烏克蘭人民的軍事行動可能是一場耗時費力的大冒險，在這場戰爭裡，烏克蘭將被摧毀，而俄羅斯將為其統治者對戰爭的痴迷被澈底利用。數以萬計的人已經為此喪命，可能還有更多也說不定。事實上，普丁動員俄羅斯男性等同是對自己人民發動戰爭，移民、騷動、死亡率過高和前線的慘重損失造成的嚴重人口危機，也將導致俄羅斯人口繼續萎縮。普丁毀掉了他畢生「穩定俄羅斯」的事業；現在，他無法遏止的破壞狂熱正影響著烏克蘭、俄羅斯，甚至可能波及全世界。

俄羅斯並不會像普丁在戰敗時喃喃自語的末日預言一樣從地圖上消失，目前也沒有徵兆顯示國家可能會解體。但是，復仇時代來到了下半場，時間會持續多久、情況會如何演變都還是未知數。戰爭讓普丁政權的開始殞落，現在他還有一件事可指望，他在歷史上的顯赫地位已經確立：他將繼史達林之後成為俄羅斯最殘暴的統治者。

感言

俄羅斯入侵烏克蘭數週之後，歐洲和世界的局勢進入一個無法回頭的新年代，於是才有了這本書的構想。基本上，我是在二〇二二年夏天和初秋寫下這份手稿的。當時我在莫斯科，驚訝地看著俄羅斯人如何在電視上的烏克蘭戰爭和幾乎無憂無慮的家庭生活的兩個世界中安頓下來。

感謝幫助我完成這本書的人。

我的太太 Susanne Landwher 和我的兩個孩子 Nikolaus 和 Konstantin 必須忍受我長期駐守在莫斯科。當我回到柏林訪問，卻埋首在書桌寫作時，他們也包容並支持我。沒有家人做堅強的後盾，我不可能完成這本書。

《時代週報》長期在莫斯科的編輯 Lena Sambuk 和記者 Alexander Sambuk 幫助我了解並深入俄羅斯政治和社會的方方面面。他們不分晝夜、不厭其煩地校對我的手稿，給我寶貴的建議並加入重要的修改意見，他們是本書不可或缺的推手。

在寫作過程中，和 C.H.Beck 出版社的編輯 Matthias Hansl 的頻繁交流對我來說尤為重要，我不能錯過他細緻的觀點和遠見。在這次和 C.H.Beck 出版社的愉快合作之前，我與梅卡托基金會（Stiftung Mercator），特別是與 Florian Christ 及 Anne Duncker 的充分討論，對我的新書籌備工作有莫大的助益。

兩年前，《時代週報》主編 Giovanni di Lorenzo 和政治部主任 Heinrich Wefing 派我前往俄羅斯，在此之前我已經分別在一九九六至二〇〇一年、二〇一四年至二〇一五年擔任《時代週報》的特派記者。二〇二二年遇上瓶頸的那段期間，編輯團隊給我緊密且細心的照顧，我才能在俄羅斯獲得撰寫這本書的經歷和觀點。

在本書準備和撰寫的過程中，我也在莫斯科和柏林進行了多次有關俄羅斯政治和德國對東政策的討論。我經常和《時代週報》政治部的同事們，包括和編輯部以外的人士交換意見。Thomas Bagger, Falk Bomsdorf, Markus Ederer, Sabine Fischer, Rüdiger Freiherr von Fritsch, Géza Andreas von Geyr, Tim Guldimann, Jochen Hellbeck, Christoph Heusgen, Fiona Hill, Christiane Hoffmann, Manfred Huterer, Thomas Kleine-Brockhoff, Andrea von Knoop, Andrej Kolesnikow, Andrej Kortunow, Anna Kuchenbecker, Nico Lange, Andreas Nick, Jurij Piwowarow, Ruprecht Polenz, Manfred Quiring, Boris Ruge, Ina Ruck, Gwendolyn Sasse, Wolfgang Silbermann, Frank-Walter Steinmeier, Constanze Stelzenmüller, Angela Stent, Karl Schlögel, Martin Schulze Wessel, Alexander Tschepurenko, Tobias Tunkel, Markus Ziener，和他們的對話對我的意義重大，

他們的想法和建議十分寶貴。

向幫助我的每一個人致上最深的謝意。

國家圖書館出版品預行編目資料

普丁的復仇：威脅全世界的俄羅斯政權是如何形成的/ 米歇爾.圖曼(Michael Thumann)著；鄭若慧, 楊婷湞譯. -- 初版. -- 臺北市：商周出版：英屬蓋曼群島商家庭傳媒股份有限公司城邦分公司發行, 2024.05

面；　公分. -- (生活視野；43)

譯自：Revanche：Wie Putin das bedrohlichste Regime der Welt geschaffen hat

ISBN 978-626-390-084-4 (平裝)

1.CST: 政治制度 2.CST: 政治發展 3.CST: 國際關係 4.CST: 俄國史

748.28　　113003417

普丁的復仇：威脅全世界的俄羅斯政權是如何形成的

Revanche: Wie Putin das bedrohlichste Regime der Welt geschaffen hat

作　　者／米歇爾・圖曼Michael Thumann
譯　　者／鄭若慧、楊婷湞
責任編輯／余筱嵐

版　　權／林易萱、吳亭儀
行銷業務／林秀津、周佑潔、林詩富
總 編 輯／程鳳儀
總 經 理／彭之琬
事業群總經理／黃淑貞
發 行 人／何飛鵬
法律顧問／元禾法律事務所王子文律師
出　　版／商周出版
台北市 115 南港區昆陽街 16 號 4 樓
電話：(02) 25007008　傳真：(02)25007759
E-mail:bwp.service@cite.com.tw
發　　行／英屬蓋曼群島商家庭傳媒股份有限公司城邦分公司
台北市南港區昆陽街 16 號 8 樓
書虫客服服務專線：02-25007718；25007719
服務時間：週一至週五上午09:30-12:00；下午13:30-17:00
24小時傳真專線：02-25001990；25001991
劃撥帳號：19863813；戶名：書虫股份有限公司
讀者服務信箱：service@readingclub.com.tw
城邦讀書花園：www.cite.com.tw
香港發行所／城邦（香港）出版集團有限公司
香港九龍九龍城土瓜灣道86號順聯工業大廈6樓A室
E-mail: hkcite@biznetvigator.com
電話：(852) 25086231　傳真：(852) 25789337
馬新發行所／城邦（馬新）出版集團【Cite (M) Sdn Bhd】
41, Jalan Radin Anum, Bandar Baru Sri Petaling, 57000 Kuala Lumpur, Malaysia.
電話：(603) 90578822　傳真：(603) 90576622
Email: cite@cite.com.my

封面設計／李東記
排　　版／芯澤有限公司
印　　刷／韋懋印刷事業有限公司
總 經 銷／聯合發行股份有限公司
電話：(02)2917-8022　傳真：(02)2911-0053
地址：新北市231新店區寶橋路235巷6弄6號2樓

■ 2024 年 5 月 7 日初版

定價 480 元

Printed in Taiwan

城邦讀書花園
www.cite.com.tw

 ISBN 978-626-390-084-4

廣　告　回　函
北區郵政管理登記證
北臺字第000791號
郵資已付，免貼郵票

115　台北市南港區昆陽街16號4樓

英屬蓋曼群島商家庭傳媒股份有限公司城邦分公司　收

請沿虛線對摺，謝謝！

書號：BH2043	書名：普丁的復仇	編碼：

請於此處用膠水黏貼

商周出版

讀者回函卡

感謝您購買我們出版的書籍！請費心填寫此回函卡，我們將不定期寄上城邦集團最新的出版訊息。

姓名：＿＿＿＿＿＿＿＿＿＿＿＿ 性別：□男 □女

生日：西元＿＿＿＿年＿＿＿＿月＿＿＿＿日

地址：＿＿＿＿＿＿＿＿＿＿＿＿＿＿＿＿

聯絡電話：＿＿＿＿＿＿＿＿ 傳真：＿＿＿＿＿＿＿＿

E-mail ：

學歷：□ 1. 小學 □ 2. 國中 □ 3. 高中 □ 4. 大學 □ 5. 研究所以上

職業：□ 1. 學生 □ 2. 軍公教 □ 3. 服務 □ 4. 金融 □ 5. 製造 □ 6. 資訊
□ 7. 傳播 □ 8. 自由業 □ 9. 農漁牧 □ 10. 家管 □ 11. 退休
□ 12. 其他＿＿＿＿＿＿＿＿＿＿

您從何種方式得知本書消息？

□ 1. 書店 □ 2. 網路 □ 3. 報紙 □ 4. 雜誌 □ 5. 廣播 □ 6. 電視
□ 7. 親友推薦 □ 8. 其他＿＿＿＿＿＿＿＿

您通常以何種方式購書？

□ 1. 書店 □ 2. 網路 □ 3. 傳真訂購 □ 4. 郵局劃撥 □ 5. 其他＿＿＿

您喜歡閱讀那些類別的書籍？

□ 1. 財經商業 □ 2. 自然科學 □ 3. 歷史 □ 4. 法律 □ 5. 文學
□ 6. 休閒旅遊 □ 7. 小說 □ 8. 人物傳記 □ 9. 生活、勵志 □ 10. 其他

對我們的建議：＿＿＿＿＿＿＿＿＿＿＿＿＿＿＿＿

＿＿＿＿＿＿＿＿＿＿＿＿＿＿＿＿

＿＿＿＿＿＿＿＿＿＿＿＿＿＿＿＿

請於此處用膠水黏貼